MÉMOIRES
D'UN COMPAGNON
DU TOUR DE FRANCE.

ROCHEFORT. — IMPRIMERIES MERCIER ET DEVOIS.

J. B. E. ARNAUD.

MÉMOIRES
D'UN COMPAGNON

DU TOUR DE FRANCE

PAR

J. B. E. ARNAUD,

Dit LIBOURNE-LE-DÉCIDÉ, Compagnon Boulanger.

Contenant plusieurs dissertations sur le Devoir, entre l'auteur et plusieurs compagnons Tailleurs-de-pierres et Charpentiers.

ROCHEFORT

Librairie Nouvelle Amand GIRAUD, éditeur,

Rue des Fonderies, 78 (place Colbert).

1859

AVANT-PROPOS.

Quand j'entrepris d'écrire les Mémoires d'un Compagnon du Tour-de-France, je n'avais pas la prétention de faire un ouvrage aussi étendu que celui-ci; mais le sujet que j'avais à traiter m'entraîna malgé moi, et je me laissai aller à faire mes confessions depuis ma plus tendre enfance afin de me montrer tel que je fus jusqu'au jour où je suis devenu un homme pensant. J'ai eu des défauts, des vices peut-être, et si quelquefois j'ai été emporté par des passions désordonnées, j'ai cherché à faire oublier mes erreurs en prêchant à la classe des travailleurs, à laquelle j'appartiens, l'esprit de concorde et de fraternité qui doit faire disparaître de toutes les corporations les rixes compagnonniques souvent si regrettables. Ce livre, au reste, n'est point un ouvrage sérieux quant à la forme, le titre en fait foi ; mais je le crois, quant au fond, très-utile. Les artisans y trouveront de bonnes pensées et de très-bons conseils, qui dans le cours de leur émigration pourront leur servir de règle de conduite.

Plusieurs écrivains célèbres ont écrit pour démontrer les avantages des sociétés ouvrières, les plus éclairés d'entre ces hommes d'élite, ont en outre voulu établir ce pacte social sur des bases évangéliques, et cela pour le bonheur de tous ; mais il est arrivé que ces grands publicistes, dans leurs généreuses intentions, ont manqué le but qu'ils se proposaient, parce que leurs vastes projets embrassaient la masse des prolétaires au lieu d'intéresser seulement les différentes corporations ouvrières en particulier. Le progrès marche, nul ne peut le contester, mais il marche lentement ! Il en est ainsi parce que les corporations ouvrières sont encore plongées dans les ténèbres de leurs fanatiques institutions qui les égarent sans-cesse. Ceux qui n'ont pas vécu avec les ouvriers, ignorent entièrement leurs souffrances ; aussi, les écrivains qui, loin d'eux, cherchent à améliorer leur position sociale, ne font-ils que la moitié de ce qu'il faudrait faire pour le bien de tous. Aucun, en effet, ne s'est sérieusement occupé de sonder les plaies du Compagnonnage, pour en extraire les vices nombreux qu'il renferme. Il est bien avéré cependant que tant que nous laisserons subsister tous les emblêmes ridicules de cet ordre, lesquels ne se rapportent qu'à des prérogatives absurdes, nous serons toujours désunis et malheureux. Je comprends combien cette tâche est difficile à remplir pour ceux qui écrivent loin des ateliers ; aussi, est-ce pour venir en aide à ces avocats populaires que, moi, *Compagnon du Tour-de-France*, je prends la plume afin de remplir mon devoir envers l'Humanité. L'expérience m'a prouvé que les sociétés secrètes du Compagnonnage étaient incompatibles avec le progrès ; et les mystères de toutes les corporations en général, quant à présent, sont les plus invincibles obstacles à son développement.

Cet ouvrage a pour but de montrer le *Compagnon du Tour-de-France*, peint par lui-même, inexpérimenté et fanatique d'abord, puis progressivement intelligent, marchant à la lueur de la lumière resplendissante de la vérité, l'olivier de la paix à la main, prêchant la fusion de toutes les corporations ouvrières et la révision entière et complète du vieux Compagnonnage. Je prie donc les ouvriers de bien méditer sur l'importance du sujet que je traite, et, s'ils sont assez sages et assez raisonnables pour sacrifier leurs idoles sur l'autel du bon sens, le progrès les éclairera de ses vastes et majestueux rayons et fera le bonheur de l'atelier. Plusieurs ouvriers lettrés, érudits, dévoués à la cause commune de leurs camarades, ont par leurs écrits apporté de sensibles améliorations dans les diverses sociétés subsistant encore sur le *Tour-de-France*, mais aucun d'eux, jusqu'à ce jour, n'a été assez hardi pour attaquer de front leurs vieilles institutions. Je vais donc essayer, moi leur camarade, compagnon comme eux, de combler cette lacune en m'avançant, fort de ma conviction, dans cette lice où, corps à corps, il me faudra lutter contre le fanatisme et ses nombreux préjugés, ennemis redoutables que souvent les arguments les plus solides ne sauraient vaincre. Je sais que les *ignorants*, ceux qui veulent toujours marcher à contre sens du progrès, vont sur moi jeter l'anathème, mais, comme ouvrier régénérateur avant tout, je me dois à mon pays et à son bien-être.

Agricol Perdriguier, dans son *Livre du Compagnonnage*, inspiré par un sentiment équitable, a beaucoup contribué à développer l'intelligence des ouvriers par ses sages exhortations à l'union de tous les *devoirs* désunis, nul ne doute de ses bonnes intentions ; mais, selon moi, je le crois en contradiction avec ses principes même ; il veut, ce qui est incompatible avec les idées nouvelles de son époque, que toutes les associations deviennent sœurs, en conservant chacune ses prérogatives traditionnelles ; comme si la canne et les rubans, dont les ouvriers sont si entichés, comme si tous les insignes emblématiques du fanatisme qui les ont toujours égarés, n'étaient pas une insulte faite au progrès et à la civilisation. Je soutiens, et je prouverai dans le cours de ces *mémoires*, que tant que les ouvriers s'obstineront à se parer de ces ornements ridicules, ils appartiendront toujours au vieux monde et aux vieux siècles des préjugés. Et que nous importe à nous, artisans de la régénération, de savoir si *Maître Jacques*, *Maitur*, *Soubise*, *Hi-*

ram ou *Salomon* ont été, oui ou non, les pères et les fondateurs du Compagnonnage? Que nous importe de savoir ce qui s'est passé, il y a deux mille ans, à deux mille lieues d'ici? Il me semble qu'il vaudrait mieux mettre de côté tous ces points de contradiction, qui nous font perdre les plus belles années de notre jeunesse au milieu de luttes d'insensées et d'éternelles discordes, pour nous occuper plus sérieusement de réformes, afin qu'il n'y ait plus qu'un compagnonnage sur toute la terre, celui de la *fraternité!*

LE TOUR DE FRANCE,

La ligne du tour de France est une espèce de polygone de convention qui n'a pas moins de 2356 kilomètres, soit 589 lieues de parcours environ, non compris le voyage au désert de Sainte-Baûme. Beaucoup d'ouvriers cependant s'éloignent de cette ligne, lorsque, par exemple, en partant de Paris, ils passent par le Bourbonnais pour se rendre à Lyon, ou par la Champagne et Dijon. D'autres coupent diamétralement la ligne en allant de Bordeaux à Lyon, ou de Lyon à Bordeaux en passant par l'Auvergne et le Limousin.

LE TOUR DE FRANCE.

LIGNE ORDINAIRE DU TOUR DE FRANCE EN PRENANT LE POINT DE DÉPART A BORDEAUX.

De Bordeaux	à	Carbon-blanc,	11 kilomètres.
De Carbon-blanc	à	Cubzac,	9 id.
De Cubzac	à	Gravier,	16 id.
De Gravier	à	Blaye,	15 id.
De Blaye	à	Etaulier,	13 id.
De Etaulier	à	Mirambeau,	17 id.
De Mirambeau	à	Saint-Genis,	12 id.
De Saint-Genis	à	Pons,	11 id.
De Pons	à	Lejard,	9 id.
De Lejard	à	Saintes,	12 id.
De Saintes	à	Saint-Porchaire,	14 id.
De St-Porchaire	à	Saint-Hyppolite,	12 id.
De St-Hyppolite	à	Rochefort,	9 id.
De Rochefort	à	Trois-Canons,	17 id.
De Trois-Canons	à	La Rochelle,	14 id.
De La Rochelle	à	Grolaud,	9 id.
De Grolaud	à	Marans,	15 id.
De Marans	à	Moreilles,	17 id.
De Moreilles	à	Luçon,	10 id.
De Luçon	à	Mareuil,	10 id.
De Mareuil	à	Napoléon-Vendée,	22 id.
De Napoléon Vendée	à	Belle-Ville,	13 id.
De Belle-Ville	à	Montaigu,	24 id.
De Montaigu	à	Aigrefeuille,	13 id.
De Aigrefeuille	à	Nantes,	21 id.
De Nantes	à	Seilleraye	35 id.
De Seilleraye	à	Oudon,	9 id.
De Oudon	à	Ancenis,	13 id.

LE TOUR DE FRANCE.

De Ancenis	à Varades,	14	id.
De Varades	à Champtocé,	8	id.
De Champtocé	à Saint-Georges,	18	id.
De Saint-Georges	à Angers,	20	id.
De Angers	à Les Rosiers,	21	id.
De Les Rosiers	à Saumur,	15	id.
De Saumur	à Chouzé,	16	id.
De Chouzé	à Les Trois Valets,	12	id.
De Les trois valets	à Laugeais,	12	id.
De Laugeais	à Luynes,	14	id.
De Luynes	à Tours,	10	id.
De Tours	à Lafrillière,	10	id.
De Lafrillière	à Amboise,	12	id.
De Ambroise	à Veuve,	12	id.
De Veuve	à Choizy,	11	id.
De Choizy	à Blois,	10	id.
De Blois	à Ménars,	8	id.
De Ménars	à Mer,	10	id.
De Mer	à Baugency,	13	id.
De Baugency	à Saint-Ay,	13	id.
De Saint-Ay	à Orléans.	13	id.
De Orléans	à Chevilly,	14	id.
De Chevilly	à Artenay,	6	id.
De Artenay	à Tourry,	14	id.
De Tourry	à Angerville,	11	id.
De Angerville	à Mon Désir,	13	id.
De Mon Désir	à Etampes,	9	id.
De Etampes	à Etréchy,	8	id.
De Etréchy	à Arpageon,	12	id.
De Arpageon	à Longjumeau,	12	id.
De Longjumeau	à Berny,	11	id.

LE TOUR DE FRANCE.

De Berny	à Paris,	12	id.
De Paris	à Charanton,	7	id.
De Charanton	à Villeneuve S.-Georg.	11	id.
De Villeneuve Saint-Georges	à Melun,	26	id.
De Melun	à Pont-sur-Yonne,	54	id.
De Pont-sur-Yonne	à Sans,	12	id.
De Sans	à Villeneuve le Roi,	14	id.
De Villeneuve le Roi	à Joigny,	17	id.
De Joigny	à Auxerre,	27	id.
De Auxerre	à Saint-Bris,	10	id.
De Saint-Bris	à Vermenton,	13	id.
De Vermenton	à Avallon,	27	id.
De Avallon	à Sanlien,	39	id.
De Sanlien	à Autun,	41	id.
De Autun	à Châlon sur Saône,	51	id.
De Châlon s.-Saône	à Sannecey,	18	id.
De Sannecey	à Tournus,	18	id.
De Tournns	à Macon,	30	id.
De Macon	à Villefranche,	38	id.
De Villefranche	à Lyon,	30	id.
De Lyon	à Vienne,	28	id.
De Vienne	à Lepéage,	20	id.
De Lepéage	à Saint-Vaillier,	22	id.
De Saint-Vaillier	à Tain,	14	id.
De Tain	à Valence,	18	id.
De Valence	à Lapaillasse,	11	id.
De Lapaillasse	à Loriol,	11	id.
De Loriol	à Montélimart,	23	id.
De Montélimart	à Donzère,	14	id.
De Danzère	à Lapalud,	16	id.

De Lapalud	à Mornas,	12	id.
De Mornas	à Oranges,	11	id.
De Oranges	à Sorgues,	18	id.
De Sorgues	à Avignon,	10	id.
De Avignon	à Saint-Andiol,	19	id.
De Saint-Andiol	à Orgon,	9	id.
De Orgon	à Saint-Canat,	31	id.
De Saint-Canat	à Aix,	16	id.
De Aix	à Pin,	14	id.
De Pin	à Marseille,	17	id.
De Marseille	à Aubagne,	17	id.
De Aubagne	à Cuges,	12	id.
De Cuges	à Le Beausset,	13	id.
De Le Beausset	à Toulon,	17	id.
De Toulon	à Marseille. (retour)	59	id.
De Marseille	à Aix,	29	id.
De Aix	à Saint-Canat,	16	id.
De Saint-Canat	à Salon,	17	id.
De Salon	à Lion d'Or,	22	id.
De Lion d'Or	à Arles,	16	id.
De Arles	à Baucaire,	17	id.
De Baucaire	à Nimes,	25	id.
De Nimes	à Uchand,	12	id.
De Uchand	à Lunel,	15	id.
De Lunel	à Colombiers,	10	id.
De Colombiers	à Montpellier,	13	id.
De Montpellier	à Fabrégne,	11	id.
De Fabrégne	à Mèze,	12	id.
De Mèze	à Pézenas,	18	id.
De Pézenas	à Labégude-de-Jordy,	10	id.
De Labégude-de-Jordy à Béziers,		12	id.

LE TOUR DE FRANCE.

De Béziers	à Nissan,	10	id.
De Nissan	à Narbonne,	16	id.
De Narbonne	à Creusiade,	20	id.
De Creusiade	à Carcassonne,	14	id.
De Carcassonne	à Alzonne,	17	id.
De Alzonne	à Villepinte,	9	id.
De Ville-pinte	à Castelnandary,	12	id.
De Castelnandary	à Villefranche,	22	id.
De Villefranche	à Baziège,	11	id.
De Baziège	à Castanet,	12	id.
De Castanet	à Toulouse,	12	id.
De Toulouse	à Saint-Jory,	17	id.
De Saint-Jory	à Grisolles,	12	id.
De Grisolles	à Vitarille,	16	id.
De Vitarille	à Castel-Sarasin,	13	id.
De Castil-Sarasin	à Moissac,	14	id.
De Moissac	à La Magistère,	12	id.
De La Magistère	à Croque-Lardi,	10	id.
De Croque-Lardi	à Agens,	10	id.
De Agens	à Port Saint-Hilaire,	10	id.
De Port St-Hilaire	à Aiguillon,	21	id.
De Aiguillon	à Tonneins,	11	id.
De Tonneins	à Marmande,	18	id.
De Marmande	à Lamothe-Landron.	11	id.
De LamotheLandron	à Laréole,	9	id.
De Laréole	à Coudrot,	9	id.
De Coudrot	à Langon,	9	id.
De Langon	à Cérans,	12	id.
De Cérans	à Castres,	11	id.
De Castres	à Le Bouscaut,	13	id.
De Le Bouscaut	à Bordeaux,	11	id.

MÉMOIRES
D'UN COMPAGNON
DU TOUR DE FRANCE.

CHAPITRE I.

Je naquis à Libourne *(Gironde)*, à trois myriamètres de Bordeaux, le 28 Mai 1846, fils légitime de Pierre-Benjamin Arnaud, et de Suzanne Peychez. Mes parents ne négligèrent rien pour me faire donner une bonne éducation primaire; mais trop dissipé je ne sus pas en profiter. Dès ma plus tendre enfance je montrai un caractère bizarre qui faisait présager en moi une imagination aventureuse et enthousiaste, qui devait plus tard faire le tourment et le bonheur de ma vie.

Après avoir couru presque toutes les écoles de la localité, d'où j'étais presque toujours éconduit comme un élève incorrigible sous le rapport de mes espiègleries, je fus conduit par mon père, (j'avais alors dix ans), dans une pension de premier ordre, fort en renom alors, et dirigée par M. N..... Là, je trouvais un changement très-sensible dans la manière d'enseigner ; je fis des progrès assez rapides, et je suis porté à croire que, si j'eusse continué mes études chez ce professeur, j'eusse peut-être joué un certain rôle sur notre petite planète : Mais des circonstances extraordinaires y mirent obstacle. Un jour M. N...., professeur distingué, mais faible comme le commun des mortels, conçut une passion folle pour les charmes de sa jeune domestique, et ne pouvant sans doute résister aux continuelles agaceries de cette séduisante fille d'Eve, qui, je me le rappelle était fort jolie, commit une faute grave envers la morale publique. Cette aventure fit beaucoup de bruit dans la ville, le Clergé s'en mêla et Monsieur N..... fut destitué et condamné, en outre, à quitter Libourne pour aller expier sa faute dans son pays. Tous ses élèves le pleurèrent comme on pleure la perte d'un bon père, il fut également regretté de tous les habitants, qui de longtemps ne purent le voir remplacer avantageusement. Monsieur B..... qui lui succéda, était malheureusement trop débonnaire ; aussi les élèves, qui comme moi, n'étaient pas exacts à faire leurs devoirs, furent bientôt consolés. Je connaissais un grand défaut à ce Monsieur B....., c'était la différence qu'il faisait de l'enfant du peuple à l'enfant des classes privilégiées : un seul trait que je vais rapporter, entre mille, prouvera jusqu'à quel point sa conduite était condamnable à cet égard.

C'était dans les premiers beaux jours du primptemps de 1830, nous devions tous aller en promenade, et, comme cette partie était préméditée depuis longtemps, nous avions fait une cotisation pour acheter des gâteaux, et savourer ainsi les douceurs d'une collation champêtre. Le jour du départ, Monsieur B..... paya deux hommes pour porter les provisions de bouche,

et, vers dix heures du matin, nous nous mîmes tous en marche, emportant avec nous nos cerfs-volants, nos balles, des cordes pour faire des balançoires, et, en un mot, tous les objets qui devaient nous récréer une fois à la campagne. Arrivés à l'endroit où devait s'écouler cette agréable journée, Monsieur B..... fit former le cercle et nous parla en ces termes: « Mes
« chers enfants, que cette journée de récréation se
« passe comme il convient à des élèves appartenant
« à un professeur de premier ordre, livrez-vous à
« votre gaîté ordinaire, à tous les jeux qui vous sont
« familiers, ne courez pas trop cependant car vous
« pourriez vous rendre malades, ce qui m'attirerait de
« justes plaintes de la part de vos parents; lorsque
« vous serez fatigué, reposez-vous ou ralentissez vos
« jeux, et, vers midi, nous prendrons ensemble
« quelques rafraîchissements. »
Cette morale me fit oublier un instant le complot que j'avais formé avec deux de mes camarades contre les plus choyés de nos condisciples privilégiés, qui plus d'une fois avaient eu les récompenses que nous avions méritées. Après une assez longue récréation qui se passa sans le moindre trouble, le moment de la collation arriva et personne ne manqua à l'appel. Les professeurs nous firent placer par rang d'ordre, classe par classe, et aussitôt après eut lieu la distribution des comestibles. Le banquet commença aussi joyeux, aussi bruyant que pouvait l'être un repas de ce genre. Du lieu où j'étais assis, je passai la revue de ma classe et, à mon grand mécontentement, je m'aperçus que plusieurs élèves manquaient; je me levai alors, et je vis que les fils des familles notables de la ville étaient assis auprès des professeurs, se gorgeant de gâteaux qu'ils avaient devant eux en abondance. Je fus tellement blessé d'une pareille distinction que, dans ma colère, j'allai m'asseoir auprès

d'eux pour provoquer une explication. Ce que j'avais prévu arriva, Monsieur B..... me pria de retourner à mon poste; je m'y refusai d'abord, mais réfléchissant aussitôt je disparus en emportant avec moi une corbeille de gâteaux. Mais hélas! au moment où triomphant j'allais distribuer ce butin à ma classe, des doigts de fer emprisonnèrent mon bras, c'était Monsieur B..... qui, pour me punir de cette inconvenance, me fit attacher à un arbre où je restai pendant tout le temps que dura le dîner.

Quoique enfant, je compris que Monsieur B..... s'était très-mal conduit en cette circonstance, j'en fus vivement blessé; n'était-ce pas fait pour cela? l'enfant du pauvre ne payait-il pas chez lui, pour son instruction, autant que celui du riche? Pourquoi alors faire une différence entre ces deux classes, à cet âge heureux où le riche ne rougit pas encore de donner le titre d'ami au compagnon de ses jeux quelle que soit sa position sociale? Hélas! le temps vient assez tôt où cette amitié, si franche, si naturelle, de l'enfant est remplacée par l'orgueil et le dédain; car presque toujours l'enfant du riche oublie, avec le temps, ses déshérités compagnons du jeune âge.

En 1831, je sortis des écoles aussi ignorant qu'il est possible de l'être à l'âge de quinze ans. Je fis les premières armes de ma profession dans la Boulangerie de mon père; l'état de boulanger n'était point celui qui me convenait, mais je fus en quelque sorte forcé de m'en contenter à cause des exhortations de ma famille, qui alors me fit beaucoup de promesses, que malheureusement elle ne put pas tenir. Mon père, ayant été élevé à la campagne, manquait de cette expérience si nécessaire dans le commerce pour y bien faire ses affaires. Il ne sut pas profiter avantageusement du moment favorable. A l'époque où il fut jeté comme par enchantement à la tête d'un des plus beaux établissements de son temps, s'il ne fit pas de brillantes affaires, il le doit au manque de tact dont je viens de parler, et plus encore à ce qu'il ne voulait recevoir de qui que ce fût aucun de ces conseils, souvent fort utiles, pour conduire sa faible barque à travers les écueils si dangereux dont le grand commerce est hérissé. C'était au demeurant un homme sobre et laborieux, très estimé de tout le monde, ayant considérablement travaillé mais étant toujours resté stationnaire sous le rapport de sa position financière, tandis que beaucoup de ses confrères qui avaient moins fait d'affaires que lui, se sont très-bien enrichis. De bonne heure, je fus convaincu que son caractère, un peu égoïste, ne sympathiserait pas avec le mien qui ne rêvait que l'indépendance. Mon père était pour moi d'une exigence peu commune sous le rapport des innocents plaisirs de mon âge, il me privait sans pitié des sorties du soir desquelles je ne pouvais entièrement me passer, il aurait voulu faire de moi un sage avant d'en faire un homme; aussi, plus je me voyais comprimé par cette volonté de fer, plus je sentais mon esprit d'indépendance s'accroître. Fatigué de ce genre d'existence que mon père rendait plus pénible de jour en jour, et qui était cause que je commettais une foule d'étourderies plus extravagantes les unes que les autres, je me décidai enfin à quitter le foyer paternel pour aller travailler et vivre un peu plus libre chez les étrangers.

Je partis de Libourne, pour la première fois, le 20 Mars 1836, sans livret d'ouvrier et sans passe-port, n'ayant aucune idée des us et habitudes des émigrations. Le premier soir de mon départ je couchai à Saint-André-de-Cubzac, chez un mien cousin qui m'accueillit avec amitié, et à qui je racontai comment, après m'être fâché avec mon père, je m'étais déterminé à voyager pendant quelques années; il trouva que je prenais un bon moyen pour calmer l'ardeur de ma fougueuse jeunesse.

Le lendemain matin, mon cousin Despagne monta tout essoufflé dans ma chambre, pour me faire une proposition qui me fit le plus sensible plaisir.

— Edouard, me dit-il, as-tu véritablement envie de travailler?

— Tu me fais là une singulière question, lui répondis-je.

Je te demande cela, reprit-il, parce que je crois avoir trouvé ton affaire ; et, si ton départ de Libourne n'est pas une promenade de quelques jours, comme on pourrait le supposer, rien ne peut mieux te convenir.

— Je t'assure Despagne que ce départ est très-sérieux, j'ai quitté Libourne dans les meilleures dispositions.

— S'il en est ainsi, mon cher cousin, me dit Despagne, le hasard te sert à merveille, car je viens de recevoir du bourg de Cavignac, une lettre, dans laquelle un patron de ma connaissance me prie de lui envoyer un ouvrier sachant pétrir, tourner, et mettre au four.

— Vrai !

— Aussi vrai que tu es mon cousin, vois plutôt la lettre.

— Y a-t-il loin d'ici Cavignac, demandai-je à Despagne après avoir lu le contenu de cette lettre arrivée si à-propos.

— Non pas précisément, reprit-il, ce bourg est à un myriamètre environ d'ici tu t'y plairas, j'en suis sûr ; non-seulement parce que tu travailleras chez de très-braves gens, mais à cause des divers agréments que tu y trouveras: chaque dimanche, il s'y tient un magnifique bal où accourt le joli sexe, et où, mon coquin, tu ne tarderas pas probablement à faire le choix d'une maîtresse, parmi cet essaim de jeunes filles.

Je fus tellement enchanté de cette bonne fortune, qu'aussitôt après déjeûner je me mis en route pour Cavignac, et arrivé dans ce bourg, alors si bruyant, je me présentai chez mon premier patron.

M. Elie, c'est ainsi qu'il se nommait, m'accueillit avec bonté ; nous causâmes longtemps ensemble et nous fûmes bientôt les meilleurs amis du monde. Il n'était guère possible à un ouvrier qui, comme moi, quittait sa famille pour la première fois de trouver un établissement aussi convenable ; cependant quelque chose manquait à mon bonheur : je me mis dans la tête de l'obtenir ou de fuir à jamais ce village. M. Elie était un riche propriétaire de la commune de Cavignac, faisant cultiver ses terres à la journée, et, comme il nourrissait ses ouvriers, c'était à la table de ces bons paysans que j'allais m'asseoir, tandis que lui savourait des mets plus succulents dans un petit salon attenant à la cuisine, en compagnie de son épouse et de deux jolis petits enfants.— Pourquoi cette différence? Etait-ce fierté, égoïsme ou mépris ? C'était ce que j'ignorais, et ce que je voulus éclaircir. Après quelques jours d'hésitation, je lui écrivis une lettre dans laquelle je lui exprimais le désir que j'avais de manger à sa table, comme tous les ouvriers que j'avais connus l'avaient toujours fait, en lui rappelant aussi que mon père considérait ses ouvriers et ses domestiques comme lui-même. Le lendemain matin M. Elie se leva plus tôt qu'à l'ordinaire, vint me trouver dans la boulangerie, et voici à peu près le langage qu'il me tint :

« Je viens vous annoncer avec peine, mon ami, que je ne puis vous accorder la demande que vous m'avez adressée ; je vais vous en dire la raison : Ce n'est pas, croyez-le bien, que je vous trouve indigne de manger à ma table, je connais trop votre famille et la considération dont elle jouit pour avoir cette mauvaise pensée ; mais je dois vous dire que, si j'en use ainsi avec mes ouvriers, c'est pour deux raisons importantes : la première, parce que je ne jouis pas d'une bonne santé, comme vous avez dû vous en apercevoir, ce qui m'oblige à suivre un régime tout particulier ; la seconde est un usage de mes aïeux que j'ai conservé par habitude, et que probablement je conserverai toujours. Si je vous parle aussi franchement, continua M. Elie, c'est que je suis persuadé que vous n'êtes pas à votre place dans cette bourgade, vous ne vous y ennuyez pas, je le comprends, parce que vous êtes très-bien dans l'esprit des habitants ; mais, croyez-moi, Cavignac n'est pas un lieu convenable pour un ouvrier qui, comme vous, veut visiter son pays ; allez voir Paris, mon cher ami, là vous admirerez la gloire de la France ; je vous regretterai, parce que je suis très-content de votre service, mais quant à changer quelque chose à mes vieilles habitudes il ne faut pas y penser. »

Je fus sensiblement contrarié du mauvais succès de ma demande. Je remerciai fort poliment M. Elie ; et deux jours après je quittai Cavignac. — De retour à Libourne, mon père ne voulut rien changer à ses manières de voir d'autrefois ; le même égoïsme régnait dans toutes ses habitudes, et je devins de nouveau l'esclave de ses absurdes volontés. Ce genre de vie ne put me convenir longtemps, c'est alors que me vint l'idée de repartir pour faire mon Tour-de-France dans toutes les règles. Libourne n'était pour moi qu'une prison où je ne pouvais plus vivre désormais ; puis il me semblait entendre une voix intérieure qui me disait : « Pars, jeune enfant de l'atelier, vas visiter les cités de ta patrie ; c'est sur le Tour-de-France que ton imagination aventureuse trouvera un vaste champ à explorer ; vas te joindre à ces nombreux essaims de compagnons qui, le sac sur le dos, vont butiner le talent sur les chemins poudreux des quatre coins du monde; tu y trouveras quelques joies, beaucoup de soucis, mais, gai et enthousiaste, après avoir passé quelques années à sonder les maux qui pèsent sur la masse des ouvriers, tu deviendras l'interprète de la régénération. »

Un voyage, que je fis à Bordeaux à quelques jours de là, décida de ma destinée pour le reste de ma vie. Berniard, que j'allai voir dans cette ville opulente, était le fils d'un maître boulanger de Libourne, avec qui j'avais fait plus d'une partie intime; son caractère aimable et ses saillies agréables me plaisaient beaucoup. De son côté il m'avait juré une amitié éternelle; de sorte que, pendant longtemps, nous devînmes inséparables. Souvent nous avions projeté de faire le Tour-de-France ensemble, sans jamais y avoir sérieusement pensé; l'occasion ne pouvait être meilleure : lui, chassé de chez son père pour cause d'insubordination, et moi, sur le point de l'être pour le même motif, ne voulant pas me conformer aux exigences du mien. En arrivant à Bordeaux, je lui fis part de mes projets, il parut très-heureux de me voir dans d'aussi bonnes dispositions.

Ainsi, tu es bien décidé à ce que nous entreprenions le Tour-de-France ensemble, me dit Berniard?

— Oui, mon cher ami, c'est une idée fixe, arrêtée.

— Par où allons-nous commencer nos voyages?

— Par où tu voudras.

— Je crois, mon cher ami, que nous ferions bien de les commencer par Rochefort.

— Par Rochefort, soit.

— As-tu beaucoup d'argent?

— Cent francs, environ.

— C'est une fortune, en attendant l'ouvrage.

— N'en aurons-nous pas toujours?

— Hum! fit Berniard, ton espoir est un peu ambitieux ; car, mon cher, l'ouvrage, sur le Tour-de-France, manque quelquefois ; mais bah, comme nous voyagerons toujours de concert, celui qui travaillera pourvoira aux besoins de l'autre.

Dans le transport de joie que me firent éprouver les paroles encourageantes de ce cher camarade, je lui sautai au cou et je l'embrassai avec bonheur. Berniard m'apprit aussi que les corporations ouvrières, dans un but louable de philanthropie, avaient institué des sociétés de secours mutuels, afin d'aplanir les difficultés inévitables du Tour-de-France.

— Je crois avoir entendu dire, répondis-je, en l'interrompant, qu'il existe, dans presque tous les corps d'états, des divisions, et même que les boulangers comptent deux sociétés bien distinctes.

— Oui, mon cher ami, il y en a deux, malheureusement, répondit Berniard : la première qui, selon moi, est la meilleure et la plus belle, est celle des Compagnons du *Devoir* que, par dérision, les autres corps d'états appellent *les soi-disants de la Raclette.*

— Pourquoi les appelle-t-on ainsi ?

— Parce qu'ils se disent compagnons, titre qu'on ne veut pas leur accorder et qu'on leur conteste toujours.

— Et les autres, comment les nomme-t-on ?

— Ils portent le nom de *Sociétaires* ; mais les compagnons les appellent *Rendurcis.*

— Ainsi ces deux sociétés ne sympathisent pas ensemble ?

— Elles sont, au contraire, ennemies irréconciliables.

— Laquelle préfères-tu, Berniard ?

— Celle des Compagnons.

— Ses statuts sont donc meilleurs que ceux de l'autre société ? Voyons, sois impartial en me mettant au courant de tout cela ; je n'ai pas besoin de te dire que ton culte sera le mien, bien persuadé d'avance que tu as dû faire le meilleur choix.

— Je ne sais rien de bien positif à ce sujet, me répondit Berniard, car je n'ai guère fréquenté ni l'une ni l'autre de ces sociétés ; mais il me semble que celle des compagnons est la meilleure.

— Je veux bien le croire, mais depuis le temps que tu habites Bordeaux tu n'es point sans avoir quelquefois fréquenté les ouvriers de ta société préférée, et tu n'es pas, j'en suis sûr, arrivé jusqu'à ce jour, sans avoir appris quelque chose relatif à cette institution secrète ?

— Je mentirais si je disais le contraire.

— Voyons, conte-moi cela.

— Il y a un mois environ, continua Berniard, que, par le plus grand des hasards, il me tomba sous la main un manuscrit, qui, je le crois, est très-instructif en matière de compagnonnage ; je l'ai relu plusieurs fois, sans néanmoins me rendre un compte très-exact de cette institution.

— De qui tiens-tu ce manuscrit ?

— D'un compagnon boulanger qui travaillait chez mon beau-frère, et qui, lorsqu'il est parti pour Toulon, l'aura sans doute oublié. Ce soir, je t'en ferai la lecture, et alors tu seras aussi savant que moi sur ce chapitre.

Ainsi que nous en étions convenus, Berniard me conduisit, le soir, dans une petite chambre qu'il habitait, place Sainte-Eulalie, où, après m'avoir fait inspecter son petit ménage de garçon, il sortit de son bureau un vieux parchemin : c'était le manuscrit en question ; je m'inclinai respectueusement devant ces archives si vénérées, et Berniard commença la lecture en ces termes :

« Les premiers compagnons sont contemporains du grand roi Salomon, ils ont pris naissance dans le magnifique temple que ce monarque fit bâtir sur le mont Maria, en Syrie, et qu'il consacra à la gloire de Dieu. Ce chef-d'œuvre est le seul, en ce genre, que les hommes aient fait depuis la création du monde jusqu'à ce jour. Deux architectes célèbres de ce temps-là formèrent une société secrète pour donner de l'émulation aux ouvriers; mais, après que les travaux du temple furent achevés, ces deux grands maîtres se fâchèrent sérieusement sans qu'on en sache même encore aujourd'hui le véritable motif. L'un de ces grands maîtres se nommait *Jaquin*, il était constructeur en chef de la maçonnerie et de la serrurerie; les ouvriers qui travaillaient sous ses ordres étaient divisés en trois classes : les *Aspirants*, les *Compagnons* et les *Maîtres* ; tous recevaient un salaire proportionné à leurs talents, et les *maîtres* seuls avaient le droit de faire partie de l'assemblée confédérative de Salomon.

« Le second se nommait *Friquet Soubise* ; il était conducteur en chef des Charpentiers du Temple et autres ouvriers de même nature. Les ouvriers qui travaillaient sous ses ordres suivaient les mêmes règles et les mêmes principes que les précédents. Pendant tout le temps que dura la construction du Temple, comme je l'ai déjà dit, ces deux architectes devenus fondateurs d'une société formée pour policer les mœurs des hommes presque barbares en ce temps là, et pour perfectionner les arts encore dans l'enfance, se séparèrent pour former deux camps irréconciliables; de sorte que c'est ainsi désunis qu'ils revinrent dans leur Patrie, et se répandirent sur différents points de la Gaule, portant la discorde au sein d'une peuplade déjà très-belliqueuse ; l'anarchie fut bientôt à son comble parmi les ouvriers, le compagnonnage retomba dans l'ignorance et le fanatisme. Depuis cette époque le Tour de France eut à déplorer de grands malheurs et de grandes calamités.

« Le compagnonnage, dans son origine, ne comptait que quatre corps d'états :

« Les Tailleurs de Pierres, les Charpentiers, les Menuisiers et les Serruriers. Ces premiers compagnons firent beaucoup d'adjonctions ; les unes sont généralement reconnues, telles que celles des Vitriers, des Couvreurs, des Doleurs, des Tourneurs, des Charrons, des Forgerons, des Bourreliers, des Selliers, des Plâtriers, et des Quatre-Corps, composés des Ferblantiers, des Chaudronniers, des Couteliers et des Fondeurs. D'autres sont encore reconnues, mais les compagnons vivent dans le plus complet isolement, tels sont : les Epingliers, les Chapeliers, les Vanniers, les Sabottiers, les Couvreurs et les Cloutiers. Les Maréchaux-Ferrants sont reconnus par les Tailleurs de Pierres, les Charpentiers, les Vitriers, les Doleurs, les Quatre-Corps et les Selliers ; ils ne le sont pas par d'autres Corps qui leur font une guerre continuelle, tels que les Menuisiers, les Serruriers, les Charrons, les Forgerons, les Bourreliers et les Tourneurs. Les Tisserants, les Boulangers et les Cordonniers sont généralement repoussés. Suivant la généalogie du *Compagnonnage*, les Charpentiers seraient les premiers qui auraient transmis le *Devoir* aux autres corps ; la tradition la plus ancienne dit que les Chapeliers furent les premiers initiés aux mystères de l'ordre, après les quatre corps de la bâtisse ; puis qu'ensuite vinrent les Epingliers ; ces derniers sont bien déchus de leur ancienne splendeur, on croit même qu'il n'existe plus aujourd'hui de Compagnons parmi eux.

« Dans une assemblée tenue à Béziers, au mois de mai 1791, les Tailleurs de Pierres reconnurent les Vitriers reçus, quatre ans avant, par les Serruriers ; ils reconnurent aussi les Ferblantiers, sortis des Menuisiers en 1431 ; les Forgerons, sortis des Chapeliers en 1623 ; et les Cloutiers, sortis des Forgerons en 1637. Les Couteliers seuls furent refusés. Les Plâtriers furent reconnus en 1803 dans une assemblée tenue à Tours, ainsi que les Doleurs, sortis des Vitriers en 1795 ; les Chaudronniers y furent refusés, et ne furent acceptés que quelques années plus tard.

« En 1548, les Charrons, sortis des Epingliers, donnèrent le *Devoir* aux Teinturiers ; mais ils ne furent reconnus Compagnons qu'à la funeste assemblée tenue à Niort, qui se termina par une rixe sanglante. Quant aux Corroyeurs, aux Tanneurs et aux Chamoiseurs, ils furent reconnus dans une assemblée qui fut tenue à Bayonne *(ici l'année manque au manuscrit)*. Quoique toutes ces sociétés soient à peu près les mêmes, quant à la tradition qu'elles acceptent, elles ne laissent cependant pas d'être rivales sous divers rapports futiles et ridicules. Plusieurs de ces Compagnons ont commis des fautes très graves qu'on leur reproche encore aujourd'hui : ainsi, les Charrons auraient, en 1775, vendu leur part d'héritage, consistant en un bourdon qu'ils avaient eu en partage des dépouilles de *Maître Jacques*, et les Tailleurs de pierres le leur auraient acheté. En 1802, les Charpentiers auraient, aussi, dans un moment de détresse, mis en gage une précieuse ceinture venant également de *Maître Jacques*, chez ces mêmes Tailleurs de pierres, et cela pour la somme de 400 francs. Plus tard, ceux-ci leur en refusèrent la restitution. En 1819, les Serruriers laissèrent leur caisse d'assemblée, renfermant leur héritage et notamment de précieux documents sur le compagnonnage, chez une femme de Tours, pour la somme de neuf cents francs. Cette caisse n'ayant pas été retirée à l'époque fixée, faute d'argent elle fut vendue aux compagnons Corroyeurs. En 1825, les Menuisiers pour soustraire à la police de Nantes (1) un manuscrit

---

(1) La police de la ville dont je parle, fit cette recherche pour

très-important sur le compagnonnage le confièrent à leur *Mère*, qui en fit prendre copie par son fils; plus tard la Société l'ayant quittée, cette femme publia textuellement ces précieuses archives.

« En 1810, et non en 1830 comme a pu le croire M. Agricol Perdiguier, un vieux Compagnon Doleur, natif de Nevers, transmit, pour la somme de 1400 francs, les instructions et les mystères de son compagnonnage aux ouvriers boulangers. Voici comment et par quelle singulière particularité ceux-ci furent initiés. La scène se passe le 14 avril 1810, dans la ville de Blois que baigne la Loire.

« Michel Eugène, Corbineau, dit *Nivernais Frappe-D'abord*, compagnon Doleur, venait quelquefois dans la rue Basse, où demeurait la *Mère* des Boulangers, faire des visites d'ami à deux de ces derniers, qui, quoique ne faisant partie d'aucune Société, ne laissaient cependant pas que de se réunir et de former une société de secours mutuels. Chaque fois que ce vieux Doleur venait chez la mère Boyer, c'était le nom de l'hôtesse où se réunissaient les Boulangers, il parlait avec tant d'enthousiasme du compagnonnage, il chantait avec tant de chaleur les mystères de son *Devoir*, ses ballades étaient si belles, si attrayantes, qu'elles tournèrent la tête à ces pauvres Boulangers, alors si tranquilles, et ignorant les querelles et les dissensions.

« Pourriez-vous nous dire, pays *Nivernais*, lui demanda un soir un ouvrier Boulanger qui était le beau parleur de cette bruyante réunion, de quel droit vous portez d'aussi beaux joncs et d'aussi belles couleurs; et pour quel crime il nous est défendu d'en porter sans nous exposer à des hostilités sans nombre avec tous les autres corps d'états?

---

s'emparer de plusieurs armes meurtrières dont ceux-ci s'étaient servis dans une funeste rencontre contre une Société ennemie.

« Je ne puis vous dire, mon ami, répondit le vieux *Doleur*, ni pourquoi, ni comment, vous êtes exclus du sein de nos mystérieuses réunions ; seulement je crois pouvoir assurer que vous ne serez jamais initiés compagnons, si des circonstances heureuses ne se présentent à point nommé, pour vous sortir des ténèbres où vous semblez être condamnés à vivre éternellement.

« C'est assez singulier, s'écrièrent plusieurs voix, que cette exclusion indignait.

« C'est pourtant comme cela, reprit le doyen, en vidant son verre d'un trait, et ayant longtemps encore causé sur ce chapitre, il sortit et l'on n'entendit plus parler de lui.

« Un jour du mois de Mars 1810, cependant, c'est-à-dire trois mois après l'époque dont je viens de parler, un homme maigre, pâle, et défiguré par les souffrances, apparut chez la mère Boyer ; il s'assit et demanda à parler à Pierre Martel; celui-ci se présente et reconnait avec peine *Nivernais Frappe-D'abord*, si vigoureux quelques mois auparavant; il tressaillit involontairement en pressant dans ses mains la main froide et décharnée de son compatriote.

« — D'où vient ce changement, mon cher *Pays*, lui demanda Martel, tu as donc été malade ?

« — Pierre, reprit *Nivernais*, assieds-toi près de moi, je te confierai tout mes malheurs.

« — Martel s'étant assis, *Nivernais* commença en ces termes :

« — Tu te rappelles la dernière visite que je vins te faire ici, chez la mère Boyer ?

« — Parfaitement.

« — Eh ! bien, mon ami, le lendemain je tombai sérieusement malade, et, comme je n'avais pas les moyens de me faire traiter en ville, je me traînai jusqu'à l'hôpital, d'où je fis savoir l'état de ma position à la société à laquelle j'appartenais, espérant qu'elle me ferait passer les secours supplémentaires, indispensables dans ces sortes d'établissements, où souvent on est fort négligé. Je fus bien trompé dans mon attente; pas un compagnon ne vint me voir pendant tout le temps qu'a duré ma maladie. Je ne sais pourquoi ils ont insulté à mon malheur: mais il me payeront cher ce manque d'intérêt fraternel.

« — Bah! bah! dit Martel, oublie tout cela que diable. Quand tu iras chez la *Mère*, tu leur diras ta façon de penser, et s'ils ont un peu de cœur, ils conviendront de leurs torts et il te feront, j'en suis sûr, toutes les excuses désirables.

« — Leur pardonner, s'écria *Nivernais Frappe-Dabord* en regardant son *Pays* avec les yeux d'un possédé, jamais. Il faut que je te dise qu'une pensée infernale, aussi forte que ma volonté, en soutenant le peu de force morale que m'avait laissée ma maladie, m'a donné du courage au moment où je voyais s'éteindre ma vie ; j'ai voulu vivre pour me venger! J'ai voulu vivre pour déshonorer les compagnons Doleurs, si ingrats et en même temps si fiers de leurs prérogatives! Commence-tu à comprendre, continua le vieux Doleur en serrant convulsivement la main de son compatriote?

« — Mais oui, répondit Pierre Martel en frissonnant de tout son corps.

« — Du reste, il en arrivera ce que Dieu voudra, reprit *Nivernais*, je veux que toi et les tiens vous soyez initiés aux mystères du *Devoir* ; devrais-je payer mon parjure de ma vie; et pour donner une preuve irréfragable de ce que je veux faire pour les Boulangers, que je ne veux point les tromper par d'insensées promesses, fais-leur mes propositions et, s'ils acceptent, je les exhorte à prendre envers moi les mesures les plus sûres, afin de me punir sévèrement si je venais à tromper leur crédulité.

« Le lendemain de ce singulier entretien, une assemblée fut tenue pour proposer et faire adopter le projet. Huit jours plus tard, *Nivernais Frappe-D'abord* était notre prisonnier, dans une cave à vingt pieds sous terre, donnant des instructions à quelques ouvriers Boulangers. Lorsque ceux-ci furent bien instruits de toutes les choses relatives au compagnonnage, quant aux signes, aux attouchements, et surtout aux paroles mystérieuses nécessaires pour se présenter dignement devant les enfants de *Maître Jacques*, ils employèrent un stratagème assez singulier pour faire les premières épreuves de leur savoir, et cela d'après une idée du vieux compagnon qui les instruisait et qui avait choisi à cette intention les champions les plus robustes et les plus déterminés, dans le cas où l'affaire prendrait un caractère grave.

« Un matin donc ces quatre ouvriers Boulangers se procurèrent chacun une doloire, qu'ils enveloppèrent dans autant de tabliers de cuir, et, les insignes du compagnonnage aux oreilles, chacun une canne à la main, ils se présentèrent chez la mère des compagnons Doleurs, où ils furent reçus très-fraternellement. Il ne faut pas oublier de dire que les plus grandes précautions avaient été prises pour le cas où la supercherie reconnue eût entraîné une rixe, ce qui eût été inévitable. Le signal d'alarme convenu était un carreau de vitre brisé aux croisées donnant sur la rue. Ce soir-là toutes ces précautions furent inutiles.

« D'où venez-vous, *Pays*, dit le *Rouleur* des *Compagnons Doleurs*, après avoir préalablement reconnu par des signes et des attouchements les quatre nouveaux arrivés?

« — De Bordeaux, répondit l'un d'eux sans hésiter.
« — Directement?
« — Non, *Pays*, nous nous sommes arrêtés quel-

ques jours à Cognac pour donner un coup de main à un de nos frères.

« — Comment va l'ouvrage dans la Saintonge?

« — Très bien, les *Pays*, continua le faux Doleur, les eaux-de-vie sont en vogue, et les expéditions se font de toutes parts avec de grands bénéfices; si nous avions voulu travailler, nous étions à même de pouvoir y passer une partie de la belle saison; plusieurs patrons nous ont fait des offres très-avantageuses.

« — Voulez-vous travailler ici, interrompit le *Rouleur?* Demain je vous embauche tous les quatre dans un village de la Sologne où vous serez très-bien. Vous ferez du neuf, et certes il y a de l'argent à gagner.

« — Ma foi non, répondit Pierre Martel, (c'était lui qui remplissait le premier rôle de cette espèce de drame), mais si nous refusons c'est que nous avons hâte de nous rendre en Bourgogne; car si nous nous sommes arrêtés à Blois quelques instants, c'est seulement pour avoir le plaisir de vous dire bonjour en passant.

« — Vous êtes très-aimables, les *Pays*, mais j'espère que vous coucherez ici; et demain nous irons vous mettre sur les champs avec les honneurs de la guerre.

« — Je vous remercie pour moi et pour mes compagnons de voyage; mais nous sommes attendus ce soir chez les parents du *Pays Vendôme*, et il désigna l'un de ses complices, et comme nous leur avons fixé le jour et l'heure à laquelle nous arriverions nous ne voudrions pas mettre ces braves gens dans l'inquiétude.

— Vous connaissez vos affaires, répondit le *Rouleur* avec la meilleure foi du monde, faites comme vous le jugerez convenable, seulement je crois que vous regretterez de ne pas être restés quelques mois dans ce pays enchanteur.

« — Ce qui est différé n'est pas perdu, répondit

Martel, qui sait si, dans quelque temps d'ici, Blois ne me reverra pas, surtout si, comme je l'espère, je fais mon tour de France une seconde fois.

« — Voilà qui est parlé, mais en attendant ce temps qui peut-être encore éloigné, nous allons vider ensemble quelques flacons en chantant de joyeux refrains.

« Bientôt les tables se couvrirent de verres qui se remplirent et se vidèrent fréquemment; la gaîté brillait sur tous les visages, on porta plusieurs santés aux *Enfants de Maître Jacques*, puis vinrent les *Entrées de chambre* (1); tout se passa le mieux du monde. Alors les nouveaux initiés, bien persuadés de connaître les principaux mystères de l'ordre compagnonnique, prirent congé de leurs soi-disant collègues qui vinrent les accompagner jusqu'au chemin de Vendôme, où, après s'être donné l'accolade fraternelle, il se séparèrent, mais pour se revoir, le lendemain, dans une rixe sanglante. Ce même soir, le vieux Compagnon Doleur fut mis en liberté; après quoi il donna ses dernières instructions à son compatriote Pierre Martel, qu'il baptisa de son terrible surnom de *Nivernais Frappe-D'abord*, et il sortit de la ville de Blois, pour ne plus y rentrer. La chronique rapporte qu'il s'embarqua à Rouen pour passer aux États-Unis.

« Le lendemain les quatre Boulangers dont nous avons parlé, se rendirent chez la *Mère* des compagnons *Doleurs*, la hotte de pain sur le dos et le paquet de *tailles* au bras. Là ils s'assirent tranquillement à une table et demandèrent un litre de vin, qu'on leur servit et qu'ils burent en attendant l'heure favorable d'en venir aux explications. Pendant ce temps là, la maison

---

(1) La chambre, en termes Compagnonniques, veut dire le local où est la caisse, où se tiennent les assemblées et où sont reconnus, dans toutes les règles de nos statuts, les compagnons qui passent dans les villes qui ont le droit de faire des réceptions.

était entourée d'hommes redoutables. Vers sept heures, une trentaine d'ouvriers Doleurs rentrèrent chez leur *Mère*, et vinrent prendre place autour d'une table où la pitance quotidienne les attendait; tous virent très-bien les quatre boulangers qui se rafraîchissaient à une table attenant à la leur: mais sans se douter jamais que c'étaient ceux que la veille ils avaient reconnus et nommés leurs frères. Quand leur souper fut terminé, Martel s'avança vers eux, et, fort poliment, leur demanda une audience particulière.

« — Pour quel sujet demanda le *Rouleur*?

« — Pour une affaire très-importante, lui répondit Martel, que je ne puis vous apprendre ici.

« — Le *Rouleur* qui, sous ce nouvel accoutrement, ne les reconnaissait pas, parut assez intrigué de la demande; cependant pour en avoir le cœur net, il se leva de table, prit la clef de la chambre d'assemblée et lui dit de le suivre. Comme toute la tablée se levait pour accompagner le *Rouleur*, Martel fit un signe à ses camarades, et tous se dirigèrent vers l'escalier. Arrivés dans le sanctuaire où la veille les mystères de l'ordre avaient été échangés de part et d'autre, le *Rouleur* demanda à Martel à quelle particularité il devait attribuer l'audience qu'il avait demandée.

« — Je ne chercherai point, lui répondit-il, à décrire un cercle inutile au tour de la question, pour en embrouiller le sujet; je vais donc franchement l'aborder, comptant d'avance sur votre fraternelle indulgence.

« — Où voulez-vous en venir, demanda le *Rouleur* un peu impatienté?

« — A une révélation sérieuse, répondit Martel.

« — Voyons, expliquez-vous!

« — Nous reconnaissez-vous d'abord, demanda Martel en se posant carrément au milieu de ses camarades et devant cette redoutable assemblée?

« — Non, fit le *Rouleur* en les examinant très-attentivement les uns après les autres.

« — Quoi, reprit Martel avec une feinte surprise, vous ne reconnaissez pas en nous ces quatre compagnons que vous avez accueillis, hier soir, avec les marques de la plus cordiale fraternité?

« — Vous n'êtes donc pas Doleurs?

« — Non, messieurs, vous le voyez, nous sommes Boulangers.

« Tous parurent frappés d'un grand étonnement.

« — Oui, mes amis, continua Pierre Martel, nous sommes ouvriers boulangers. Cette particularité, qui semble vous contrarier, vous prouve que nous sommes arrivés à ce moment décisif où vous ne pouvez plus douter de nos connaissances en ce qui concerne le *devoir*, sans vous rendre volontairement les ennemis de vos frères, car nous sommes vos frères, vous en êtes convenu hier soir ; c'est pour ce motif aussi que nous venons auprès de vous pour recevoir vos conditions ; quelles qu'elles soient nous les acceptons d'avance pour effacer, s'il est possible, les mauvaises impressions que vous a causé l'innocente supercherie dont nous nous sommes servis pour avoir le droit et le bonheur de faire partie de vos réunions intimes.

« — Où avez-vous puisé les connaissances dont vous semblez faire parade, dit le *Rouleur* avec une colère mal dissimulée et en évitant de répondre à l'exposé que venait de lui faire Martel.

« — Elles nous ont été révélées, lui répondit-il, par un membre de votre corporation, que nous vous ferons connaître en temps opportun.

« — Vous êtes des traîtres, dit le *Rouleur*, et votre démarche téméraire pourrait vous coûter plus cher que vous ne le pensez ; car, en supposant que ce qui s'est passé hier soir soit la vérité, croyez-vous que cela vous suffise, sur le Tour-de-France, pour vous asseoir au banquet des *Enfants de Maître-Jacques?*

« — Certes, je le crois.

« — Pauvre insensé, détrompez-vous, car vous êtes et vous n'êtes pas.

« — Ah! fit Martel, des énigmes!

« — Savez-vous, continua le *Rouleur*, que, pour être reçu et reconnu *Compagnon du Devoir* par les premiers corps, il faut d'abord connaître le trait?

« — Je m'attendais à ce vieil argument qui dénote la simplicité de l'ouvrier, répartit Martel, mais dites-moi, les Chapeliers se servent-ils du trait? Les Selliers, les Bourreliers se servent-ils de l'aplomb, du niveau, de l'équerre? Ils sont pourtant compagnons! Les Chamoiseurs, les Corroyeurs ne le sont-ils pas également? Vous voyez bien que l'argument que vous venez d'émettre est insuffisant; donc, vous devez avoir d'autres motifs que celui-là.

« — Certainement, il faut avoir le talent, qualité essentielle, indispensable pour être reçu compagnon; car le récipiendaire doit présenter un chef-d'œuvre digne de sa profession.

« — Quel est donc celui du Couvreur, du Cloutier, du Maréchal et d'une infinité d'autres corps, qui ne me viennent pas à la mémoire en ce moment, répondit Martel? et, au fait, qu'est-ce qu'un chef-d'œuvre selon vous?

« — Un chef-d'œuvre! dit le *Rouleur* avec un air d'étonnement presque religieux; mais c'est tout ce qu'il y a de beau, de bien fait; c'est un travail fini, poli, achevé, que l'ouvrier ne craint pas de soumettre aux yeux des experts les plus expérimentés et les plus impartiaux.

« — C'est juste, je suis de votre avis, mais dites-moi, n'avez-vous jamais vu sortir des mains d'un ouvrier boulanger du pain avec toutes les qualités qu'il peut acquérir par la manipulation et la cuisson? N'avez-vous jamais eu l'œil flatté à l'aspect d'une de ces jolies petites flûtes, en pain de fantaisie? N'avez-vous jamais savouré le goût exquis du pain fait avec le gruau? Mais allez à Paris, allez à Bordeaux, allez en Provence, là vous pourrez en voir de nos chefs-d'œuvre. Les rois et les prolétaires s'en servent également pour les premiers besoins de la vie ; en observant toutefois que ce dernier le mange un peu plus gris, et qu'il lui donne plus de peine à gagner.

« — Sans doute, répondit le *Rouleur*, mais dans nos campagnes, dans les villes même, les femmes font le pain sans jamais avoir fait d'apprentissage, ce qui prouve le peu de talent de l'ouvrier qui exerce cette profession.

« — Je vois que vous vous enferrez, mon cher ami, riposta Pierre Martel en souriant ironiquement, car, si dans les campagnes les femmes font le pain, comme vous venez de me le faire judicieusement remarquer, je puis vous prouver, moi, que les hommes habitant ces mêmes campagnes, les cultivateurs en un mot, font des bailles, des barils, des chaises, des tables, des buffets, de petites maisons même, et une infinité d'autres ouvrages exécutés par différentes corporations; tout cela est, ainsi que le pain, moins bien fait par la main de ces gens que par la main exercée de l'ouvrier. Direz-vous le contraire, répondez franchement!

« — Que diable allez-vous me chercher là?

« — Vous me faites des questions, il faut bien que j'y réponde. Vous ne voulez pas que les Boulangers soient compagnons, pourquoi cela? Vous n'en savez rien! — Donnez-nous-donc quelques bonnes raisons; prouvez-nous enfin pourquoi et comment les Boulangers sont indignes de devenir vos frères; et alors si, par des causes que j'ignore, vous me prouvez que réellement il vous est impossible de nous admettre, je me courberai devant cette prescription, et il n'en sera jamais plus question entre nous. J'ai lu, continua Martel, dans les parchemins où nous avons puisé nos instructions du rite compagnonnique, que dans le principe il n'y eut que les quatre corps du bâtiment qui furent initiés aux mystères du *Devoir*.

« — En douteriez-vous, interrompit le *Rouleur* ?

« — Oui, j'en doute, et selon moi c'est une absurdité qui prouve une mauvaise tradition de la part des successeurs des grands maîtres *Jaquin et Soubise* ; car je prouverai qu'il était impossible qu'à la construction du temple de Jérusalem, il y eut une aussi ridicule distinction entre un nombre aussi considérable d'ouvriers, même en supposant que le Compagnonnage fût véritablement ce qu'il semble à l'œil fasciné du récipiendaire. Et, d'ailleurs, en supposant qu'il n'y eût que les quatre principaux corps du bâtiment, l'édifice eut été incomplet. — Selon moi, il est à croire que plusieurs corporations se réunirent pour n'en former qu'une ; ainsi, les Serruriers, les Forgerons et les Mécaniciens d'une part ; les Tailleurs de pierre, les Sculpteurs et les Statuaires de l'autre ; les Charpentiers de grosses œuvres et ceux du même corps qui travaillaient le menu, d'où est probablement dérivé le nom de *Menuisier*. Il dût aussi y avoir des Tisseurs pour faire les draperies, et des fondeurs pour faire les ornements d'or et d'argent qui contribuaient à la grande richesse de l'édifice. Toutes ces suppositions me font croire que les ouvriers Boulangers devaient y être en grand nombre, pour fournir aux besoins des *dix-huit cent quatre-vingt mille* individus employés aux travaux de cette merveille. Et en supposant qu'il n'y en eût pas eu un seul à cette époque, je connais aussi un grand nombre de corps d'états qui, aujourd'hui, appartiennent au Compagnonnage, et dont alors on n'avait que faire. Ainsi, je soutiens, pour clore cette longue dissertation, que, si l'ancienneté ou l'utilité des corps faisait autorité, nos prédécesseurs ne contribuèrent pas moins que les vôtres à l'accomplissement de cette grande œuvre.

« A ces dernières paroles de Martel, la rumeur devint générale dans l'assemblée, le *Rouleur*, qui jusqu'alors était resté assez calme, se leva furieux, en s'écriant : malheureux! vous allez payer cher votre témérité, car non-seulement nous vous renions pour nos enfants, mais encore vous allez être punis du châtiment des traîtres, afin que le péché du lâche qui vous a révélé les secrets de notre ordre retombe sur vous pour vous écraser sans miséricorde!

« Au même instant, un cri de rage sortit de leurs poitrines haletantes, et une lutte inégale et meurtrière s'engagea dans la *Chambre d'Assemblée*. C'en était fait des boulangers, si le nouveau *Nivernais-Frappe-D'abord*, homme de première force, ne se fût frayé un passage parmi les combattants, pour atteindre une croisée dont il brisa les vitres qui tombèrent avec fracas. A ce signal de détresse, les Boulangers qui rôdaient autour de la maison accoururent promptement au secours de leurs camarades. Il était déjà trop tard pourtant, car un des quatre Boulangers venait d'être frappé mortellement. L'aspect de ces hommes déterminés déconcerta les assassins, qui, à leur tour, devinrent les victimes; et, avant que la police ne fût arrivée, on avait à déplorer un grand malheur.

« Depuis cette affaire de funeste mémoire, les compagnons Boulangers ont sans cesse été repoussés par les autres corporations ouvrières. Ils ne sont cependant pas les seuls qui subissent cette haine : les Serruriers et les Menuisiers, qui se regardaient autrefois comme frères, ne sympathisent plus ensemble aujourd'hui, parce que ces derniers ont voulu attacher leurs couleurs à la même boutonnière que les premiers;

cependant ils ne se battent pas. Les Charpentiers, les Couvreurs et les Plâtriers ont souvent des rixes avec les Corroyeurs, pour le même sujet. »

— Quand Berniard eut terminé la lecture de ce précieux manuscrit, qui m'avait beaucoup intéressé il me dit.

— Eh bien! Edouard, que penses-tu de cela?

— Ma foi, mon cher ami, lui répondis-je, je t'avoue que tout ce galimatias ne me paraît pas trop clair; et je suis tenté de me faire recevoir Compagnon pour mieux apprécier les secrets de cette mystérieuse institution.

C'est aussi mon avis, dit Berniard.

Ce même soir, nous allâmes dîner rue Montagne, où demeurait la *Mère* des compagnons Boulangers. Je fus on ne peut plus agréablement surpris à l'aspect de la nombreuse société qui s'y trouvait; cette joyeuse réunion d'ouvriers m'enivra de bonheur; c'était au moment du repas du soir, une cinquantaine de convives, environ, garnissaient les tables de la première salle, une partie savourant philosophiquement la modeste portion à trente centimes, l'autre, plus nombreuse, était servie avec une certaine profusion. Je demandai à Berniard de m'expliquer cette différence.

— Les premiers, me dit-il, sont ceux qui n'ont pas d'ouvrage et qu'on appelle les *Flâneurs* (1); et les autres sont ceux qui occupent les ateliers. Les deux tables sont également composées de *Compagnons*, et d'*aspirants*, et puisque nous sommes sur ce chapitre, je vais t'apprendre le peu que je sais sur les habitudes de cette société. Les compagnons, d'après ce qui m'a été raconté, dirigent seuls la Société, les aspirants sont sensés ignorer toutes les affaires de l'ordre, mais ils vivent dans l'espoir d'en connaître un jour toutes

(1) Ouvrier sans ouvrage.

les particularités. Lorsqu'un Compagnon ou un Aspirant arrive chez une *Mère*, le *Rouleur* (1), ou à son défaut le *premier compagnon* venu vient le reconnaître, et après avoir échangé des signes, des attouchements et des paroles que j'ignore, ils s'embrassent avec franchise et amitié, quoique se voyant, la plupart du temps, pour la première fois. L'arrivant est conduit au banquet toujours permanent de la commune famille; et, le soir, dans la *chambre des réceptions*, on lui rend les honneurs qui lui sont dûs.

— Je trouve cela charmant, m'écriai-je!

— Ce n'est pas tout, continua Berniard, non-seulement ce Compagnon, ou cet Aspirant, est reçu à bras ouverts par ses frères, mais encore, s'il est dans le besoin, il a droit à tous les secours que sa position exige. Si par hasard il advient que, dans la ville où il arrive, l'ouvrage manque, alors on consulte le nombre des *flâneurs*, et, s'il n'est pas trop grand, on l'engage à rester. A compter de ce jour, il y a pour lui chez la *Mère* un compte ouvert que nul ne peut méconnaître. Si, au contraire, les *flâneurs* sont en trop grande quantité, et qu'on ne puisse le garder, on l'exhorte à poursuivre sa route jusqu'à la prochaine ville où il sera peut-être plus heureux. Alors, il faut que le *flâneur* se résigne sans murmurer, s'il ne veut pas manquer volontairement aux statuts de l'ordre; toutefois il doit s'attendre aux soins les plus fraternels de la part de ses camarades, et, s'il est fatigué, il peut se reposer depuis un jusqu'à trois jours, cela dépend de la route qu'il vient de faire. S'il est dans le besoin, ce qui arrive assez communément, non-seulement la société prend à sa charge les dépenses qu'il a faites, mais encore, le jour de son départ, elle lui donne l'argent nécessaire pour lui faciliter son nouveau vo-

---

(1) Le chef supérieur de la Société.

vage jusqu'à la ville prochaine, où en arrivant, il est traité avec les mêmes soins, et reçu avec la même cordialité.

— Quelle belle société! m'écriai-je avec enthousiasme.

Elle serait vraiment admirable, mon cher Edouard, dit Berniard, si la plus grande partie des ouvriers n'étaient pas aussi fanatisés et aussi ignorants; mais les préjugés et les préséances de l'ordre les rendent intolérants et cruels, et bien souvent, ils poussent le délire jusqu'à l'assassinat. Mais écoute attentivement ce que j'ai encore à t'apprendre, car je n'ai pas entièrement satisfait ta curiosité. Les flâneurs proprement dits, dont je te parlais il n'y a qu'un instant, sont ceux que tu vois se restaurer modestement.

— La part semble cependant être raisonnable, objectais-je.

— Oui, un ouvrier sans travail ne peut pas désirer mieux, deux cent cinquante grammes de pain, un demi litre de vin et une portion de viande de trente centimes, le tout d'excellente qualité.

— De mieux en mieux, Berniard.

— Remarquez bien, répondit mon ami, qu'il leur est expressément défendu de faire de folles dépenses, s'ils ne sont pas en mesure de les payer comptant; et c'est là un article du règlement qui n'est pas toujours religieusement observé. C'est, je crois, un abus qui fait grand tort à la société, et auquel on ne fait pas assez attention; car j'ai connu un ouvrier qui, quoique honnête garçon, était un joueur effréné; la société ayant répondu de lui à la *Mère*, fut obligée de payer, non-seulement les dépenses qu'il avait faites pour satisfaire aux premiers besoins de la vie, mais encore les dîners et les nombreuses bouteilles de vin qu'il avait joués et perdus pendant le temps qu'il était resté en pension.

— Voilà qui n'est pas juste, m'écriai-je.

— Ces sortes d'abus existent cependant.

— Je te jure, Berniard, que, si un jour j'ai le bonheur de devenir Compagnon, je seconderai de tous mes efforts les premiers qui chercheront à réformer les abus nuisibles à la société, si, moi-même, je ne deviens un réformateur.

— Tu parais avoir de très-bonnes dispositions pour l'avenir, j'en suis enchanté. Voyons maintenant, continua Berniard, passons la revue du groupe que tu aperçois là près de nous, assis gaîment autour des tables sur lesquelles se trouvent de fines poulardes et du vieux Bordeaux.

— Hum! fis-je, ils paraissent avoir l'air de bien se régaler.

— Ils en ont le droit; ceux-là sont les ouvriers qui occupent les divers ateliers.

— Il faut qu'ils gagnent beaucoup d'argent pour se nourrir aussi luxueusement?

— Oh! mais entendons-nous, ils ne font pas tous les jours une aussi bonne chère, leurs salaires n'y suffiraient pas, ils mangent ordinairement à l'atelier où ils se contentent de peu, et lorsqu'ils viennent ici, ce qui arrive une ou deux fois par semaine, ils font, comme tu le vois, un petit extra de famille.

— J'approuve cela.

— C'est, en quelque sorte, au sein de ces repas intimes, que les prolétaires se retrempent l'âme. C'est au milieu de cette franche gaîté, dont tu vois le riant tableau, qu'ils viennent puiser de nouvelles forces pour lutter contre les fatigues du lendemain.

— Très-bien! mais, dis-moi, tu m'as parlé du *Rouleur*, que signifie ce nom? est-ce un grade, un titre?

— L'on appelle *Rouleur*, mon cher ami, répondit Berniard, le président de la Société. C'est, en un mot, le compagnon qui est chargé de l'administration de l'ordre, aidé de deux autres membres que l'on nomme : l'un, le *Premier-en-Ville*, l'autre, le *Second-en-Ville*. Le *Rouleur* et le *Second-en-Ville*, son secrétaire, sont éligibles tous les mois. Le premier, qui a une plus grande responsabilité des affaires, est forcé de rester trois mois en place, à moins de circonstances que l'on ne peut prévoir.

— Tous les compagnons sont-ils éligibles, lui demandai-je, et tous ont-ils le droit de prétendre aux plus hautes dignités ?

— Certainement, seulement un Compagnon qui a été reçu dans une ville quelconque, à Bordeaux par exemple, ne peut être élevé aux premières places dans cette même ville, s'il n'a pas fait son Tour-de-France en totalité ou en partie, au reste chaque corporation a ses statuts à ce sujet, je te parle des Boulangers seulement.

— Passons à une autre question, dis-je à Berniard, et dis-moi pourquoi tous ces jeunes gens appellent la maîtresse de la maison la *Mère* ?

— C'est un nom d'intimité donné aux hôtesses chez lesquelles mangent et logent les Compagnons, et je t'assure qu'il est mérité par leur désintéressement ; l'on dit même que ces femmes généreuses prennent tant à cœur toute la sublimité de ce nom significatif, qu'elles en remplissent les charges avec autant de véritable tendresse et de dévouement que pourrait le faire la meilleure des mères, à l'égard de ses propres enfants. Les fastes du Compagnonnage offrent à ce sujet plusieurs faits intéressants que tu apprendras probablement avec le reste.

— Celle-ci à l'air d'être généralement estimée ?

— Oh ! mon Dieu, c'est à peu près partout la même chose ; ces femmes sont toujours, et en tous lieux, de vrais modèles d'amour maternel, en un mot, ce sont des anges qui, sans distinction aucune, prodiguent les soins les plus empressés, à tous ces essaims de joyeux émigrés des quatre parties de la France. Ce qu'il y a d'admirable en tout cela, c'est que ces femmes incomparables, qui font tant de crédit, ne perdent jamais un centime. Chaque premier du mois, et dans chaque ville, la *Mère* porte son compte aux Compagnons réunis dans la *chambre d'assemblée*, où il est soumis au contrôle des principaux membres de la société; c'est je crois ce qu'on appelle le compte-courant, qui consiste en dépenses faites pour le besoin des passants, pour les ports de lettres et pour les secours donnés aux malades; le tout est exactement payé; c'est une dette sacrée.

— Et qui fournit l'argent nécessaire à ces grandes dépenses?

Tous les initiés, Compagnons et Aspirants, excepté ceux qui ne travaillent pas et qui, par le fait, se trouvent dans la catégorie de ceux qui ont besoin de secours.

— Combien donne chaque sociétaire par mois?

— La cotisation ne s'élève guère à plus d'un franc, à moins de circonstances tout-à-fait extraordinaires.

— Ce n'est pas trop.

— Voilà, mon cher ami, me dit Bernard, tous les renseignements que je peux te donner sur cette société; es-tu content?

— Parfaitement, et je vois avec plaisir que tu as visé juste pour le choix de la société. Si tu veux, ce soir nous allons faire part aux Compagnons ici assemblés de nos bonnes dispositions.

— Es-tu fou? Songe donc que de semblables démarches demandent de plus mûres réflexions; attendons encore quelque temps.

— Le lendemain, je partis pour Libourne chercher mes malles, après avoir promis à Bernard de venir le rejoindre avant peu de jours.

CHAPITRE II.

Je quittai Libourne, pour commencer mon Tour-de-France, le 20 septembre 1836, à l'âge de vingt ans. J'étais jeune, sans souci, sans expérience; l'avenir m'apparaissait aussi riant, aussi splendide que les premiers beaux jours du printemps; j'étais entièrement étranger à toutes les rivalités sauvages et barbares qui déshonorent les Sociétés; j'avais l'imagination vive et des idées aventureuses, qui me tenaient lieu de tout ce qui me manquait en qualités solides. Des deux sociétés rivales et irréconciliables qui existaient à ce moment chez les ouvriers Boulangers, et qui malheureusement existent encore aujourd'hui, j'embrassai celle des Compagnons, suivant l'excellent avis que m'avait donné l'ami Berniard. Ce bon camarade, moins enthousiaste que moi, ne sortit pas de Bordeaux, il ne se fit pas initier; car peu de temps après l'époque dont je parle, il se maria et alla s'établir dans un petit bourg nommé Ville-Neuve-d'Ornon. Comme nous ne nous sommes vu que très-rarement depuis cette époque, il ne sera plus question de ce camarade dans le cours de mes *Mémoires*.

En arrivant à Bordeaux j'embrassai le compagnonnage, ses lois et ses maximes, avec une gaîté de cœur impossible à décrire. Les chansons belliqueuses et entraînantes qu'on chantait chaque soir chez la *Mère* me séduisirent et m'enthousiasmèrent d'une façon extraordinaire. Je venais de tomber au milieu d'un camp composé de crédules ouvriers, aveugles et idolâtres de leurs préjugés ; comme eux, je devins fanatique ; alors tous les ouvriers appartenant à une corporation, ou à une société, ayant des opinions différentes aux miennes, étaient, dans mon esprit, autant d'ennemis communs ; et chaque jour c'étaient de nouvelles disputes et de nouveaux combats.

Comment voulez-vous qu'un jeune homme s'instruise? Comment voulez-vous qu'il se polisse, qu'il adoucisse ses mœurs, lorsqu'au sein de ses réunions intimes, les conversations les plus goûtées ne roulent que sur des paroles de haine et des projets de meurtre contre ses semblables? Pauvres ouvriers !...

Si je ne fis pas toutes ces réflexions en arrivant chez la *Mère des Compagnons*, c'est que je manquai d'expérience et de jugement ; c'est qu'à vingt ans je n'étais encore qu'un enfant ; c'est qu'à cet âge, où les hommes sont ordinairement développés au physique et au moral, je n'étais obsolument qu'un étourdi, s'engouant de tout ce qui paraissait aventureux, agissant comme la machine brutale par suite de l'impulsion que me donnaient d'autres jeunes gens plus étourdis encore que moi. J'étais tellement *ignorant*, et j'avais l'intelligence si bornée alors, que j'ignorais que Dieu, de qui tout émane, nous avait mis sur la terre pour nous aimer et nous secourir mutuellement comme des frères, et non pour nous quereller et nous battre comme des insensés.

Huit jours après mon arrivée à Bordeaux, je comptais bon nombre d'amis que j'avais charmés par mon aimable gaîté et plus encore par une fort belle voix de ténor qui faisait les délices de ceux qui m'entendaient chanter. Je crus voir, dans ces premières marques d'amitié, un avant-coureur de l'enthousiasme que j'ai provoqué quelques années plus tard, lorsqu'au sein de nos bruyantes réunions je chantai les ballades du Tour-de-France, sorties de mon cerveau pour régénérer le Compagnonnage. Soit que je n'eusse pas envie de travailler en arrivant chez la *Mère*, à Bordeaux, soit que l'ouvrage fît défaut, je me rappelle bien n'avoir guère fatigué mes membres dans les pétrins des boulangeries Bordelaises; j'étais trop près de mon pays pour cela, et je comptais beaucoup trop sur les bontés de mes parents. Aussi, j'engage bien les jeunes gens qui entreprennent le *Tour-de-France*, s'ils ont de bonnes dispositions, de ne jamais s'arrêter dans les villes qui avoisinent leur lieu de naissance. Ce temps précieux que j'aurai dû consacrer au travail qui ennoblit l'ouvrier, moi, pauvre fou, je l'employais à provoquer et à épouser des querelles, à propos du compagnonnage, qui au lieu de tempérer l'ardeur belliqueuse de mon caractère ne faisait que l'irriter d'avantage. Un jour, un jeune compagnon (Boucher), surnommé *Angoumois-la-Bonne-Conduite*, nom qu'il ne méritait certainement pas comme on pourra bientôt en juger; un jour, dis-je, que nous rentrions joyeusement à Bordeaux, arrivant de la campagne, ce compagnon me dit, en s'arrêtant, et avec un air de fureur dont je le croyais incapable:

Libourne (1), tu ne devinerais jamais ce que je pense en ce moment?

— Ma foi non, lui répondis-je étonné.

— J'ai envie de me battre, s'écria-t-il.

— Bah! fis-je.

— Je ne plaisante pas, c'est chez moi un parti pris,

---

(1) Les ouvriers en arrivant chez la Mère prennent le nom de leur ville natale ou de leur province, et lorsqu'ils sont reçus compagnons ils ajoutent le surnom de guerre qu'on leur donne le jour de leur réception.

il faut que je te communique mon idée : en rentrant en ville, nous irons dans la rue de la Vieille-Tour, chez la *Mère des Rendurcis*, là nous demanderons une bouteille de vin pour nous rafraîchir, et s'ils ne sont que deux ou trois, nous leur chercherons une querelle d'Allemand et nous les brosserons d'importance. Qu'en penses-tu ?

— Je pense, mon cher, qu'en agissant ainsi nous nous exposons à nous faire égorger.

— *Libourne,* tu as peur, je crois, fit-il, en me regardant en face avec des yeux furibonds ? C'est que vois-tu, continua-t-il, si un jour tu es reçu Compagnon, comme tu parais en avoir le désir, il faut t'attendre à épouser des querelles de plus d'un genre, et si tu as l'air de reculer devant une volée de coups de poings tu passeras pour un lâche.

— Tu sais cependant, lui répondis-je un peu humilié, que j'ai déjà fait mes preuves depuis que je fréquente la Société.

— Je le sais, mais je ne vois aucun mérite à éreinter un individu qui le premier vous provoque ; il faut attaquer et vaincre, et ceux qui chez nous se comportent ainsi, sont généralement craints et estimés ; les autres ne sont que des pauvres garçons généralement repoussés par leurs camarades.

A ces mots qu'*Angoumois-la-Bonne-Conduite* venait de prononcer avec une sorte d'éloquence fiévreuse, mon amour propre de vingt ans se réveilla tout à coup, et comme j'étais aussi brave qu'inconséquent, je lui répondis que puisqu'en voyage il fallait souvent en venir à ces extrémités là, j'aimais autant commencer ce jour qu'un autre.

Ma réponse le combla de joie. En rentrant chez la *Mère des Sociétaires*, contre notre attente, nous fûmes aussitôt reconnus et entourés d'une quinzaine de jeunes gens qui nous lancèrent quelques paroles qui me firent comprendre que notre coup de tête pourrait nous coûter cher. *Angoumois-la-Bonne-Conduite*, homme d'un courage froid et plein de résolution, fit semblant de ne pas s'apercevoir des murmures qui se faisaient entendre autour de nous, frappa sur la table et demanda une bouteille de vin.

« La *Mère*, s'écria celui de ces jeunes gens qui pa« raissait être le chef de cette bruyante réunion, ne « servez pas à boire à ces messieurs, car je crois, « Dieu me pardonne, que nous tenons deux *Soi-disants* en notre possession. » Vous, continua-t-il, en s'adressant à ses camarades, allez fermer la porte de la rue, nous allons faire payer un peu cher la témérité de ces deux faux crânes. Nous étions dans un guêpier.

A ces mots qui n'étaient pas très-rassurants le cœur me battit avec violence, je venais de comprendre toute l'imprudence de notre conduite, mais revenu bientôt de ma première émotion, je m'armai d'une bouteille vide qui se trouvait sous ma main, et, inspiré par le besoin pressant du moment, je me levai en disant, avec l'accent d'un homme déterminé à vendre chèrement sa vie :

« Je vois, messieurs, que vous avez contre nous « des dispositions hostiles sans motifs plausibles, « mais malheur à vous si, après les menaces, vous « avez le désir d'en venir aux voies de fait, car au « moindre signal, au moindre cri dont nous sommes « convenus avec les Compagnons, nos frères, la « maison sera envahie, et tous, sans exception, vous « serez assommés et vaincus. Croyez-le bien, mes« sieurs, nous ne sommes pas encore assez dépourvus « de bons sans pour venir vous narguer, comme vous « paraissez le croire, au milieu de vos plaisirs ; nous « savions ne pas être en sûreté ici, et nous avions « pris nos mesures d'avance. Au moment où je vous grand homme que je fis le serment de voyager en observant religieusement les graves statuts de l'institution. Pourquoi faut-il qu'ils soient dénaturés par le fanatisme des uns et par l'ignorance des autres !...

Fatigué de flâner dans la ville de Bordeaux et désireux de commencer enfin *Mon Tour de France*, je fis tous mes préparatifs pour mon prochain départ ; mais une circonstance à laquelle j'étais loin de m'attendre vint l'ajourner indéfiniment. Un soir que tous les Compagnons prenaient philosophiquement leur abondante pitance, le facteur rentre et remet une lettre pour le *Rouleur*, elle portait à l'un de ses coins cette petite suscription : *Très-pressé* ; la pluralité des voix ayant demandé la lecture immédiate de cette mission nous montâmes en Chambre, et le Rouleur nous en fit la lecture. Voici à peu près ce qu'elle contenait :

   Messieurs,

« Depuis fort longtemps je me suis aperçu que les
« ouvriers Boulangers ne jouissaient pas d'un salaire
« proportionné à leurs rudes labeurs, et cela par une
« mauvaise administration du Syndicat, qui, s'il l'o-
« sait, dans sa cupidité toujours croissante, vous fe-
« rait travailler pour rien. Un citoyen dévoué aux amé-
« liorations sociales, après avoir sérieusement réflé-
« chi à ce vice de la corporation, est arrivé à un
« moyen-terme de bonne police essentiellement avan-
« tageuse pour tous les ouvriers. Or, pour voir se réa-
« liser le bonheur qu'il vous promet, il n'est besoin
« que d'une simple adhésion de votre part à un bu-
« reau de placement que j'ai l'intention d'établir à Bor-
« deaux. Ce bureau, savamment administré par moi,
« sera la plus grande manifestation à opposer au Syn-
« dicat, qui désormais ne pourra plus obtenir d'ou-
« vriers s'il ne les paye suivant les nouveaux règle-
« ments établis. » Et dans les termes les plus expressifs, les plus pressants, ce futur placeur nous ex-

grand homme que je fis le serment de voyager en observant religieusement les graves statuts de l'institution. Pourquoi faut-il qu'ils soient dénaturés par le fanatisme des uns et par l'ignorance des autres !...

Fatigué de flâner dans la ville de Bordeaux et désireux de commencer enfin *Mon Tour de France*, je fis tous mes préparatifs pour mon prochain départ ; mais une circonstance à laquelle j'étais loin de m'attendre vint l'ajourner indéfiniment. Un soir que tous les Compagnons prenaient philosophiquement leur abondante pitance, le facteur rentre et remet une lettre pour le *Rouleur*, elle portait à l'un de ses coins cette petite suscription : *Très-pressé ;* la pluralité des voix ayant demandé la lecture immédiate de cette mission nous montâmes en Chambre, et le Rouleur nous en fit la lecture. Voici à peu près ce qu'elle contenait :

Messieurs,

« Depuis fort longtemps je me suis aperçu que les
« ouvriers Boulangers ne jouissaient pas d'un salaire
« proportionné à leurs rudes labeurs, et cela par une
« mauvaise administration du Syndicat, qui, s'il l'o-
« sait, dans sa cupidité toujours croissante, vous fe-
« rait travailler pour rien. Un citoyen dévoué aux amé-
« liorations sociales, après avoir sérieusement réflé-
« chi à ce vice de la corporation, est arrivé à un
« moyen-terme de bonne police essentiellement avan-
« tageuse pour tous les ouvriers. Or, pour voir se réa-
« liser le bonheur qu'il vous promet, il n'est besoin
« que d'une simple adhésion de votre part à un bu-
« reau de placement que j'ai l'intention d'établir à Bor-
« deaux. Ce bureau, savamment administré par moi
« sera la plus grande manifestation à opposer au Syn-
« dicat, qui désormais ne pourra plus obtenir d'ou-
« vriers s'il ne les paye suivant les nouveaux règle-
« ments établis. » Et dans les termes les plus expressifs, les plus pressants, ce futur placeur nous ex-

hortait ensuite à bien réfléchir à l'offre avantageuse qu'il nous faisait. « Je travaille nuit et jour à votre « bonheur, nous disait-il à la fin de sa longue épître, « et sous peu je vous montrerai le tarif des prix des « salaires que les ouvriers Boulangers recevront à l'a-« venir, selon leurs talents. Ce jour que je crois pro-« che, je me ferai connaître plus particulièrement.

« Un anonyme. »

Comme il était parfaitement avéré alors, comme aujourd'hui, que l'ouvrier Boulanger n'était pas assez payé, eu égard à ses rudes travaux, la société réunie, croyant agir pour le bien commun de la corporation, décida, après en avoir délibéré, que chacun aurait à se porter de bonne grâce et concourrait de tous ses efforts à l'établissement du bureau de placement proposé lorsqu'on connaîtrait la position sociale du solliciteur. Après le dîner, et comme je me disposais à sortir, un Compagnon de mes amis, surnommé *Landais le Bien-Aimé*, me tira à l'écart en me disant d'un air mystérieux :

— *Libourne*, je veux te faire partager avec moi une bonne fortune.

— Comment cela, lui demandai-je, un peu intrigué?

— Tu as vu et entendu la lecture de cette lettre anonyme, au sujet du futur placeur?

— Parfaitement. Eh bien!

— Eh bien, mon cher, je connais l'inconnu.

— Bah! pas possible!

— Si, je te l'assure, car je suis son confident. Que penses-tu d'un pareil bureau, entre nous soit dit?

— Je le crois très-avantageux pour nos intérêts.

— C'est aussi ma conviction, mon cher *Libourne*, je vais même à ce sujet te faire une bonne proposition. Je suis chargé de procurer à cet inconnu, que je vais, ce soir, te faire connaître, un homme de notre société, capable de lui rédiger les pétitions indispensables à adresser au préfet, au cas où les ouvriers Boulangers accepteraient sa demande ; alors j'ai pensé à toi comme un des plus capables et comme le meilleur de mes amis.

— Tu es bien bon, mon cher *Landais*, je te remercie d'avoir pensé à moi dans cette circonstance, mais je ne puis accepter.

— Pourquoi cela ?

— Parce que je veux quitter Bordeaux, demain peut-être.

— Pour aller où ?

— A Rochefort.

— Es-tu fou, de partir ainsi au milieu de l'hiver ?

— Non, mon cher, je ne suis pas fou, mais j'ai besoin de quitter Bordeaux, où je ne fais rien qui vaille.

— Voyons, *Libourne*, accorde-moi huit jours encore, et après tu seras libre de partir.

— Allons, je cède à l'amitié, mais il ne faut pas perdre de temps.

— Non certes, ce soir même je vais te présenter. Et *Bien Aimé* s'empara de mon bras et il me conduisit chez un Coiffeur de la rue de l'Observance, dont le magasin paraissait appartenir à une personne aisée.

— Où est monsieur B..., dit en entrant *Landais le Bien Aimé*, en s'adressant à un jeune ouvrier assis auprès d'une table, et faisant des tresses à papillotes ?

— Il vient de sortir, répondit l'artiste capillaire, asseyez-vous pendant quelques instants, car il ne doit pas tarder à rentrer.

— Ce n'est pas la peine, dit *Landais*, je vais lui laisser un petit billet qu'il lira en rentrant ; et s'adressant à moi : As-tu ton calepin sur toi ? Sur ma réponse affirmative, il me fit un signe et j'écrivis ce qui suit, sous sa dictée :

Monsieur,

« Selon moi, votre affaire marche admirablement
« bien. Tenez le déjeûner prêt pour demain matin à
« dix heures; j'emmènerai avec moi l'ami dont je vous
« ai parlé, et nous aurons le plaisir de causer plus inti-
« mement de vos intérêts et des nôtres. » Après avoir
signé ce petit billet, *Landais le Bien Aimé* le donna
au garçon en lui recommandant de le remettre à son
patron dès que celui-ci rentrerait ; après quoi, nous
fûmes nous coucher ; lui, rue Entre-deux-Places, où
il demeurait ; et moi chez l'aimable *Mère* Espiot, rue
Montagne.

Le lendemain, *Landais le Bien Aimé* vint me chercher, comme nous en étions convenus, et vers dix
heures nous fîmes notre entrée chez M. B... qui nous
accueillit avec de grandes marques d'amitié.

Monsieur, me dit-il en me tendant cordialement la
main, je suis enchanté de faire votre connaissance et
surtout de voir que vous venez sans façon, et à mon
grand plaisir, partager mon déjeûner. Donnez-vous la
peine de passer dans ma salle de réception ; et il nous
conduisit dans un appartement très coquettement meu-
blé. En traversant la cuisine, je respirai avec satis-
faction le fumet d'un magnifique aloyau de bœuf, et
j'admirai, avec non moins de bonheur, plusieurs cas-
seroles savamment disposées sur les fourneaux, et
auxquelles M. B... paraissait apporter un soin tout
particulier. Je le complimentai à ce sujet.

— Vous paraissez étonné, me dit-il, en prenant
l'attitude d'un homme habitué à de semblables louanges,
de me voir cuisiner avec autant de facilité ; c'est que,
voyez-vous, avant de faire des perruques, j'ai longtemps vécu avec les marmites.

— Ah ! vous avez été cuisinier, dis-je en l'interrompant ?

— Oui, monsieur, je m'embarquai, en cette qualité, à l'âge de vingt ans ; c'est, je me le rappelle, sur la *Jeune Gabrielle*, de Bordeaux, sur laquelle j'ai fait plusieurs campagnes au Mexique et dans les mers du Sud. Fatigué de ce genre de vie insipide et monotone, et possédant une somme assez ronde que j'avais gagnée en faisant des pacotilles, j'achetai ce fond de magasin ; maintenant quoique ne professant plus l'art culinaire, je me souviens toujours de mon premier métier. Au reste, messieurs, je me vante peut-être, mais vous m'en direz des nouvelles après déjeûner. Voyons, s'écria-t-il, pas de cérémonie, à table et vive la joie?... Le déjeûner fut servi par l'épouse de notre amphitryon, qui s'en acquitta fort bien. La conversation fut gaie et animée, on parla longuement du futur bureau de placement, et j'assurai à M. B.. que je le seconderais de tous mes efforts pour lui être agréable en cette circonstance. Le lendemain, je fis effectivement toutes les démarches nécessaires à ce sujet, et une seconde *assemblée* fut tenue par les Compagnons, qui adhérèrent à toutes les prétentions de mon protégé. Les *Sociétaires*, chez lesquels je me rendis en personne, furent charmés de ma proposition et l'acceptèrent à l'unanimité des voix. Alors, sans m'en douter, je commettais une faute très grave, ignorant les soucis des pauvres ouvriers, moi, qui jusqu'alors avais été bien soigné chez mes parents, j'ignorais toutes les misères de mes camarades, et, comme un insensé, faute d'expérience, je travaillais avec enthousiasme à l'établissement d'un de ces bureaux qui toujours, et partout où ils ont existé, ont été préjudiciables à nos intérêts. Plus tard l'expérience des voyages me fit comprendre mon erreur, car tous les placeurs d'ouvriers que j'ai connus n'étaient que de vils mercenaires qui exploitaient impitoyablement le labeur des prolétaires. Dans le cours de ces mémoires, j'aurai encore occasion d'en parler. Sept ans plus tard, je devais leur payer ma dette.

A compter du moment où, par mes démarches, monsieur B... eût l'assentiment des deux sociétés, je m'établis chez lui comme secrétaire. Dès les premiers jours de mon installation je fis le brouillon de plusieurs pétitions, et, quand j'eus réussi à en rédiger une digne de son adresse, j'allai moi-même la porter au bureau de la préfecture; huit jours après je retournai pour chercher la réponse.

— Votre demande vous est accordée, me répondit le secrétaire en chef; mais je vous ferai observer que les ouvriers Boulangers seront libres de se procurer de l'ouvrage eux-mêmes, sans être obligés de se faire inscrire chez le placeur.

Je représentai au secrétaire de monsieur le préfet, avec toute la naïveté de mon inexpérience, que les ouvriers Boulangers, en général, désiraient que le bureau de placement de monsieur B... fût établi sur les mêmes bases que ceux de Paris, Lyon et Marseille. Il répondit à cela, que ces sortes de bureaux n'étaient plus en rapport avec l'idée de l'époque; que ce serait une espèce de vasselage incompatible avec les nouvelles doctrines, et qu'il n'y avait aucune loi actuelle qui forçât tel ou tel ouvrier à être soumis exclusivement aux volontés d'un placeur; mais que, si les ouvriers Boulangers tenaient essentiellement à employer un de ces bureaux, ils étaient parfaitement libres de l'accepter sous leur responsabilité. Je voulus faire des observations au secrétaire, mais comme il vit que j'étais un imbécile, il me tourna le dos. Je fus donc forcé de me retirer très-mécontent de ne pas avoir réussi à altérer le peu de liberté dont jouit la classe laborieuse. En sortant de la préfecture, je courus chez M. B... à qui je racontai tout ce qui venait de m'être dit. Cette nouvelle ne parut pas l'affliger; il prit au contraire la chose en bonne part, et me comblala de remerciements. Deux jours après, on voyait dans la rue de l'Observance, à la place des Plats-à-Barbe, qui quelques jours avant accusaient l'établissement d'un barbier, une large enseigne sur laquelle était cette inscription en gros caractères : « *Bureau de placement des ouvriers Boulangers*. » Le jour de l'inauguration, il y eut grand gala chez monsieur B..., malheureusement ce que j'avais prévu arriva : l'établissement eut de très-mauvais résultats et fut, pour ainsi dire, écrasé par le ridicule des uns et le mauvais vouloir des autres. Cette chûte si subite d'un établissement que je croyais possible, contribua beaucoup à accélérer mon départ de Bordeaux.

CHAPITRE III.

Un matin je m'embarquai dans une chaloupe de pêcheur qui faisait voile pour Royan, et de là je fis gaîment la route à pied jusqu'à Rochefort, où j'espérais trouver de l'ouvrage et où j'avais le plus vif désir de travailler. Peu de jours après mon arrivée dans cette Préfecture maritime, je rentrai en boutique chez un M. Pohu, dans la rue Saint-Louis, où je me livrai au travail avec une ardeur dont on n'aurait pas cru capable un jeune homme ayant fait son apprentissage chez son père. C'est à Rochefort que pour la première fois je fus le témoin, et même l'un des acteurs, de plusieurs luttes barbares, que se livrèrent entre eux les aveugles ouvriers au sujet du Compagnonnage, et qui ne cesseront entièrement que lorsque l'instruction, cette manne céleste de la civilisation, aura enfin dessillé les yeux des classes laborieuses. Comme cet ouvrage a pour but de faire connaître la vie privée et aventureuse du Compagnon du *Tour de France*, ses mœurs et ses habitudes, je dois rapporter ici avec la plus scrupuleuse exactitude les rixes sanglantes dans lesquelles les circonstances m'entraînèrent pendant le cours de mes longs voyages.

Un jour, un de ces beaux jours de printemps où la campagne est si belle, je me joignis à quelques camarades pour faire une promenade hors des remparts, sur la route du village de Martrou; en sortant des portes, un jeune Bourguignon de la compagnie proposa d'entrer dans une auberge pour se rafraîchir. Nous entrâmes dans une métairie fort renommée alors pour l'excellent lait, pur et frais, qu'on y buvait, et où la jeunesse Rochefortine des deux sexes se réunissait souvent. Quatre jeunes gens étaient assis autour d'une table. C'était quatre *Sociétaires* Boulangers, que nous reconnûmes d'abord, et auxquels nous cherchâmes querelle. Pour éviter un combat devenu inévitable, trois *Sociétaires* se sauvèrent par une croisée qui donnait sur la campagne, un seul resta soutenu par sa bravoure.

— En voilà un, dit un de mes camarades, qui ne paraît pas avoir peur?

— Peur de quoi, répondit-il en nous jetant un regard de défi; et frisant sa petite moustache, le jeune adulte reprit: je reste au contraire pour avoir une explication pacifique avec vous, bien persuadé d'avance que vous n'abuserez pas de votre force pour me faire un mauvais parti; ce ne serait, du reste, de votre part qu'une lâcheté.

— Apprenez, jeune homme, répliqua l'un de nous, que les Compagnons n'ont jamais été assez lâches pour se mettre quatre contre un.

— Je me plais à le croire, répondit le jeune *Sociétaire*, et je suis très-fâché que mes camarades se soient enfuis aussi singulièrement, car pour la première fois de ma vie j'aurais accepté le combat de quatre contre quatre.

— Oh! oh! fîmes-nous en éclatant de rire.

— Pas de mauvaise plaisanteries, messieurs, je parle sérieusement; quand je défends une cause, je la défends au péril de ma vie; et pourtant, si je me battais aujourd'hui avec vous; je vous avoue que ce serait pour un motif que j'ignore complètement, motif qui doit être d'une haute importance puisque les ouvriers d'une même profession se cherchent querelle et se battent entre eux sans s'être jamais vus: ainsi que cela serait arrivé ici, si mes camarades ne s'étaient pas enfuis. Avant de quitter mon village, continua le *Sociétaire*, et il y a peu de temps de cela, j'ignorais que les ouvriers Boulangers formassent deux camps irréconciliables, et, comme je croyais et crois encore, que toutes les sociétés sont bonnes quand elles sont bien administrées, je ne fis d'abord aucun choix: j'arrivai à Tours, sans opinion aucune, je fus conduit chez la *Mère des Sociétaires,* et je me serais étroitement attaché à cette institution sans la lâcheté que trois de ces membres viennent de commettre à vos yeux et aux miens.

— C'est une dette, lui fut-il répondu, qu'ils viennent de contracter envers vous, et qui ne peut se payer que par la vengeance.

— Messieurs, repartit le *Sociétaire*, je crois que la meilleure vengeance que j'ai à tirer d'eux est de ne plus les voir désormais que comme vous les voyez vous-mêmes, et si vous voulez m'accepter parmi vous, à compter d'aujourd'hui je fais mon noviciat et vous verrez que je suis digne de vous appartenir.

— Venez avec nous, lui répondis-je, vous serez notre frère. Alors il quitta la place qu'il avait défendue avec tant d'énergie, et il vint nous embrasser. Depuis j'eus occasion de le voir, ce partisan enthousiaste, dans plusieurs villes du Tour de France (on l'appelait *Monceau le Rouge*, du nom de son pays et à cause de la couleur de ses cheveux). Son zèle effréné pour le Compagnonnage fut cause qu'il fut jeté dans les prisons d'Angers à la suite d'une affaire meurtrière que les Boulangers eurent avec les Charrons.

Rochefort est une place forte qu'occupe un nombre considérable d'ouvriers de différents corps; il s'y est livré et il s'y livre encore de bien déplorables combats pour de sottes questions relatives au Compagnonnage. C'est dans cette ville que, pour la première fois, j'ai vu les armes meurtrières dont se servent les Compagnons du Tour de France de toutes les professions pour combattre entre eux dans les funestes rencontres que l'ignorance leur suscite. Les uns ont des nerfs de bœufs ou des fléaux plombés qu'ils portent constamment à la ceinture, d'autres ont des peaux d'anguilles remplies de sable, ceux-ci ont des tranchets, ceux-là des compas, et, à défaut de ces engins fratricides, les cannes, les bâtons et les pierres sont employés pour armes offensives et défensives.

Comme toutes ces actions sont indignes de l'homme de bon sens!... ne dirait-on pas que tous ces jeunes gens sont sortis des hordes sauvages du continent d'Afrique, ou des îles de l'Océanie, lorsque j'en suis sûr, tous, ou presque tous, sont les enfants de familles honorables, jouissant de la plus haute considération sociale, et qui ne sont poussés au fratricide que par les mauvais exemples qu'ils ont sous les yeux. Aujourd'hui, moi qui flétris tout ce qui tend à dégrader l'homme;

aujourd'hui, moi qui prêche et prêcherai toujours la fusion des classes laborieuses pour le bonheur de tous, j'avoue franchement que mes premières années sur le *Tour de France* ne furent consacrés qu'à la défense du fanatisme et de l'erreur. Heureusement ces mauvaises passions furent vaincues par un rayon d'intelligence que Dieu m'envoya à la suite de quelques bonnes lectures que je fis. Je dois cela surtout aux œuvres de J. J. Rousseau.

Comme Rochefort était, à l'époque dont je parle, le théâtre de nombreuses luttes, causées par les prérogatives Compagnonniques, je ne tardai pas à me trouver enveloppé dans une de ces rixes sanglantes, sans en chercher l'occasion.

C'était par une belle soirée du mois de mai de l'année 1837, je traversais la grande rue du faubourg de La Rochelle, à la tête d'une nombreuse *conduite*, nous allions mettre sur les champs (1) trois compagnons qui partaient pour continuer leur Tour de France. Après les adieux d'usage, comme nous nous disposions à rentrer à Rochefort, un Compagnon établi, domicilié dans le faubourg, vint nous prévenir que les *Compagnons charpentiers*, auxquels s'étaient joints les Compagnons maréchaux, faisaient une *fausse conduite* (2) pour venir nous attaquer. A cette nouvelle inattendue, un frisson parcourut tout mon corps et je m'aperçus que mes camarades éprouvaient aussi le serrement de cœur qui précède le danger. Les plus anciens nous firent former le cercle au milieu de la route et l'un d'eux nous tint ce langage :

(1) Mettre un Compagnon sur les champs, c'est lui faire la conduite le jour de son départ jusqu'au-delà de la ville qu'il quitte.

(2) L'on appelle fausse conduite, la réunion d'un ou plusieurs corps pour aller attaquer une véritable conduite. Il vaudrait mieux appeler cela un guet-à-pens.

« *Pays*, vous le voyez, nous sommes sur le point
« d'être attaqués par nos ennemis communs ; le mo-
« ment est venu de ne prendre conseil que de son cou-
« rage et de combattre jusqu'à la mort. Rappelez à
« votre mémoire les serments que vous fîtes le jour
« de votre initiation aux mystères du *devoir ;* la cause
« que nous allons défendre est celle de notre honneur!
« Qu'aucun de vous ne s'éloigne quand viendra le mo-
« ment du danger ; vous connaissez la sévérité de
« nos lois contre la lâcheté ; jurons donc tous de nous
« bien défendre ! Courage ! et pas de quartier pour
« nos ennemis ! »

Après cette harangue, nous nous écriâmes tous que nous étions prêts à combattre jusqu'à la mort.

— « Bien, mes enfants, répondit le vieux Com-
« pagnon, j'aime à vous entendre parler ainsi. Suivons
« l'exemple des *Nivernais Frappe D'Abord*, et des
« *Dauphiné l'Aimable* (1), qui moururent martyrs du
« saint *Devoir !* Soyons moins désireux de leur survi-
« vre que d'aller les rejoindre dans la tombe où ils re-
« posent en paix ! »

Voilà les exemples qui nous étaient donnés ; Voilà comment, dans toutes les corporations, les vieux *Rouleurs* en stimulant l'amour-propre de leurs camarades sans expérience, les rendent fanatiques et haineux. C'est par de semblables arguments, qu'on détruit toujours chez les jeunes gens les germes de tendresse fraternelle et de générosité. Voilà pourquoi, exhortés par le fanatisme du vieux Compagnon, nous sentîmes naître dans nos cœurs des sentiments de haine que rien ne semblait devoir calmer.

Le jour baissait visiblement quand nous arrivâmes

---

(1) Deux compagnons Boulangers qui furent massacrés dans de semblables circonstances. L'un à Orléans en 1817 et l'autre à Marseille en 1825.

près du faubourg; rien n'annonçait encore la présence de nos agresseurs, et pourtant la terre que nous foulions devait quelques instants plus tard être arrosée de pleurs et de sang!... En arrivant près de la rue du Pas-du-Loup, nos ennemis embusqués se jetèrent sur nous en hurlant : « mort aux *Soi-disants de la Raclette!* » Et aussitôt un combat terrible s'engagea. Des cris de rage et de désespoir sortaient de toutes les poitrines, on se battait corps-à-corps, et les plus vigoureux et les mieux armés portaient des coups mortels? La scène devint effroyable. — La garde du poste de la Rochelle, qui était accourue pour rétablir le bon ordre, fut désarmée et mise en déroute; et, lorsque la force imposa sa loi à ce groupe d'insensés, le meurtre fratricide était consommé et le mal était irréparable. Je pris la fuite non sans avoir reçu plusieurs coups de cannes sur la tête et deux coups de compas, un dans l'épaule gauche, et l'autre à la cuisse. J'allai me cacher dans l'encoignure d'une échoppe située à quelques pas de là, en attendant qu'il me fût possible de me procurer un meilleur gîte. De ma cachette, et à la lueur des flambeaux que tenaient à la main les âmes généreuses qui prodiguaient les premiers soins aux blessés, je pus voir, sans être vu, ce lieu d'horreur où un instant avant des frères s'entregorgeaient pour la plus saugrenue et la plus ridicule fable que des hommes se soient plu à inventer!.. Quel est aujourdhui l'ouvrier assez ignorant pour croire qu'un Boulanger ne vaut pas un Charpentier?... C'est pourtant pour cette question, inspirée par la vanité, que la rencontre dont je parle avait lieu. Demandez aux Compagnons en général, pour quel motif ils font la guerre aux Boulangers; il vous répondront naïvement que c'est parce que ceux-ci ne connaissent pas le trait (1)! De là, les querelles et les

(1) Et eux! le connaissent-ils? l'ont-ils approfondi? les savants sont-ils nombreux parmi nous?..... (Agricol Perdiguier).

guets-à-pens les meurtres ! tristes résultats de toutes ces niaises prérogatives !...

Vers dix heures, voyant que tout était rentré dans le silence, je sortis de ma retraite pour revenir en ville avant la fermeture des portes. En descendant le faubourg je crus entendre quelques personnes s'avancer vers moi ; je restai un moment immobile, ne sachant quel parti prendre ; mais je fus tiré de mon anxiété par un formidable « *Qui-Vive ?* » qui paraissait m'être adressé. Cette interpellation m'effraya, je fis un demi-tour sur moi-même, et je me mis à courir comme si toutes les furies de l'Enfer m'eussent poursuivies.

Quand je m'arrêtai pour reprendre haleine, j'étais dans la campagne. Depuis un moment je marchais au hasard, l'esprit rempli de mille pensées diverses, quand tout-à-coup je fus forcé de m'arrêter à l'aspect d'un mur que je pris pour une clôture de jardin. Cet obstacle me contraria beaucoup, car il me semblait toujours entendre l'interpellation formidable de la patrouille. Enfin, poussé par le sentiment de la liberté, je pris le parti extrême d'escalader ce mur pour me mettre à l'abri de nouveaux dangers ; car pris dans l'état où j'étais, je devais m'attendre à la prison, peut-être pour longtemps.

Je frémis encore d'horreur au souvenir de cette nuit terrible. Je venais de descendse sans le savoir dans l'empire des morts ! Ce mur que je venais de franchir avec une adresse remarquable servait de clôture au Cimetière civil de Rochefort. La nuit était très-sombre, et mes mains, qui tâtonnaient dans l'ombre, se crispèrent involontairement au contact des croix et des tombeaux au milieu desquels je me trouvais. Je fus tellement impressionné que, subitement, je fus saisi d'un tremblement convulsif qui me fit perdre, en partie, l'usage de mes sens. J'avais peur ; peur de quoi ? Je n'en savais rien. — Je me remis cependant de cette pénible émotion, une pensée religieuse ranima mon courage défaillant ; mais en cherchant à revenir sur mes pas, pour sortir de ce lieu sinistre, je tombai sans connaissance dans une fosse fraîchement creusée où le lendemain sans doute on devait déposer des dépouilles mortelles. Je ne sais point au juste combien de temps je restai dans cet état ; mais lorsque je revins à la vie, je crus être le jouet d'un affreux cauchemar. Les contusions que je m'étais faites dans ma chûte, furent cause que les blessures que j'avais reçues dans la funeste affaire de la veille se rouvrirent et que je perdis beaucoup de sang. Enfin, après de grands efforts, je parvins à sortir de ce cimetière où j'avais passé une partie de la nuit dans une cruelle angoisse, et le matin, dès l'ouvrage, je me rendis chez la *Mère Corps-de-Roi*, pâle, chancelant, avec une grosse fièvre qui me faisait souffrir horriblement. La *Mère* m'apprit qu'une dixaine d'ouvriers des différents corps qui avaient participé à la rixe du faubourg étaient en prison, et à peu près un même nombre à l'hôpital. Un Charpentier mourut le lendemain de la suite de ses blessures, trois autres ouvriers, au nombre desquels se trouvait un Boulanger, eurent la même fin, après avoir enduré les plus affreuses souffrances ; un cinquième ayant eu le crâne fracassé devint fou. Cinq de ceux qui étaient à la maison d'arrêt passèrent en jugement à Saintes, et furent condamnés, deux à deux ans, un à six mois de prison, et les deux autres à trois mois de la même peine. Pauvres ouvriers ! toujours abusés, toujours crédules et toujours ignorants !...

CHAPITRE IV.

— Comme je n'avais pas envie de laisser mes os dans le département de la Charente-Inférieure, je me décidai à le quitter pour aller à Paris, que je désirais voir depuis longtemps. Je partis de Rochefort au commencement du mois de juin 1837, ayant pour Compagnon de voyage un jeune *Manceau* surnommé le *Triomphant* (Chanteloup), ouvrier très-distingué que j'estimais beaucoup. Nous visitâmes ensemble La Rochelle, Marans, Luçon et Bourbon-Vendée, sans éprouver la plus petite contrariété, recevant sur notre passage des marques de la plus parfaite fraternité de la part des camarades des villes où nous passions. Un dimanche matin, avant d'arriver à Nantes, il nous arriva dans une auberge une singulière aventure :

Nous faisions route depuis le matin cinq heures, il en était dix alors, lorsque l'aspect d'une enseigne nous fit souvenir qu'il était temps de prendre quelque nourriture.

— Entrons ici, dis-je à mon compagnon de voyage en lui montrant l'auberge.

— Volontiers, me répondit-il, et en pénétrant sous ce toit hospitalier nous fûmes accueillis par une jeune fille d'une quinzaine d'années environ, d'une gentillesse et d'une amabilité exquises.

— Que désirent ces messieurs, nous dit-elle, quand nous eûmes déposé nos sacs et nos cannes ?

— Déjeûner, si cela est possible, lui répondis-je.

— Comment donc ! fit-elle, en souriant pour nous montrer des dents d'une blancheur éblouissante, j'ai une volaille froide, cela vous convient-il ; ou préférez-vous une omelette au jambon ?

— Servez nous l'une et l'autre, répondit *Manceau*, c'est aujourd'hui dimanche, nous pouvons bien nous permettre un petit extra ; n'est-ce pas, *Libourne*, me dit-il.

— Certainement, lui répondis-je, et la jeune fille avec une dextérité surprenante s'empressa de mettre trois couverts, puis elle servit la volaille, fit l'omelette et vint prendre place à la table auprès de nous. Je regardai *Manceau* avec un air d'étonnement très-marqué ; la jeune fille s'en aperçut et nous dit avec naïveté : Ma conduite vous paraît étrange, n'est-ce pas, Messieurs ? Je le comprends, mais vous me pardonnerez cette petite licence quand vous saurez que j'ai une grande amitié pour les *Compagnons du Tour de France* (car vous êtes Compagnons, je vois cela à vos superbes cannes), depuis que mon frère, qui est Menuisier, fait partie de cette belle société. Il est à Lyon maintenant ; il y a deux ans qu'il est parti ; aussi chaque fois que je vois passer des ouvriers par ici, avec des cannes, mon cœur tressaille de plaisir ; je crois toujours que c'est lui qui arrive. Le connaissez-vous ? il s'appelle *Nantais le Corinthien*.

— Non, mademoiselle, lui répondis-je enchanté de tant de franchise.

— Tant pis ! permettez-moi néanmoins de vous parler de lui, c'est un plaisir que j'éprouve rarement parce que mes parents sont presque toujours ici, et ils ne trouveraient pas convenable qu'une jeune personne de mon âge prît de semblables familiarités avec des étrangers. Aujourd'hui, ils sont allés à la messe du village, et comme ils ne seront pas de retour avant midi, je suis pendant ce temps là entièrement maîtresse de mes volontés.

Ce déjeûner intime fut un des plus agréables que j'ai fait de ma vie. Après une heure de repos chez cette aimable et intéressante hôtesse, nous lui fîmes nos adieux, et le cœur content nous accélérâmes notre marche afin d'arriver à Nantes avant la nuit. A peu de distance de cette grande ville, nous fûmes hués par des ouvriers qui buvaient dans une guinguette, et comme ils paraissaient disposés à nous faire un mauvais parti, nous eûmes le bonheur de monter dans un omnibus qui se trouvait là, et qui nous conduisit jusqu'au milieu de la rue d'Orléans.

Nantes est une très belle ville, très florissante, très commerçante. Nous savions parfaitement cela ; mais nous savions aussi que dans cette cité, comme dans toutes les autres, l'ouvrier sans ouvrage ou sans argent ne devait pas y être fort à l'aise. A l'époque dont je parle, les *Compagnons Boulangers* étaient bannis de la ville de Nantes ; tout *arrivant* reconnu pour appartenir à cette société, était à l'instant même accompagné hors des portes de la ville par un agent de police, comme on aurait pu le faire à un forçat ayant rompu son ban. Quelle humiliation !... Quelle en était la cause ? Qui avait donné le droit à la police de violer ainsi nos lois ? à nous, ouvriers ; à nous, prolétaires ; et cela par suite de nos dissensions absurdes et ridicules ? L'autorité de Nantes, pour mettre un terme aux rixes sanglantes qui souvent avaient lieu entre les deux sociétés de la même profession, se vit forcée d'en éloigner une et ce fut celle des *Compagnons* que l'on condamna à l'exil. De sorte que n'ayant aucun pied à terre en arrivant dans cette ville, et ne possédant que peu d'argent en poche, nous fîmes de tristes réflexions. Nous aurions bien pu nous dispenser de passer à Nantes si nous l'eussions voulu, sachant d'avance que nous ne pouvions y travailler ; mais, à part ces ridicules dissensions de partis et les exigences des autorités locales, je ne comprenais pas pourquoi, à moi, homme libre et ouvrier honnête, il m'était interdit de parcourir mon pays en tous sens.

Voilà où aboutissent nos funestes rivalités! et les ouvriers ne sauraient trop méditer sur toutes ces choses qui nous portent un tort considérable.....

Nous passâmes quelques jours à visiter les curiosités les plus remarquables de cette superbe ville, et le cinquième jour nous prîmes le bateau à vapeur qui nous transporta à Angers, après un court trajet sur la Loire, dont je voyais et admirais les bords pour la première fois. Cette ville, surnommée la *noire* à cause de ses nombreuses carrières d'ardoises, ne m'offrit aucun attrait. Fort heureusement, pour ma bourse et celle de mon compagnon de voyage, qu'il se présenta pour nous une occasion favorable pour y rester le moins longtemps possible. Parmi les *Flâneurs* qui prenaient pension chez la *Mère Rousselière*, se trouvait un jeune initié qui nous offrit sa bourse et son amitié, si nous voulions lui tenir compagnie jusqu'à Paris. Le voyage devait se faire à pied. Nous acceptâmes les offres généreuses de ce frère, surnommé *Manceau-l'Ami-des-Arts;* et trois jours après notre arrivée nous faisions route pour Saumur.

Oh! qu'ils sont doux les souvenirs qui se rattachent à cette époque de ma vie; quand, le sac sur le dos et la gourde au côté, je faisais ce voyage pédestre à travers les riches coteaux que baigne la Loire si riante. Cette Loire qui, quelques années plus tard, fut le témoin discret des beaux jours que Dieu m'a comptés ici-bas.

4

Après deux jours de repos dans la jolie ville de Saumur, nous nous mîmes de nouveau en route par une belle soirée de printemps. Vers minuit nous arrivâmes dans la petite ville de Chinon, d'où nous partîmes le matin après un copieux déjeuner, espérant arriver le même soir dans la jolie ville de Tours. Vers midi, la chaleur était si insupportable qu'elle eût arrêté le voyageur le plus intrépide ; nous nous reposâmes donc à l'ombre d'un groupe d'arbres qui bordaient le chemin ; et quand nous fûmes délassés, je me levai et j'exhortai mes deux camarades à en faire autant. *Manceau le Triomphant* s'y refusa formellement et avec humeur, prétextant une indisposition. Il nous fut impossible de comprendre une conduite aussi singulière. Voyant qu'il persistait dans sa résolution, nous le quittâmes en lui disant que nous l'attendrions quelques instants au plus proche village, s'il se décidait à venir nous rejoindre. Vers six heures nous arrivâmes à Azai-le-Rideau, où nous comptions prendre quelque nourriture. A peu de distance de ce gros bourg, nous fûmes encore hués par un groupe d'ouvriers qui étaient à boire dans une guinguette ; il était écrit que les jours consacrés au Seigneur nous seraient funestes ; car c'était la deuxième fois, et le deuxième dimanche que nous étions insultés, depuis notre départ de Rochefort. Il paraît que les joncs à pommes blanches, que nous portions en bandouillère, tentèrent nos agresseurs, car ils sortirent de l'antre où ils étaient, en criant : « A nous les cannes des *Soi-disants*, ils ne sont pas dignes de les porter. » Voyant qu'on allait nous faire un mauvais parti, nous accélérâmes notre marche afin d'arriver dans le bourg le plus tôt possible ; pensant, par ce moyen, nous soustraire à la fureur de nos assaillants. Malheureusement pour nous, nous allâmes nous réfugier à l'hôtel du Grand-Cerf, qui, sans que nous nous en doutions, était le lieu où les

Compagnons Doleurs avaient établi leur *Mère*. Nous croyant en sûreté dans cet établissement public, nous nous fîmes servir une cruche de bière, pour nous rafraîchir en attendant *Manceau le Triomphant*.

A peine venions-nous de poser nos sacs, qu'une quinzaine de jeunes gens, que je reconnus pour être les mêmes qui nous avaient insultés en passant devant la guinguette, entrèrent bruyamment et se firent servir un litre de vin, qu'ils burent debout, sur une table attenant à la nôtre ; et, de l'air le plus insolent du monde, ils se mirent à nous toiser de la tête aux pieds. Après leur première libation, l'un d'eux nous demanda d'un ton railleur si, par hasard, nous n'étions pas *Tailleurs de Pierres*.

— Non, messieurs, lui répondis-je sur le même ton, nous sommes Boulangers.

— Ah ! ah ! fit le même interlocuteur, je ne m'en serais pas douté ; car vous portez des cannes semblables aux leurs, c'est à s'y méprendre. Vous êtes, sans doute, continua-t-il, de ceux qui ont la fâcheuse prétention de se dire *Compagnons du Devoir*.

— Je ne vois là aucune prétention déplacée, lui répondis-je ; comme vous, nous sommes *Enfants de Maître Jacques*, et nous nous en faisons le plus grand honneur.

— Vous serez donc toujours les mêmes, répondit un autre avec la plus écrasante ironie, malgré les fortes corrections que vous recevez de temps à autre pour avoir la maladie de vous croire *Compagnons*, lorsque vous ne l'êtes pas ; car je suis sûr que vous n'êtes pas capables de me dire pourquoi vous portez la canne ?

— Nous la portons, lui répondis-je, par une raison bien simple que nous pourrions vous expliquer, si le lieu était convenable pour discuter sur ce sujet, mais, en ce moment, la chose n'est pas possible, car je vois très-bien où vous voulez en venir.

— Vous voyez cela, vous!

— Oui, je vois et je crois cela, moi! lui répondis-je; c'est, on le voit bien, une mauvaise querelle que vous nous cherchez.

— Non certes, répliqua l'orateur du groupe, c'est tout bonnement un ordre que nous voulons vous donner au nom de tous les vrais *Compagnons* du Tour de France.

— Lequel, s'il vous plaît?

— Celui de nous rendre vos cannes de bonne volonté, si vous voulez nous éviter la peine d'employer la force.

A cette insultante sommation, je bondis de dessus mon siége comme si vingt dardillons d'abeilles m'eussent piqué à la fois; et, avec un sang froid qui parut leur faire quelque impression, je leur demandai de quel droit ils voulaient nous contraindre à leur donner des cannes que nous avions achetées et payées avec l'argent gagné péniblement par les travaux de l'atelier.

— Vous n'ignorez pas, messieurs, m'écriai-je avec un vif ressentiment, que nous, pauvres ouvriers, si nous voulons posséder le plus petit objet de luxe nous ne pouvons l'obtenir qu'à la sueur de notre front, et rien n'appartient plus légitimement à l'homme que ce qu'il acquiert au prix de son labeur.

— Vous nous demandez de quel droit nous voulons que vous nous donniez vos cannes, répondit un *Doleur* que je venais de reconnaître aux insignes qu'il avait aux oreilles, à cela je réponds : que les principaux corps d'états qui nous ont donné la lumière du *Devoir*, nous ont donné en même temps l'ordre, à nous et à tous les vrais Compagnons, de vous arrêter chaque fois que vous seriez porteurs des insignes du Compagnonnage, partout où nous vous rencontrerions ; et de nous en emparer de vive force si vous ne vouliez pas les rendre de bonne volonté.

— Mais, messieurs, tout cela est absurde et ridicule ; car je ne connais rien qui vous autorise à porter exclusivement les insignes du Compagnonnage ; et je ne connais rien non plus qui nous frappe d'une défense aussi arbitraire : les législateurs de notre patrie ne se sont jamais occupés d'aussi futiles questions.

— Le gouvernement n'a rien à voir dans tout cela ; je vous parle ici des lois Compagnonniques.

— Vous voulez sans doute parler de la loi du plus fort contre le plus faible, dis-je en souriant ironiquement ; si vous lisiez le *contrat social* de J. J. Rousseau, que vous n'avez probablement jamais consulté, vous verriez qu'il est dit quelque part : « *que le plus fort n'est jamais assez fort pour être toujours le maître ;* » et, sans nous arrêter à cette haute considération du plus sage des philosophes, permettez-moi de vous dire qu'en ce moment vous ne suivez pas les maximes si sages du fondateur du *devoir ;* car une maxime de Maître Jacques dit : « qu'un Compagnon doit, en tous temps et en toutes circonstances, être bon, juste et généreux ; qu'il doit aimer ses frères et leur faire du bien, pardonner les offenses et aimer son prochain comme lui-même. »

— En supposant que tout cela fut vrai, dit un des interlocuteurs, vous devez comprendre que vous, *Soi-disants*, vous n'avez aucun rapport avec le rite.

— Pourquoi cela ?

— Je vous l'ai déjà dit, c'est parce que vous n'êtes pas *Compagnons*.

— Et, en supposant que nous ne fussions pas *Compagnons*, répondis-je avec dignité, ne sommes nous pas Français comme vous ? N'avons-nous pas également le droit de circuler librement d'un lieu à un autre, dans toute l'étendue du Royaume, avec des cannes et des rubans à nos chapeaux ou à nos boutonnières, si cela nous fait plaisir? Je ne reconnais qu'aux lois le droit de réprimer nos extravagances si nous venions à manquer de convenances, où si nous violions les réglements. Soyez consciencieux, mes amis; laissez en paix les sages et les fous ! — nous sommes beaucoup trop jeunes pour être nos juges naturels, et d'ailleurs croyez-vous que c'est en venant ici nous imposer votre force, que vous acquerrez quelque gloire? Eh! non sans doute, car, si vous abusiez de notre faiblesse pour vous emparer de nos cannes, cette vilaine action serait un vol, et votre conduite ne serait qu'une lâcheté aux yeux des honnêtes gens.

A peine venais-je de prononcer cette dernière parole, que je reçus la plus grave des insultes, et aussitôt une lutte meurtrière s'engagea. — Je me défendis avec désespoir, ainsi que mon camarade; mais sa canne fut la première enlevée; j'allais moi-même succomber sous les coups qui m'arrivaient de toutes parts, quand je me sentis tout-à-coup ranimé par la présence de *Manceau le Triomphant*, qui se précipita dans l'hôtel avec la rapidité de la foudre. Comme ce Compagnon était doué d'un très grand courage et d'une force supérieure, il fit d'abord beaucoup de mal; mais la chambre où nous étions se remplissant peu à peu de tous les ouvriers du bourg, leur force, que nos assaillants avaient transformée en droit, nous imposa sa loi de fer. Nos cannes furent enlevées par ces stupides ouvriers, qui aussitôt évacuèrent la salle en chantant leur lâche victoire. On aurait pu les prendre, en les voyant ainsi, pour des sauvages des mers du Sud, dansant autour des victimes qu'ils viennent d'égorger. Alors il ne resta plus dans l'hôtel du Grand-Cerf que mes deux compagnons de voyage et moi, tous trois faisant une piteuse figure et nous regardant avec un air de consternation qui croissait à mesure que le bruit de nos agresseurs s'éloignait.

La scène qui venait de se passer et où nous avions reçu force horions, nous avait pétrifiés. Enfin *Manceau le Triomphant* rompit le premier le silence : *Libourne*, me dit-il, que penses-tu de cette affaire, et quel parti allons-nous prendre?

— Je pense, mon ami, lui répondis-je, que nous venons d'être les victimes d'un guet-à-pens, accompagné et suivi du vol le plus condamnable. Quant au parti que nous avons à prendre, je n'en connais qu'un, c'est d'aller implorer le secours de l'autorité locale : la loi est pour nous.

Arrivés en présence du premier magistrat d'Azai-le-Rideau, je lui expliquai le sujet de notre visite ; ce fonctionnaire parut nous écouter avec bonté, et lorsqu'il fut instruit de toutes les circonstances de notre affaire, voici ce qu'il nous répondit : Je veux bien croire, mes enfants, que tout ce que vous venez de me raconter est vrai ; j'en suis même désolé, mais je ne vois aucun moyen de faire droit à vos justes réclamations.

— Pourquoi cela, monsieur, lui demandai-je assez étonné de cette réponse ?

— Parce que, poursuivit monsieur le maire, les habitants de ce pays abhorrent les Compagnons Boulangers, depuis que plusieurs de ces derniers ont massacré sans pitié un jeune ouvrier Serrurier, natif du bourg.

— Mais, monsieur, les fautes sont personnelles ; si mon frère est un meurtrier, je ne vois pas pourquoi l'on m'enverrait à la corde avec lui.

— Votre observation est parfaitement judicieuse ; je comprends qu'il n'est pas juste que les innocents payent pour les coupables ; mais enfin que voulez-vous : je ne peux pas, non plus, me mettre mal dans l'esprit de mes concitoyens pour des querelles de *Compagnonnage*.

— Ah! oui, fis-je avec amertume, ce n'est guère la peine de s'occuper d'aussi peu de chose; mais si, par exemple, il était question d'un pauvre ouvrier sans ouvrage, guesant pour subsister, vous le feriez chasser de la localité comme vagabond? Nous avons été maltraités et volés par les habitants, c'est bien différent, ça ne vaut pas la peine que les autorités s'en occupent!

— Je ne dis pas cela, mes enfants.

— Alors, m'écriai-je, vous manquez d'énergie pour nous faire rendre justice; et, puisqu'il en est ainsi, je dois vous assurer, monsieur, que cette affaire n'en restera pas là; il ne sera pas dit que des voyageurs seront impunément massacrés et pillés en plein jour dans un pays civilisé.

— Jeune homme, vous vous oubliez je crois, répliqua le maire en relevant ses lunettes et en me regardant par-dessous avec sévérité.

— Non, monsieur, je suis aussi convenable que je dois l'être; seulement je dois vous dire, et j'ose vous assurer, que, si vous ne nous faites pas rendre justice pour l'acte de brigandage dont nous venons d'être victimes, j'en référerai demain au procureur du roi de Tours, où nous nous rendons; et vous aurez à lui rendre compte de cette fâcheuse affaire.

Au nom du Procureur du Roi que je venais de prononcer avec chaleur, le magistrat fronça ses épais sourcils.

— Où sont vos papiers, s'écria-t-il, d'un ton bref qui annonçait le mécontentement?

— Les voici, dis-je, en lui montrant nos passe-ports que, par précaution, j'avais mis dans mon portefeuille.

— C'est bien, fit-il après les avoir scrupuleusement examinés, retournez à l'auberge où vous êtes descendus; dans la soirée je ferai tout ce qui dépendra de moi pour vous faire remettre vos cannes. Quant aux insultes qui vous ont été faites et aux coups que vous avez reçus, j'aviserai.

M. le Maire d'Azay le Rideau venait de recouvrer une énergie digne de son ministère. Nous le saluâmes fort poliment et nous sortîmes de chez lui beaucoup plus calmes que nous n'y étions entrés. Une heure après notre retour à l'hôtel du Grand-Cerf, nous eûmes la visite d'un gendarme et de son brigadier, lequel nous dit en entrant : tranquillisez-vous, messieurs les Compagnons, nous vous rapportons vos cannes. C'eût, pardieu, été bien dommage que vous perdissiez d'aussi beaux joncs. Pourtant ceux qui vous les avaient prises ne se souciaient guère de les rendre; il a fallu, pour les avoir, les menacer de la rigueur des lois, qu'ils n'éviteront pas néanmoins si vous poursuivez cette mauvaise affaire.

— Nous vous remercions beaucoup, messieurs, lui répondis-je, de votre exactitude à faire un service aussi pénible que le vôtre, et nous n'oublierons jamais le plaisir que vous nous faites en nous rendant ce qu'on nous avait si injustement ravi.

— Voulez-vous que je vous donne un bon conseil, répartit le brigadier après avoir bu un second verre de bière que je venais de lui verser?

— Avec plaisir, répondîmes-nous unanimement.

— Alors, messieurs, je vous engage à partir, ce soir, pour continuer votre voyage, parce que je ne vous crois pas en sûreté ici : c'est un conseil d'ami que je vous donne ; suivez-le, vous n'aurez pas à vous en repentir.

— C'est qu'il est déjà tard, objecta *Manceau-l'Ami-des-Arts*.

— C'est vrai, messieurs, dit le brigadier, mais si vous voulez vous restaurer et vous reposer, il y a à un myriamètre d'ici une auberge renommée où vous serez très-bien traités.

— Mais si nos agresseurs s'aperçoivent de notre départ, observai-je, il est à craindre que les plus audacieux nous donnent la chasse.

— Que cela ne vous inquiète pas, repliqua le brigadier; pour plus de sûreté, je vais vous faire accompagner par un gendarme jusqu'à une assez grande distance.

Il était environ huit heures du soir, quand nous quittâmes Azai le Rideau; notre mentor fit à peu près un kilomètre avec nous, puis il s'en retourna après avoir échangé avec nous une cordiale poignée de main. Le reste de crainte que nous avions eu jusqu'alors venait de se dissiper entièrement. Vers dix heures, nous arrivâmes à l'auberge de *l'Espérance*, que nous avaient signalée messieurs les gendarmes, mourant de faim et accablés de fatigue, n'ayant rien mangé depuis notre départ de Chinon; aussi espérions-nous y faire un copieux repas. Il y avait longtemps que les habitants de cette hôtellerie étaient couchés, car je frappai plusieurs coups avec l'embout de ma canne sans obtenir de réponse; enfin, après un quart d'heure d'attente, une femme ouvrit une croisée du premier.

— Que désirez-vous, jeunes gens, nous dit-elle, après nous avoir un instant examinés?

— Un gîte pour cette nuit, madame, lui répondis-je, et quelque chose pour nous restaurer.

— D'où venez-vous comme cela?

— D'Azay-le-Rideau.

— Comment se fait-il, poursuivit-elle, que vous ne soyez pas restés dans un bourg où il y a d'aussi bonnes auberges?

— Hélas! madame, nous en avons été empêchés par de fâcheuses circonstances que nous vous raconterons, si vous êtes assez bonne pour nous donner l'hospitalité.

— Ma foi, messieurs, je suis bien fâchée de ne pouvoir vous recevoir ; mais il est dix heures du soir et nous n'ouvrons jamais aux étrangers à une heure pareille. C'est en vain que nous lui montrâmes nos cannes et notre bourse, pour lui faire comprendre que nous étions d'honnêtes ouvriers et que nous avions de l'argent pour payer nos dépenses ; elle fut inexorable à nos instantes prières ; elle ferma sa croisée et tout espoir de restaurer nos estomacs déjà bien faibles, et de prendre un peu de repos fut entièrement perdu. Nous avions encore quatre mortelles lieues à parcourir avant d'arriver à Tours. Rassemblant le peu de forces qui nous restaient, nous continuâmes notre route, espérant monter dans la voiture de Chinon, qui ne devait pas tarder à passer. Vers minuit, nous arrivâmes au bas d'une colline où la route partageait un superbe bois ; le site était tellement admirable, la nuit était si belle, si ravissante, et nous étions si fatigués, que nous nous assîmes sur l'herbe fraîche qui bordait de larges fossés, et bientôt, la tête sur nos sacs, nous nous couchâmes sur ce lit moëlleux fourni par la bienfaisante nature. A peine venions-nous de nous asseoir, que nous entendîmes dans le lointain un bruit semblable à celui de pas de chevaux. Nous tressaillîmes de joie, pensant que c'était le courrier que nous attendions avec tant d'impatience. D'un bond nous nous levâmes ; mais quelle ne fut pas notre surprise, en voyant fondre sur nous un groupe d'assassins qui, en nous apercevant à la clarté de la lune, se mirent à hurler : « Rendez vos cannes, *Soi-Disants!* ou nous allons vous exterminer !... » Effrayés, foudroyés par la peur, nos genoux fléchirent sous nous ! Ce fut en vain que nous essayâmes de chercher notre salut dans la fuite, nous restâmes cloués sur place.

— *Libourne*, me dit le *Triomphant*, nos jours sont en danger, tu le vois ; mourons donc en combattant s'il le faut ; mais ne nous rendons pas !

— Sois tranquille, lui répondis-je avec une sorte de rage, je ne romprai pas d'une semelle, et je t'assure que celui qui s'emparera de ma canne, la paiera cher.

— Bien, frère, me dit-il en me serrant convulsivement la main, ne t'écarte pas de moi et vendons-leur chèrement notre vie !

Hélas ! que pouvions-nous faire tous les deux contre, peut-être, une trentaine d'assassins ? Je dis tous les deux, car *Manceau l'Ami des Arts* s'était enfui à l'approche du danger, et nous ignorions le lieu où il s'était refugié. Pressés que nous étions d'accepter le combat ou de nous laisser égorger comme des moutons, nous prîmes l'offensive auprès d'un mètre de pierres, d'où nous faisions tomber une grêle de projectilles sur nos assaillants, qui, malgré nos efforts désespérés, ne tardèrent pas à nous cerner de toutes parts. Forcé d'abandonner notre position, je m'armai de ma canne que je maniais alors avec beaucoup d'adresse, et je repoussai, un instant, nos agresseurs. Le danger m'ayant rendu toute mon énergie, j'étais devenu redoutable. *Manceau le Triomphant* placé à mes côtés faisait aussi beaucoup de mal ; mais bientôt nous fûmes séparés et je fus acculé sur le bord d'un fossé. De ce lieu j'avisai la forêt comme seul espoir de salut ; et, par une décision aussi prompte que la pensée, je franchis le fossé qui se trouvait à ma gauche et j'allai tomber de l'autre côté, étourdi par le coup d'une pierre qui m'avait atteint à la nuque. Au même instant quatre ou cinq de ces enragés se jetèrent sur moi et s'emparèrent de ma canne, puis ils me lièrent les pieds avec mon mouchoir de poche et les mains avec celui que j'avais au cou. Mes cheveux se dressent encore d'horreur, chaque fois que le souvenir de cette affreuse nuit se présente à ma mémoire. Comme ils me firent souffrir les malheureux ! — Ce fut la première fois que j'eus peur de mourir ! Je n'avais nul espoir de recevoir de secours, car ils m'emportèrent dans l'épaisseur des bois ; je me crus perdu !

— Tu es ici entre la vie et la mort, me dit un de ces fanatiques après m'avoir déposé contre un arbre ; mais si tu veux que nous te donnions la liberté, il faut qu'à l'instant même tu nous divulgues tous les secrets de ton infâme société. Je dis infâme, parce que vous n'êtes que des vantards, vous disant *Compagnons* et ne l'étant pas. Au reste, sois bien persuadé que ton refus entraînera la peine capitale après t'avoir fait subir les épreuves du bain.

A cette menace que je crus ne pas être feinte, je tressaillis d'effroi ; mais rappelant mes esprits, je répondis avec calme que je préférais la mort au parjure.

— Insensé, répondit la même voix, décide-toi à l'instant, car tes jours ne tiennent à rien ; vois, choisis, continua-t-il : ou tu nous feras part de tes secrets, ou tu seras immolé à la vengeance des victimes que les Boulangers ont faites sur le Tour de France, depuis tantôt vingt ans qu'ils sont nos ennemis ; et jamais personne ne saura ce que tu seras devenu. A deux pas d'ici il y a une clairière près de laquelle existe une marre d'eau bourbeuse dans laquelle nous avons déjà formé le projet de te jeter ; c'est là que les débris de ton cadavre seront dévorés par les loups qui viennent s'y désaltérer. Tu trembles, je crois ! Voyons décide-toi, parle !

— Votre nouvelle proposition ne fait qu'accroître mon indignation, leur répondis-je, vous n'êtes que des monstres indignes de porter le nom d'homme.

— A ces mots, quatre bras vigoureux m'enlevèrent avec brutalité et me portèrent sur le bord de la marre où ils me firent subir mille cruautés. Cinq fois ils m'enlevèrent du sol et, autant de fois, ils me firent plonger au milieu de cette bourbe épaisse et remplie de reptiles! Je bus malgré moi une eau fétide et dégoûtante! Enfin, après un dernier coup de cale qu'ils me firent subir, ils me retirèrent à demi mort; et l'un d'eux, m'ayant découvert la poitrine, m'y appuya quelque chose de froid en disant : *Soi-disant* recommande ton âme à Dieu! Au même instant je levai mes yeux au ciel croyant que ma dernière heure était sonnée; deux coups de feu que j'entendis distinctement à peu de distance du lieu où j'étais, achevèrent de me terrifier, et je tombai sans connaissance aux pieds de mes assassins.......

Qu'étaient, pendant ce temps-là, devenus mes camarades? Voici ce que j'appris le lendemain.

Manceau-le-Triomphant, après une vigoureuse résistance, avait été laissé pour mort sur le chemin; et ce fut le conducteur de la voiture de Chinon qui le transporta à Tours dans un très-fâcheux état.

Manceau-l'Ami-des-Arts, que nous avions perdu de vue un peu avant le danger, ayant été poursuivi par une partie de nos agresseurs, avait eu le bonheur d'éviter leur rencontre en se sauvant vers une ferme qui se trouvait à l'extrémité du bois. Au bruit que faisaient les misérables qui lui donnaient la chasse, trois gros chiens de la ferme se mirent à aboyer : l'*Ami-des-Arts* passa au milieu d'eux sans hésiter, préférant devenir leur victime que de succomber sous les coups des hommes dénaturés qui le poursuivaient. Par un instinct providentiel les chiens s'écartèrent pour lui livrer passage et le protéger contre ses assassins qui, chose étrange, furent mis en fuite par ces modèles de la fidélité. Ce bruit extraordinaire, à une heure aussi avancée de la nuit, réveilla en sursaut les paisibles habitants de la ferme, qui, après s'être armés, ouvrirent la porte et furent étrangement surpris en voyant un inconnu à demi-mort de frayeur et implorant leur secours. Braves gens, s'écria le jeune *Manceau* en se jetant au milieu d'eux, sauvez-moi la vie!... Et, leur montrant les cinq ou six scélérats qui fuyaient poursuivis par les chiens, voyez, dit-il, ils voulaient m'assassiner.

— Calmez-vous, mon ami, répondirent les paysans, vous êtes en sûreté ici.

— Vous êtes bien bons, dit *Manceau*, mais hélas! je ne suis pas seul; on égorge mes camarades sur la route. A ces mots, que notre ami avait prononcés avec une grande émotion, les paysans armés sortirent de la ferme et tirèrent quelques coups de fusils pour épouvanter nos assassins. C'est en ce moment que je tombai sans connaissance....

Je ne sais pas au juste combien de temps je restai évanoui; mais, quand je repris mes sens, j'étais seul et tout paraissait calme et silencieux autour de moi. Je rassemblai le peu de force qui me restait, et, avec beaucoup de peine, je me mis à genoux pour remercier Dieu de m'avoir sauvé d'une mort presque certaine. Après cette action toute religieuse, ma première pensée fut pour mes deux compagnons de voyage que je croyais morts à quelques pas de moi, et je me levai pour me diriger du côté de la route. Arrivé sur la lisière du bois, où un instant avant le guet-à-pens fratricide avait eu lieu, je pus me convaincre que nos assassins avaient disparu. J'appelai mes amis; l'écho seul me répondit; et ce fut en vain que je parcourus les deux fossés qui bordaient la route, pour m'assurer si ceux qui avaient eu l'horrible courage de faire trois lieues pour courir après nous, ne les avaient pas jetés dedans après avoir consommé leur double crime. Mes recherches ayant été infructueuses, je me décidai à poursuivre ma route afin d'arriver à Tours le plus promptement possible, pour me faire donner les secours que mes blessures exigeaient. Une fièvre brûlante me dévorait et ce fut à l'aide d'une force de volonté extraordinaire que j'arrivai à l'étape si longtemps désirée.

Oh! que furent grandes et sérieuses les réflexions que je fis pendant ce court trajet! mes yeux, jusqu'àlors fermés à la lumière de la vérité, se désillèrent comme par enchantement. Elle venait de jaillir sous les coups meurtriers de mes frères égarés. — Alors, au lieu de les maudire, je les plaignis de tout mon cœur et déplorai leurs funestes égarements.

Je m'attristai sur ce fanatisme honteux qui les avait portés, eux les infortunés parias de la société, à venir assassiner sur la poussière du chemin des pauvres ouvriers comme eux, parce qu'ils avaient eu la fantaisie de prendre des cannes qu'ils avaient achetées par un labeur pénible.

O ignorance! ignorance! fille et compagne de la servitude! m'écriai-je en pensant à mes erreurs passées; fuis à jamais de nos ateliers pour faire place à l'intelligence, afin que le peuple opprimé apprenne à mieux connaître ses ennemis!

CHAPITRE V.

Les rues étaient encore désertes lorsque j'arrivai à Tours; le hasard me fit rencontrer une personne complaisante qui me conduisit dans la rue de la Serpe, à l'auberge du même nom, chez la Mère Jacob. Il pouvait-être cinq heures du matin.

— Bonjour, la *Mère*, dis-je en entrant à une femme jeune encore, que je reconnus pour l'ange tutélaire des Compagnons Boulangers, au portrait qu'on m'en avait fait bien souvent.

— Soyez le bien venu, mon enfant, me dit-elle avec bonté ; asseyez-vous, vous paraissez être fatigué, peut-être avez-vous besoin de prendre quelque nourriture ?

— Hélas ! non, bonne *Mère* ; le repos est tout ce que j'envie en ce moment, après une nuit comme celle que je viens de passer.

— Qu'entends-je, s'écria-t-elle, eh quoi ! seriez-vous ce Compagnon, nommé *Libourne le décidé*, qui, sur la route d'Azai-le-Rideau, a été si cruellement maltraité cette nuit avec les deux *Manceaux* qui sont arrivés il y a une heure environ ?

— C'est moi-même, lui répondis-je. Ils sont donc ici ?

— Oui, mon enfant, ils sont couchés. Combien ils vont être contents de vous revoir, poursuivit-elle, eux qui vous croient mort, car le *Manceau de Château-Gonthier* m'a assuré vous avoir vu disparaître dans l'épaisseur de la forêt, emporté par cinq ou six de ces malheureux et cruels ouvriers. Mon Dieu ! mon Dieu ! fit-elle, en joignant les mains et en levant ses beaux yeux noirs vers le ciel ! Est-il possible qu'au siècle où nous vivons les classes laborieuses restent ainsi stationnaires, sans autre direction que le plus déplorable de tous les fanatismes, et toujours excitées par de vieux et ridicules préjugés de caste !

En lui voyant faire cette pieuse invocation à l'éternel, je fis à genoux le serment de vouer ma vie à éteindre toutes les rivalités barbares des nombreuses corporations du *Tour de France*, si un jour je parvenais à avoir quelque autorité dans l'ordre.

— Venez que je vous embrasse, mon fils, dit la *Mère Jacob*, je sens pour vous une grande estime, parce que vous avez le cœur bon ; vous savez pardonner; c'est une vertu qui vous portera bonheur. Elle dit, et avec de tendres soins elle s'empressa de panser mes blessures. Après quoi, j'allai me coucher dans la chambre de mes deux Compagnons de voyage, qui me racontèrent toutes les aventures qui leur étaient arrivées après notre séparation.

Le lendemain, notre affaire fut mise entre les mains du procureur du roi, qui bientôt fit arrêter une partie des coupables. Dix neufs furent traduits devant les tribunaux ; deux furent condamnés à plusieurs années de réclusion et le plus grand nombre à un an de prison et au-dessous. Tels furent les trophées de ce guet-à-pens : la prison et la flétrissure d'une part, avec ses plaies morales, et l'hôpital et les souffrances physiques de l'autre. Croyez-vous qu'il ne serait pas préférable que chacun de nous gardât son adresse et sa force matérielle pour les travaux manuels de l'atelier, et son courage pour défendre sa patrie et pour maintenir au besoin ceux qui veulent nous opprimer; plutôt que d'en faire usage pour nous dévorer les uns les autres ? Quel est l'ouvrier aujourd'hui qui pense le contraire ? Rappelez-vous que le jour où tous les hommes qui font la gloire de la France par le travail et l'industrie s'aimeront comme de bons frères, nous verrons s'éteindre le paupérisme ; et, sous les lois protectrices d'un pouvoir large et florissant, l'ouvrier goûtera toutes les félicités de la vie en faisant son *Tour de France*.

Notre jeunesse et surtout les soins affectueux que nous prodigua la *Mère Jacob* contribuèrent beaucoup à notre prompt rétablissement. C'est pendant ce temps-là, que je pus apprécier les grandes qualités de cette *Mère* incomparable, dont le nom parmi nous est si révéré. Le portrait qu'on m'en avait fait bien souvent était loin d'approcher des perfections infinies de cette héroïne du Tour de France. *Maman Jacob* avait alors trente huit ans ; c'était une femme assez grande, d'une tournure distinguée, sans aucune prétention et d'une physionomie fort agréable. Elle avait de beaux yeux noirs, aimables, doux et piquants tout à la fois, et ombragés par des cils parfaitement arqués. Ses cheveux onduleux auraient fait pâlir l'ébène. Ses traits, quoique un peu prononcés, étaient admirablement relevés par un sourire enchanteur, qui errait sans cesse sur ses lèvres de roses. J'ai remarqué dans les séjours prolongés que j'ai fait en Touraine, que celui qui la voyait une seule fois l'aimait toute sa vie ; et j'ai vu beaucoup de Compagnons faire plusieurs fois le *Tour de France*, poussés par le désir de la revoir encore avant d'aller s'établir sous le toit domestique. L'inaltérable attachement que cette *Mère* a toujours prodigué à ses enfants adoptifs, son dévouement pour notre société lors des luttes et des rixes sanglantes qu'elle eût à soutenir, à sa formation, contre la conjuration de tous les autres corps d'états réunis, lui firent acquérir une très grande renommée. Chez nous, on ne parle jamais de cette femme vertueuse sans éprouver un sentiment de reconnaissance.

Après quinze jours de repos, j'allai travailler dans un atelier de Boulangerie de la rue du Change, chez une veuve où je passai deux mois fort agréables.

Parmi les personnes intimement liées avec madame *Nivot*, je remarquai madame *Mérit*, veuve d'aimable esprit, qui venait quelquefois dîner avec son amie ; son caractère enjoué me plaisait singulièrement. De son côté, elle semblait avoir pour moi un tendre attachement. Ma franchise et surtout mes étourderies lui plaisaient beaucoup; de sorte que cette excellente femme ne tarda pas à me donner ouvertement des preuves de l'estime qu'elle avait pour moi. Elle essaya de me faire marier avec une jeune fille qui avait une fort jolie dot; elle me présenta même plusieurs fois à cette jeune personne remplie de grâce, et que je trouvais très-bien ; pourtant je refusai. Le mariage était alors pour moi un labyrinthe dans lequel je n'osais pas m'aventurer. Ce pays inconnu de l'hyménée ne me flattait que très-médiocrement ; aussi demandai-je quelques jours de réflexion avant de me prononcer ouvertement. Je ne fus pas longtemps à me décider au parti que je devais prendre. La femme fut toujours pour moi l'objet d'une grande admiration ; mais, à l'âge que j'avais alors, il n'y en avait ni d'assez riche, ni d'assez aimable, ni d'assez belle, sur le Tour de France, pour captiver mon cœur et mon esprit d'une indépendance exceptionnelle. Quand je lui fis connaître ce refus, qu'elle ne pouvait pas comprendre, elle en fut très-contrariée.

Seriez-vous assez ingrat, me dit un jour ma bienfaitrice, pour oublier les conseils de mère que je m'efforce de vous donner depuis que vous travaillez chez mon amie ?

— Non, madame, lui répondis-je, je n'ai point oublié et n'oublierai jamais votre excessive bonté pour moi ; je me repentirai peut-être un jour d'avoir refusé ce que vous appelez mon bonheur ; mais que voulez-vous ? je sens en moi le désir des voyages ; c'est un besoin irrésistible, et j'ai l'imagination trop remplie de l'avenir du Tour de France pour accepter vos offres généreuses.

— Que Dieu vous protège, mon enfant, répondit madame *Mérit* en secouant la tête en signe de commisération ; avec le temps vous compterez mieux ; et rappelez-vous bien que le zèle trop grand que vous paraissez apporter à la société que vous avez embrassée vous sera funeste. Votre enthousiasme pour ce que vous appelez le *Tour de France* vous perdra ou vous occasionnera de grandes disgrâces.

Pendant que je travaillais chez madame *Nivot*, il arriva chez la *Mère Jacob* une aventure assez extraordinaire pour que je la consigne ici.

C'était le jour de l'Assomption de l'année 1837, à la suite d'une réception et au moment où, tout joyeux, nous allions célébrer ce beau jour par un splendide banquet, qu'arriva ce singulier évènement. Nous étions tous réunis et nous allions tous prendre place à la table fraternelle, lorsqu'un jeune compagnon, tout couvert de sueur et de poussière, harassé de fatigue, entre chez la *Mère*. Ce frère nous apprit qu'ayant manqué la voiture, il était parti de Chinon à pied, et que, depuis son départ de cette dernière ville, il avait presque toujours couru afin d'arriver au moins pour dîner avec nous.

Il y avait, à cette époque, chez la *Mère Jacob*, un puits au fond de la cuisine, qui, dans les grandes chaleurs, avait tous les avantages d'une glacière, tant cet endroit était frais. Ce fut là que cet infortuné frère, ruisselant de sueur, alla se reposer malgré nos prières pour l'en empêcher; sa témérité lui coûta la vie : car, peu d'instants après s'être assis sur la froide margelle, il fut saisi d'un mouvement convulsif, ses membres se roidirent et il tomba la face contre terre pour ne plus se relever. Un médecin fut aussitôt appelé pour lui administrer les secours de son art; mais la science fut impuissante. Nous le transportâmes dans la salle où était dressée la table du banquet, et, *mort*, il assista au dîner comme s'il eut été vivant. Le silence le plus religieux régnait dans cette enceinte du mystère; jamais solennité ne fut plus imposante. Ce tableau me rappelait la coutume des anciens Egyptiens qui embaumaient leurs morts, afin de les faire asseoir à leur table les jours de grandes cérémonies.

Le lendemain soir, nous conduisîmes ce frère à sa dernière demeure, avec toutes les pompes dues à sa conduite irréprochable. A quelques jours de là, *Manceau le Triomphant*, qui était resté à Tours avec moi, sortit de chez son patron; comme il se disposait à quitter cette ville, je me décidai à partir avec lui. Je pris donc congé de madame *Nivot* et de madame *Mérit*, qui, en me faisant ses adieux, me traita de tête écervelée (elle avait parfaitement raison), fuyant le bonheur réel pour un avenir incertain.

Je quittai la jolie ville de Tours, le 25 août 1837, à cinq heures du soir, avec *Manceau le Triomphant*, emportant avec moi l'estime de la *Mère Jacob* et des nombreux camarades que j'y laissais. A Mont-Louis, petit village situé sur la rive gauche de la Loire, nous rentrâmes dans l'auberge du *Cheval Blanc* pour nous rafraîchir et prendre quelque nourriture.

— Te souviens-tu de notre voyage de Rochefort à Tours, me dit le *Triomphant* en faisant passer dans mon assiette une excellente tranche de jambon qui embaumait la chambre où nous étions? Te souviens-tu aussi de cette fatale nuit après notre départ d'Azai-le-Rideau?

— Comment veux-tu que j'oublie une époque où j'ai failli perdre la vie, lui répondis-je, un peu contrarié d'établir la conversation sur ce chapitre?

— Malheur! Malheur! s'écria-t-il avec colère; malheur aux Compagnons ennemis des Boulangers que je rencontrerai sur ma route! je me vengerai je l'ai promis. Et que m'importe à moi que l'innocent paie pour le coupable? La représaille est un bienfait du ciel!

— Tu as tort, mon cher ami, lui répondis-je, d'avoir de ces idées-là; il ne faut pas, parce que nous avons été égorgés, pour ainsi dire, par des ouvriers ignorants et fanatiques, que nous devenions aussi sauvages qu'eux; et par les mêmes moyens.....

— Je sais, interrompit mon Compagnon de voyage, que tu ne veux plus entendre parler de cela depuis ta conversion, et pourtant on ne t'a guère ménagé dans cette affaire.

Au lieu de répondre, je gardai le silence; voyant que je n'étais pas disposé à exciter encore sa haine, il remplit les verres et me dit :

— Voyons, *Libourne*, trinquons et buvons un coup pour endormir ces tristes souvenirs.

— Volontiers, lui répondis-je, mais ne parlons plus de toutes ces horreurs. Bientôt le vin pétillant du village échauffa nos jeunes imaginations, nous portâmes plusieurs toasts à la gloire du Tour de France, à la *Mère Jacob* qui avait pansé nos blessures avec tant de bonté; et ce petit diner d'ami se termina par d'aimables couplets. Ce même soir nous couchâmes à Amboise, et le lendemain matin nous faisions notre entrée dans la ville de Blois, siège de notre fondation.

Peu de jours après mon arrivée dans cette ville, j'allai travailler à Saint-Aignan, dans le Berry, gros bourg situé sur les bords du Cher, chez de très respectables ouvriers. M. Hubert, ainsi se nommait mon nouveau patron, m'accueillit avec cette bonté innée qui flatte toujours l'ouvrier, quand, en voyageant, il a le bonheur de tomber chez de braves gens. A l'exemple des *fournils* parisiens, celui de M. Hubert était dans la cave. Le patron étant absent, le jour de mon arrivée, ce fût son épouse qui me fit l'explication de la tâche à remplir. Ses paroles étaient douces comme celles d'un ange; elle était jeune et belle, et sa figure expressive avait dans son ensemble quelque chose de suave qui captive le cœur est l'âme tout à la fois.

— Êtes-vous compagnon, me demanda-t-elle en

souriant et en me montrant les êtres de l'établissement ?

— Oui, madame, lui répondis-je.
— De quel pays êtes-vous ?
— De Libourne.
— Ah ! vous êtes de Libourne ! Et quel est votre nom de guerre ?
— Voyez, lui dis-je en la considérant avec mes yeux de vingt ans ; il est écrit sur mon front.
— Hum ! fit-elle en me jetant un regard moqueur, on a dû vous nommer *Sans Gêne* ou *Sans Regrets*.
— Vous approchez, mais ce n'est aucun de ces deux noms.
— *Sans Chagrin*, alors !
— Encore moins.
— Attendez, attendez, fit-elle en se frappant le front, c'est sans doute *Le Décidé !*
— Vous l'avez dit, madame, c'est le nom que mes frères m'ont donné et que je porte dans mes voyages.
— Vous avez là un joli nom, dit-elle en souriant malicieusement ; mais êtes-vous toujours bien *Décidé ?*
— Oui, madame, répondis-je en baissant timidement les yeux ; et malgré moi mon visage s'empourpra comme eut pu le faire celui d'une prude jeune fille.
— C'est ce que nous verrons ! Et elle s'éloigna, me laissant tout stupéfait de cette dernière réponse que j'avais sans doute mal interprêtée.

— Quinze jours après mon arrivée à Saint-Aignan, je tombai dangereusement malade. Une fièvre maligne me mit à deux doigts du tombeau. Je ne sais au juste combien de temps je restai dans cet état ; mais, lorsque le délire fut entièrement apaisé, je fus étrangement surpris de me voir dans l'hôpital du bourg, que j'avais visité quelques jours avant ma maladie. Madame Hubert était près de mon lit. Sa présence me surprit très-agréablement.

— Me reconnaissez-vous, *Pays Libourne*, me dit-elle ?

— Oui, madame, lui répondis-je en versant un torrent de larmes. Je ne pus en dire davantage, ma faible tête tomba sur les coussins, et je restai jusqu'au lendemain sans proférer une seule parole. Le jour suivant madame Hubert revint, et je pus causer avec elle. Combien y a-t-il de temps que je suis à l'hôpital, lui demandai-je ?

— Onze jours aujourd'hui, mon enfant, pendant lesquels nous avons désespéré de vous rendre à la santé ; le médecin nous a même dit plusieurs fois que, si le neuvième jour vous n'étiez pas mieux, vous mourriez d'un accès de fièvre cérébrale. Je dis nous, parce que je ne suis pas la seule personne à Saint-Aignan qui s'intéresse à votre santé.

— Merci de tant de bonté, madame, lui dis-je en lui pressant la main dans les miennes, et en l'arrosant de mes larmes ; les bonnes actions ont toujours leur récompense.

— J'ai eu soin de vous, dit madame Hubert avec attendrissement, parce que je suis mère, parce que comme la vôtre, j'ai des enfants qui, un jour peut-être, iront faire le *Tour de France* ; qui seront exposés, comme vous l'êtes vous même, à tomber malades loin du toit paternel. Si ce malheur arrivait, croyez-vous, mon ami, que je ne serais pas bien aise d'apprendre qu'une main généreuse et bienfaisante leur a prodigué de tendres secours ? Si, mon cher *Libourne*, et je crois que toutes les bonnes mères pensent comme moi. Je dois vous avouer aussi que j'ai été très peinée de n'avoir pas pu vous soigner chez nous, faute de logement ; mais à cela près vous n'en êtes pas plus mal ici ; car il faut vous dire que le hasard, ou pour mieux dire la providence, vous a singulièrement favorisé. Lorsqu'on vous amena ici, continua madame Hubert, je montrai votre livret à la sœur de garde, afin qu'elle vous inscrivît sur le rôle des malades; c'est l'usage des établissements de ce genre; quand cette fille du seigneur a vu votre nom, celui de votre famille et celui du lieu de votre naissance, elle est restée frappée d'étonnement. Une rougeur subite a coloré son angélique visage, alors elle s'est approchée de votre lit et, après vous avoir un instant considéré, elle s'est écriée : « ô mon Dieu! mon Dieu! rendez-lui la santé, afin que je puisse m'entretenir un instant avec cet enfant de mon pays. C'est le vrai portrait de sa mère. » En terminant cette prière, elle s'est éloignée, le cœur ému et les yeux humides de larmes. Je la suivis du regard; elle passa par cette petite porte grillée que vous apercevez au fond de la salle, cette porte donne dans la chapelle. Là je la vis se prosterner et prier avec ferveur devant une image de la Vierge; c'était sans doute pour vous, mon enfant, qu'elle priait ainsi. Depuis ce jour elle n'a pas cessé de vous prodiguer les plus tendres soins.

— Comment nommez-vous cette Sœur, demandai-je à madame Hubert?

— Elle se nomme Louise.

— Que Dieu vous bénisse toutes deux, lui dis-je, le souvenir de vos bienfaits sera éternellement gravé dans mon cœur.

Quelques jours après cet entretien, j'étais beaucoup mieux; une Sœur s'approcha de mon lit : c'était ma protectrice.

— Eh bien! Arnaud, dit-elle, comment va la santé?

— Bien mieux, ma Sœur, lui répondis-je.

— Montrez-moi votre langue. Oh! elle n'est presque plus chargée; n'avez-vous plus la fièvre?

— Non, ma Sœur.

— Voyons!

Je lui présentai le bras, et elle me tâta le pouls en

disant : « Allons, allons, vous allez effectivement mieux ; vous êtes en pleine convalescence, il ne vous faut plus que du repos. Savez-vous, mon enfant, continua cette bonne Sœur, que vous nous avez laissées dans une cruelle anxiété pendant plusieurs jours ?

— C'est ce que m'a dit madame Hubert.

— A quoi attribuez-vous cette maladie ?

— Je crois, ma Sœur, que cela provient d'un refroidissement subit.

— Oui, c'était quelque chose comme une fluxion de poitrine ; mais je pense aussi que ce n'était pas là la cause principale ; car pendant tout le temps que vous avez eu le délire, vous ne parliez que d'assassins, il vous semblait voir plusieurs individus se disputant votre vie ; vous vous cachiez la tête dans vos draps en implorant leur pitié, et tous ces transports étaient accompagnés du plus grand abattement. Je me rappelai alors la nuit affreuse d'Azai-le-Rideau, que je lui racontai avec toutes ses terribles particularités.

— Pauvre jeune homme, fit-elle les larmes aux yeux, vous avez bien dû souffrir ; est-il possible qu'il y ait des gens assez méchants pour en venir à de pareilles extrémités !

— Hélas ! oui, ma Sœur, il faut être bien barbare ; cependant le *Tour de France* fourmille de ces crédules et simples ouvriers qui, dans leur ignorance et poussés par le fanatisme, attaquent sur les chemins de notre commune patrie leur propre frère, si ce frère a embrassé une société différant d'opinion avec la sienne.

— Croyez-moi, répliqua Sœur Louise, quand vous serez entièrement rétabli, retournez chez vos parents, vous y serez toujours mieux que chez les étrangers.

— Vous me donnez là un bon conseil, ma Sœur, je vous promets de le suivre religieusement.

— Savez-vous, Arnaud, continua Sœur Louise, que

je suis votre compatriote et que nous sommes presque nés sous le même toit ?

— Vous me faites un très grand plaisir, ma Sœur, en m'apprenant une chose aussi agréable.

— Oui, mon enfant, je suis votre compatriote.

— J'aurais dû m'en douter au tendre intérêt que vous avez pris et que vous prenez encore à mon rétablissement, aussi je n'oublierai jamais que je dois à vos soins et à votre tendresse une grande partie de ma guérison.

Mais, mon ami, je n'ai fait là que ce que je devais faire ; je n'ai accompli que très-strictement mon devoir d'amour et de charité en veillant sur l'enfant de mon ancienne et meilleure amie. Votre mère n'est-elle pas une demoiselle Peychez.

— Oui, ma Sœur.

— Votre père n'est-il pas le fils d'un meunier de la commune de Néac ?

— Oui, ma Sœur.

— Vous voyez bien, mon enfant, que je connais parfaitement votre famille ; mais dites-moi, vos parents existent-ils toujours ?

— Oui, ma Sœur.

— Ont-ils plusieurs enfants ?

— Nous étions quatre garçons, mais l'aîné est mort en 1824, c'est moi qui viens après lui.

— Ah ! fit-elle en soupirant, j'ai bien souvent pensé à votre mère : je l'aimais tant cette bonne *Seconde :* elle avait le caractère si gai, si aimable ; c'était une si bonne camarade. Dans la pension où nous allions ensemble, elle était généralement aimée, je me souviens qu'elle était très-espiègle, très-pétulante ; a-t-elle toujours conservé son bon caractère ?

— Si elle fut autrefois une excellente amie, lui répondis-je, elle est aujourd'hui la meilleure des mères.

— Je suis très-heureuse de vous entendre dire cela.

Je me rappelle, continua Sœur Louise, qu'elle se maria deux ans avant que je prononçasse mes vœux; je n'étais pas destinée à consacrer ma vie à soulager les pauvres malades; mais, que voulez-vous, mon enfant, Dieu dispose des destinées ici-bas. Je fus poussée à embrasser cette carrière à la suite de bien fâcheuses circonstances.

En terminant cette confidence, elle me serra la main et s'éloigna, me laissant en proie à une grande tristesse. Je crus comprendre qu'elle avait aussi beaucoup souffert des injustices du sort. N'était-ce pas Dieu qui avait pris soin de nous réunir ainsi, malheureux tous les deux, à cent lieues du pays, et malheureux par la sottise des hommes.

Par l'intermédiaire de Sœur Louise, j'avais obtenu de la supérieure et du médecin d'aller me promener en ville; souvent j'allais chez M. Hubert, où j'étais accueilli avec des preuves d'amitié que je n'oublierai jamais. Un matin, me voyant à peu près rétabli, je fis part à Sœur Louise du désir que j'avais de retourner à Blois.

— Y pensez-vous, mon enfant, me dit-elle, vous êtes à peine rétabli et vous voulez déjà vous éloigner? je vous engage, et c'est un conseil de mère, à rester ici jusqu'à parfaite guérison.

— Mais, ma Sœur, je ne suis plus malade; voyez, je mange et je dors bien, que peut-on désirer de mieux?

— Ne parlez donc pas comme cela, mon ami, vous êtes à peine convalescent et vous vous croyez guéri. Seriez-vous ingrat, Arnaud? Si cela était, cependant...

— Non, ma Sœur, lui répondis-je presque en pleurant, je n'ai pas ce vilain défaut; et croyez-bien que si je quitte ce toît hospitalier, où vous m'avez traité à l'égal d'un fils, ce n'est qu'avec la ferme résolution de me rendre directement à Libourne.

— Puisque vous croyez bien faire, me dit-elle avec un ton de doux reproche, suivez votre volonté ; mais cela ne m'empêchera pas de dire que vous êtes un imprudent. Et quand partez-vous?

— Je voudrais partir lundi prochain.

— Vous ne quitterez pas Saint-Aignan, je l'espère, sans me faire vos adieux?

— Oh! ma Sœur, pouvez-vous penser que j'agirais autrement? Ce serait un manque de convenances impardonnable, dont je ne suis pas capable, répondis-je avec une émotion profonde.

— Allons, allons, ne vous chagrinez pas, c'est pour rire que je dis cela ; mais c'est dans votre intérêt que je voudrais vous garder quelques jours de plus.

Au jour que j'avais indiqué, je me rendis chez Sœur Louise. Elle m'attendait. Fidèle à ma promesse, ma sœur, lui dis-je en entrant, je viens vous faire mes adieux.

— Très-bien, mon enfant, partez-vous ce matin?

— Oui, ma Sœur.

— Mais la voiture qui va de Saint-Aignan à Blois est déjà loin ; elle part ordinairement à cinq heures, et il en est huit.

— Je le sais, ma Sœur, mais je me sens disposé à faire la route à pied, jusqu'au village de Comte.

— Avez-vous de l'argent?

— Oui, ma Sœur, un peu.

— Tenez, prenez toujours cela, dit-elle en me présentant une bourse en velours contenant quelques pièces de monnaie.

Je tendis la main, et je reçus ce trésor avec autant de plaisir, que si c'eût été un présent du ciel. — Mon refus l'eût peut-être blessée. — Dans le transport de ma reconnaissance, je lui baisai les mains en lui disant : Ma bonne sœur, apprenez-moi, je vous en supplie, à qui je suis redevable de tant de bontés? Oh!

dites-moi votre nom de famille, je vous le demande à genoux, et je me jetai à ses pieds.

— Relevez-vous, mon enfant, dit-elle, ce n'est pas ainsi que je veux vous voir.

— Mais, ma sœur, dites-moi....

— Non, Arnaud, poursuivit-elle en m'interrompant, c'est un secret que vous devez toujours ignorer; et je vis son visage encore empreint d'une grande beauté se couvrir de tristesse, une larme sillonna ses joues et elle s'éloigna après avoir déposé sur mon front un baiser de tendresse maternelle.

Je sortis de cet hôpital presque aussi malade que j'y étais entré, par suite de la peine que je venais d'éprouver en voyant couler les larmes de la bonne et généreuse Sœur-Louise. Le même jour, je fis mes adieux à la famille Hubert, et, le cœur gros et l'œil humide, je quittai Saint-Aignan.

J'appris en arrivant à Blois, que *Manceau le Triomphant* était parti pour Paris, et j'eus à regretter le meilleur de mes amis. Les fièvres m'ayant repris quelques jours après mon arrivée dans cette ville, je fus encore obligé de rentrer à l'hôpital. Dans ce nouveau refuge du pauvre, je trouvai une grande différence avec celui de Saint-Aignan. A l'hôpital de Blois, je voyais la plus affreuse misère mêlée à la plus grande indifférence, tandis que, dans celui que je venais de quitter, régnait l'amour de la charité dans une auréole de bonheur ineffable.

En sortant de ce lieu de désolation, j'étais entièrement décidé à retourner à Libourne; c'était vers le mois de décembre, et quoique l'hiver commençât à se faire rudement sentir, le cœur rempli de cette sage résolution, je partis de Blois à pied, un soir, battu par la misère et les revers de mon premier *Tour de France*, ayant en perspective au moins cent lieues à parcourir, pour atteindre le but de mon voyage. Vers huit heures du soir, il y avait environ quatre heures que je cheminais, côtoyant la Loire, j'entrai dans une auberge, où je me fis servir un modeste souper. Comme j'étais très fatigué, je ne tardai pas à demander un lit pour me reposer.

— Avez-vous des papiers, me demanda l'hôte en me jetant un regard scrutateur ?

— A ma réponse affirmative, il me demanda mon passeport.

— Ah! ah! s'écria-t-il en le parcourant, vous êtes ouvrier boulanger ?

— Oui, monsieur.

— Vous devez avoir un livret alors ?

— Oui, monsieur, mais pourquoi ces interrogations, dis-je assez mécontent ?

— Parce que, s'écria l'aubergiste, votre passeport n'est plus valable, ayant quinze mois de date, et parce que, mon petit garçon, je tiens à ne loger que d'honnêtes gens.

— En ce cas, monsieur, voici mon livret.

— Il le prit avec assez d'indifférence, et après l'avoir feuilleté un instant en silence, il se prit à dire en fronçant ses épais sourcils grisonnants : Je suis bien fâché, mais il m'est de toute impossibilité de vous loger.

— Pourquoi cela, demandai-je assez étonné ?

— Parce que votre livret n'est pas plus en règle que votre passeport. Qu'avez-vous fait, continua-t-il avec une rudesse qui m'inquiétait, depuis trois mois que vous avez quitté Tours ?

— Mon Dieu, monsieur, les malheurs que j'ai éprouvés sont cause que j'ai passé presque tout ce temps-là à l'hôpital.

— Silence, fit-il avec humeur, il ne faut pas m'en conter, car, aussi bien que vous, je connais toutes les allures du *Tour de France*.

— Mais, monsieur.....

— Connu, connu, dit l'aubergiste en m'interrompant, vous vous êtes battu avec des ouvriers d'un compagnonnage différent au vôtre; la police est à votre poursuite et vous cherchez à vous soustraire à sa rigueur, voilà le fait; mais malheureusement vous êtes mal tombé ici, la preuve, c'est que je vous fais mon prisonnier; le brigadier de gendarmerie qui est ici, à deux pas, se chargera du reste.

— Mais, monsieur, je vous jure....

— Pas d'observations, jeune homme, dit-il en m'interrompant de nouveau. Il faut pourtant que vous sachiez que si je n'ai aucun égard pour votre position, que je crois très équivoque, c'est que, voyez-vous, je n'ai jamais aimé les Boulangers, et je les aime encore moins depuis qu'ils furent cause d'une condamnation à deux années de prison, que j'ai subie à la suite d'une affaire qui se passa à Marseille, en 1825.

— Je le regardai avec étonnement.

— Vous me regardez, dit-il en grimaçant un vilain sourire. Ah! c'est que, voyez-vous, je n'ai pas toujours été aubergiste; j'ai voyagé neuf années dans l'honorable profession de *Charpentier de haute futaie* sous le nom de *Bourguignon le Résolu*, Compagnon Passant; il y a douze ans que je n'exerce plus, mais la haine que j'ai vouée à votre caste ne s'éteindra que lorsque j'aurai cessé de vivre. Cet homme prononça ces dernières paroles en grinçant les dents comme un *vieux singe* en colère. Je me reculai avec effroi, dans la crainte que ce fanatique ne me fît un mauvais parti. Certes, en ce moment, je n'étais pas disposé à faire le pugilat avec un athlète aussi redoutable que *Bourguignon le Résolu*; il paraissait n'avoir qu'une quarantaine d'années, mais il n'avait rien perdu de sa première vigueur, et encore moins de ses vieilles rancunes du Tour de France.

— Qui me prouve, s'écriait ce fanatique avec colère et en se parlant à lui-même, qui me prouve que ce drôle ne vient pas de se battre avec les *Bons Drilles*.

— Oh! si j'en étais sûr, voyez-vous, me disait-il dans ses transports haineux, en me caressant le menton avec son énorme poing, je vous exterminerais à l'instant même.

— Je vous jure, monsieur, que vous êtes dans l'erreur la plus complète sur mon compte; car je suis encore malade. Voyez plutôt ma figure.

Ah! brigand; ah! misérable; tu t'obstines encore à nier; alors, nous allons voir. Au même instant il me prit au collet pour me terrasser. Fort heureusement pour moi que son épouse arriva assez tôt pour me sortir de ses mains. Cette généreuse femme parvint, à force de caresses, à calmer la fureur de ce fou, et l'affaire n'eut pas de suites fâcheuses. Le lendemain soir, j'arrivai à Tours.

— Comme vous êtes pâle et maigre, me dit la *Mère Jacob* en m'embrassant avec tendresse! Que vous est-il donc arrivé, mon fils?

— Hélas! *La Mère*, de très-grands malheurs, lui répondis-je, et je lui racontai tout ce qui m'était arrivé de fâcheux depuis que j'avais quitté la Touraine.

— Pauvre enfant, vous avez grand besoin de revoir le clocher du village!

— Oui, bonne *Mère*, jamais je n'en eus si grand besoin.

— Vos parents vont être bien contents de vous revoir; je vous engage à ne plus les quitter pour aller chercher au loin un bonheur que l'on trouve rarement. Vous venez d'éprouver là des revers, qui, je le crois, vous serviront de leçon pour l'avenir.

— C'est vrai, bonne *Mère*, je n'ai pas eu de bonheur; aussi est-ce fini. Je ne quitterai plus le foyer domestique, une fois que j'y serai arrivé.

— Ne promettez rien, mon cher enfant, vous êtes

encore jeune, et si, comme je le crois, l'envie vous reprend de voyager, persévérez dans les bonnes pensées que vous avez manifestées le jour où je vous ai vu pour la première fois.

— Vous serez mon ange tutélaire, bonne *Mère*; c'est près de vous que je viendrai commencer à prêcher la réforme.

— Commencez d'abord par vous rétablir, mon fils, et ensuite vous ferez toutes vos réflexions à ce sujet; en attendant, je vous invite à dîner avec moi et ma petite famille, et demain, si vous êtes dispos, vous vous mettrez en route; car il me tarde que vous soyiez sous l'égide protectrice de vos parents. Ce fut une marque d'une bien grande estime que me donna la *Mère Jacob* en m'invitant à m'asseoir à sa table; car les *Flâneurs* mangeaient ordinairement à une table particulière, et cela à cause de ses enfants.

CHAPITRE VI.

Nous étions dans le mois de novembre 1837, l'hiver commençait à faire craindre aux malheureux pères de famille ses rigoureuses exigences; le soleil éclairait l'autre hémisphère, lorsque je quittai l'hôtel de la Serpe. Il pouvait être six heures du matin, par un brouillard très épais qui n'aurait pas tardé à me faire sentir sa froide et insupportable humidité, si je n'eusse rencontré, fort à propos, la voiture de Poitiers qui sortait de son bureau, situé alors rue Chaude, à l'hôtel du Cygne. Parbleu voilà bien mon affaire, m'écriai-je avec joie. Hôlà! eh! conducteur, avez-vous une place?

— Oui, monsieur, dit-il en faisant arrêter ses chevaux. Alors il descendit de son siége, ouvrit la portière de l'intérieur, et j'allai tenir compagnie à un seul et unique voyageur, que je reconnus, au frôlement de sa robe, pour appartenir à l'ange et au démon. C'était une femme! — Etait-elle jeune ou vieille; jolie ou laide? c'est ce que je ne pus savoir à cause de l'obscurité. J'étais intrigué. Enfin, après quelques instants de silence, je hasardai la conversation d'usage sur la rigueur du temps.

— Quel temps froid et humide, dis-je en battant la semelle.

— C'est en effet un bien vilain temps, répondit mon inconnue.

— Madame fait route pour Poitiers, lui demandai-je?

— Oui, monsieur.

— En ce cas, madame, j'aurai le plaisir de passer une partie de la journée avec vous; car je vais à Poitiers moi aussi, et il sera tard quand nous arriverons.

— J'ai prévu la longueur du voyage, dit mon inconnue en me montrant un cabas rempli de provisions.

— Ah! ah! des vivres de campagne.

— C'est une précaution, dit-elle en souriant, que je n'oublie jamais en voyage.

Au son de cette voix un peu rauque, et à ces manières libres, je fus bientôt convaincu que le hasard venait de me faire tomber dans les bras d'une Lorette, qui eut le talent de me faire manger la plus grande partie de la faible somme que j'avais pour faire ma route. Quand je partis de Poitiers, j'avais encore soixante quinze centimes en poche ; c'est ce qui m'obligea à prendre la route de Niort plutôt que celle d'Angoulême, comme étant celle qui m'offrait le plus de ressources. A la tombée de la nuit, j'entrai dans une auberge, mourant de faim et accablé de fatigue. Pouvez-vous me loger, demandai-je en entrant à une jeune femme qui était venue m'ouvrir la porte.

— Oui, monsieur, dit-elle, donnez-vous la peine d'entrer au salon.

Je m'approchai du foyer, et quand je fus un peu dégourdi, je me levai et je demandai un lit.

— Monsieur ne veut donc pas souper, me dit l'hôtesse ?

— Non, madame, je suis trop fatigué pour cela ; je déjeûnerai mieux demain. Quel gros mensonge je venais de faire là ! mais, comme c'était par ma très grande faute que j'étais dans le besoin en ce moment, je me résignai à supporter avec courage toutes les conséquences de ma fâcheuse position. — L'on n'est pas toujours sage à vingt ans. — La dent creuse, je me dirigeai donc piteusement vers le dortoir, en songeant à ce que j'allais devenir le lendemain. Quand je fus couché, la mansarde où je me trouvais me rappelait les couplets de *Béranger* dans lesquels l'illustre chansonnier fait l'éloge d'un grenier à vingt ans ! Comme le vieux barde n'avait pas fait son Tour de France, il n'avait sans doute pas pensé que cette émigration sublime a aussi son revers de médaille ; j'en étais une preuve irrécusable en ce moment ; couché dans un mauvais réduit, mourant de faim et de froid... Le lendemain matin, en me levant, je courus allumer ma pipe au feu pétillant de l'âtre, et, un peu honteux, je demandai à mon hôtesse combien je lui devais.

— Eh quoi ! dit-elle, est-ce que vous voulez partir d'ici sans déjeûner ? moi qui me suis levée exprès pour vous le préparer.

Je suis bien fâché, madame, lui répondis-je, que vous vous soyez donné tant de peine; mais j'ai changé d'idée; je trouve qu'il est de trop bonne heure pour déjeûner.

— En ce cas, monsieur, répliqua-t-elle avec mécontement, vous n'ignorez pas quel est le prix d'un coucher, quand on ne fait aucune autre dépense dans l'hôtellerie.

— Tenez, dis-je en vidant le fond de ma bourse, voilà cinquante centimes, c'est tout ce que je possède; êtes-vous satisfaite?

— Non, il me faut un franc.

— Madame, il m'est impossible de vous donner davantage, à moins que vous ne vouliez vous arranger de deux chemises presque neuves, que j'ai dans mon petit paquet. Voulez-vous les voir?

— Allez-vous en au diable, vous et vos guenilles, dit-elle, en me montrant la porte d'un signe impérieux; quand on n'a pas le sou, on ne se présente pas dans une hôtellerie pour y faire des dépenses.

A ces mots, qu'elle prononça avec énergie, je partis comme une flèche et je fus bientôt loin du village. Vers huit heures, j'entrai chez de bons et généreux paysans, qui me firent copieusement déjeûner; j'en avais besoin!

En arrivant à Niort, je courus chez un fripier pour vendre mes chemises.

— Combien en voulez-vous, me demanda une jeune personne à qui je m'adressai, après qu'elle les eût un instant examinées.

— Vous en connaissez le prix mieux que moi, lui dis-je, voyez, elles sont toutes neuves.

— Vous appelez cela presque neuf, quand il y a peut-être dix ans que vous ou d'autres les portez. Voyons, quel est votre dernier prix?

— Je vous assure, madame, que je ne connais pas la

valeur du linge, car c'est la première fois que la misère me force à avoir recours à un pareil expédient ; seulement je sais qu'elles sont neuves, et qu'elles sont en belle toile, ce qui, je crois, (puisque vous voulez que j'établisse un prix) doit valoir au moins cinq francs.

— C'est beaucoup trop cher ; je vous en donne trois ; c'est mon dernier mot.

Je lui abandonnai à ce prix, et je disparus avec mon trésor ; bien persuadé que pour faire le métier de fripier il fallait être sans entrailles, et avoir le cœur aussi dur qu'un *Roc*. La joie que j'éprouvai ensuite fut si vive, qu'elle n'eût pas de bornes ; j'oubliai un instant la misère que je venais d'éprouver, et ne songeai qu'à bien me restaurer. Après avoir passé une fort bonne nuit à Niort, je me levai au jour, et je me mis en route pour Rochefort où j'étais sûr de trouver les secours nécessaires pour me rendre à Libourne. J'avais encore treize lieues à parcourir ; mais le courage ne me manquait pas. Vers onze heures, j'arrivai au petit village de Mauzé ; le nom de cette petite localité me fit souvenir d'un nommé M....., dit *Poitevin sans Gêne*, fils d'une famille aisée de cet endroit, que j'avais particulièrement connu à Rochefort. Je demandai de ses nouvelles à un habitant patenté chez lequel j'étais entré pour me rafraîchir.

— C'est du Compagnon Boulanger que vous voulez parler, me demanda le Mauzetais.

— Oui, monsieur, de lui-même, serait-il établi ?

— Non certes, il n'y pense même pas.

— Savez-vous s'il est chez ses parents en ce moment ?

— Oui, je crois l'avoir aperçu hier, du reste, vous pouvez vous en informer en allant chez son père, qui demeure au bout de la grand'rue, la deuxième auberge à droite.

Je remerciai cet honnête homme des bons renseignements qu'il m'avait donnés, et je suivis la route indiquée. En arrivant devant la maison de monsieur M..., le cœur me battit avec violence. Enfin je me décidai à ouvrir la porte. Une joie indicible me fit jeter un cri ; *Poitevin sans Gêne* fut la première personne qui se présenta devant mes yeux ; il me reconnut et nous volâmes dans les bras l'un de l'autre.

— Ce cher *Libourne !* Que je suis content de te revoir, s'écria-t-il ; mais tu as l'air gêné ; voyons pas de cérémonies ; tu as ici un frère, et tu peux te considérer comme chez toi.

— Je te reconnais bien là, mon cher *Sans Gêne*, toujours excellent camarade.

— Trêve de compliments, mon ami, et approche-toi du feu ; et pendant que tu te réchaufferas, ma sœur va nous préparer à déjeuner. Tu dois avoir faim ?

— Je mentirais, si je soutenais le contraire.

— Sais-tu, me dit *Sans Gêne*, après m'avoir attentivement observé, que tu ne parais pas avoir fait de bonnes affaires sur le Tour de France ; je te compare à moi lorsque je revins de Lyon, en 1835. N'est-ce pas, Marinette, dit-il en s'adressant à une belle jeune fille de dix-huit ans (c'était sa sœur), n'est-ce pas que je me suis présenté dans un joli accoutrement ?

— Tu as ma foi bien raison de parler de ça, répondit-elle. Et, comme *Sans Gêne* lui débitait d'autres plaisanteries, elle dit en souriant : Monsieur ne vous amusez pas à écouter mon frère, car c'est le plus insupportable bavard qu'il soit possible de voir ; du reste vous devez le connaître.

— Beaucoup.

— Comment trouves-tu ma sœur, continua *Sans Gêne*, n'est-ce pas, *Libourne*, qu'elle est jolie ; et, si tu veux t'établir en arrivant dans ton pays, demande-la en mariage à mon père, c'est un très-bon parti et tu seras deux fois mon frère.

Le déjeûner que la charmante et gracieuse Marinette

venait de nous servir mit fin à tous ces lazzis ; il était très-copieux, et fut largement arrosé du meilleur vin de la cave de mon amphitryon. Vers deux heures, je sortis de table pour continuer mon voyage. *Poitevin-Sans-Gêne* vint m'accompagner jusqu'à l'extrémité du village. En chemin, il m'apprit qu'à Surgères, petite ville qui se trouvait sur mon passage, il y avait deux Compagnons qui travaillaient : l'un se nommait *Berry-La-Tranquillité*, et l'autre *Poitevin-L'amitié* (Sauve) ; il m'engagea à les voir en passant, et m'affirma qu'ils me recevraient avec beaucoup de plaisir.

— Tu dois connaître *Berry-le-Tranquille*, comme nous l'appelons à cause de ses mœurs pacifiques, me dit *Sans-Gêne*.

— Oui, je l'ai connu à Bordeaux.

— Tiens, voici son adresse ; il travaille chez monsieur Nourry, près des halles. Après ces renseignements, qui devaient m'être d'une grande ressource, *Sans-Gêne* me fit ses adieux, nous échangeâmes une cordiale poignée de main, et, après l'accolade fraternelle, nous nous séparâmes.

En arrivant à Surgères, *La Tranquillité* me reçut avec les marques de la plus franche amitié.

D'où sors-tu comme cela, mon cher *Libourne*, me dit ce bon Compagnon, après les premiers transports de joie causée par le plaisir de nous revoir.

— De Blois, lui répondis-je.

— Je te croyais à Paris?

— J'aurais bien voulu pousser jusque-là ; mais des revers m'en ont empêché, et, tel que tu me vois, j'arrive ce soir à Surgères sans un *Patard* en poche, et, par conséquent, à la veille de me coucher sans souper et de coucher à la belle étoile si tu ne viens à mon secours.

— Par Dieu! mon ami, je suis fort aise de te prouver que, lorsque tu me régalais à Bordeaux, tu ne le faisais pas à un ingrat. Te souviens-tu de ton départ de Libourne ? Te souviens-tu avec quel plaisir tu quittas ton pays, ta famille, pour embrasser notre société? Tu étais riche, alors ; que veux-tu, cher frère, le bon temps ne peut pas toujours durer ; mais laissons là le passé et vivons avec le présent. Je veux te prouver que je n'ai pas oublié que la plus belle vertu d'un Compagnon du *Tour de France* est de faire le plus de bien possible. Je ne vois pas d'argent mieux employé que celui qui sert à soulager des frères dans le besoin ! Viens, continua-t-il, je vais te conduire dans une auberge où rien ne te manquera. Je le suivis et, après m'avoir particulièrement recommandé à l'hôtesse chez laquelle il me conduisit, il s'en retourna à sa besogne, après m'avoir promis de revenir le soir me tenir compagnie avec *Poitevin l'Amitié*.

Je me mis à table, la joie au cœur; que je suis heureux ! disais-je à part moi, d'avoir rencontré des amis qui me secourent dans le besoin ! Sans eux que serais-je devenu ? — Dites donc après que les sociétés de secours mutuels ne sont pas de belles et bonnes institutions ! — Dites aussi que le Compagnonnage n'a pas quelques bonnes maximes ! — Si jamais quelques ouvriers, *penseurs*, parviennent à réformer les abus qu'il renferme, ce sera la plus magnifique des associations de la classe des travailleurs. — Mais patience !..... Et, dans le transport de ma reconnaissance, j'emplis mon verre de l'excellent liquide qu'on m'avait servi, et, l'élevant à la hauteur du front, je portai un toast et je bus à la santé de *Poitevin-Sans-Gêne*, de *Berry-La-Tranquillité* et de tous les Compagnons du Tour de France.

Le lendemain, j'arrivai à Rochefort ; les Compagnons avaient changé de *Mère :* je fis mon entrée chez la nouvelle hôtesse, où j'eus le chagrin de ne reconnaître aucun visage ami, de mon passage précédent;

tous ces émigrés prolétaires s'étaient éparpillés sur différents points du Tour de France. Le soir de mon arrivée, j'eus une petite querelle avec le *Rouleur*, qui voulait me faire partir le lendemain ; je ne pus jamais lui faire comprendre que mes parents devaient m'envoyer quelque argent, et qu'il fallait que je restasse à Rochefort en attendant la somme qui devait servir à payer mes dépenses et à faciliter mon retour à Libourne. Comme je me disposais à sortir pour aller chez l'ancienne *Mère*, où j'espérais être mieux reçu, je me trouvai nez-à-nez avec un vieil ami, *Poitevin-Le-Bon-Soutien* (Marquet), qui, après m'avoir examiné un instant, s'écria : « Tiens ! tiens ! c'est ce cher *Libourne*; comment va la santé, mon cher camarade ? »

— Pas très-bien, mon cher, lui répondis-je en lui pressant la main avec ce sentiment de la fraternité qui part du cœur en droite ligne.

— Qu'avais-tu donc à te disputer, au moment où je suis entré ici, reprit *Le Bon-Soutien*?

— Je lui racontai alors ce qui venait de se passer entre le *Rouleur* et moi.

— Comment, *Blois-Bien-Estimé*, dit *Le Bon-Soutien* en se tournant vers le *Rouleur*, est-ce ainsi que tu insultes au malheur d'un frère? Tu ne sais donc pas que *Libourne-Le-Décidé* sort de l'hôpital par suite des coups et blessures qu'il a reçus dans sa déplorable affaire d'Azai-le-Rideau ? Tu dois savoir cela, cette affaire a fait assez de bruit sur le Tour de France, il me semble ?

Blois-Bien-Estimé ne répondit pas.

— Tu es un ingrat, continua *Le Bon-Soutien*, ce n'est pas ainsi qu'un Compagnon doit se comporter ; rappelle-toi le couplet de cette belle chanson que tu chantais l'autre soir, et que tu sembles avoir oublié aujourd'hui ; la maxime en est admirable, la voici :

Si tu voyais un de tes frères,
Abattu, triste et languissant,
Soulage-le dans sa misère,
Tu seras parfait devoirant.

Comme *Le Bon-Soutien* était un des plus anciens et des plus estimés Compagnons de Rochefort, le *Rouleur* confus ne sût que répondre à cet argument sans réplique.

— Combien vous doit l'arrivant, poursuivit *Le Bon-Soutien*, en s'adressant à la *Mère*?

— Deux francs, répondit celle-ci.

— Tenez, payez-vous, fit-il en jetant une pièce de cinq francs sur la table. Quant à toi, mon cher *Libourne*, me dit-il, si, d'ici huit jours, tu ne reçois pas l'argent que tu attends de tes parents, j'ai encore une cinquantaine de francs dans le coin de ma malle : ils sont à ton service ; tu pourras ainsi continuer ton voyage sans implorer les secours trop tardifs de ceux qui se jouent de l'infortune. En attendant tu peux vivre ici ; c'est moi qui réponds de tes dépenses. Vous entendez, la *Mère* !

— Oui, *Pays Bon-Soutien*, dit celle ci.

— Je me confondis en remerciements, car cette nouvelle preuve d'amitié me faisait un plaisir sensible.

— Souviens toi, mon cher ami, me dit *Bon-Soutien*, que nul ne peut apprécier le bien et le mal, s'il n'a pas eu sa part des vicissitudes humaines. Ce premier voyage te servira de leçon pour l'avenir, désormais tu jugeras mieux les hommes et les choses ; rappelle-toi bien ces paroles d'un ami, plus tard, en les appréciant, tu verras que ce que je te dis aujourd'hui est la vérité.

— Je n'en doute pas, mon ami ; c'est ce que me

disait dernièrement la *Mère-Jacob* dont j'apprécie fort les bonnes qualités.

— Elle a dû te donner de bons conseils, cette bonne Mère !

— Oui, *Bon-Soutien*, je ferai tout mon possible pour les suivre religieusement.

Une heure après, nous étions tous deux fraternellement assis dans un cabinet particulier d'un hôtel de Rochefort.

Voyons, *Libourne*, parle-moi avec franchise, me disait *Poitevin le Bon Soutien* en découpant une fine volaille Angoumoise qui embaumait la salle; dis-moi si, lorsque tu seras rétabli et que ta malle sera proportionnellement en bon état, dis-moi si le désir de revoir le Tour de France ne te reprendra pas ?

— Non, je ne le pense pas, lui répondis-je, j'ai eu une trop mauvaise chance cette première fois.

— Eh bien ! moi, mon ami, je pense tout le contraire.

— Mais tu vois bien que cela ne se peut pas après tous les malheurs que j'ai éprouvés; et, en supposant que l'envie de voyager me reprenne, ce qui n'est pas impossible, je préfère me faire soldat que de rester Compagnon; l'on est moins sujet à se faire tuer, et si cela arrive ce n'est qu'avec honneur et en défendant son pays. Alors on meurt en brave; au lieu qu'en faisant le Tour de France, on meurt souvent lâchement assassiné par son Compagnon d'enfance, par son frère quelquefois, parce que l'un ou l'autre porte tel ou tel insigne; comme si les prolétaires, par cela seul qu'ils sont opprimés et exploités, n'étaient pas assez malheureux par leur position sociale sans chercher à aggraver leurs maux par des contradictions ridicules.

— C'est vrai, répondit *le Bon Soutien*, le Tour de France est jonché d'épines et de ronces; mais, en vérité, je te le dis, l'instruction propagée au XIXe siècle, détruira tous les mauvais germes qui, jusqu'à ce jour, altèrent la sève si belle de la fraternité. Oui, *Libourne*, continua ce véritable ami, les sociétés seront toutes réformées en totalité ou en partie ; et le Tour de France, régénéré par ses enfants, deviendra le centre des réunions intimes de tous les ouvriers, qui annuellement quittent le toit paternel pour s'instruire en visitant leur pays.

— Tu crois à tout cela, toi aussi, mon cher frère, m'écriai-je avec enthousiasme !

— Oui, ami, j'y crois, comme je crois en Dieu ; je crois en un mot à toutes les félicités de la terre comme à celles du ciel ; je crois, enfin, au progrès et à toutes les beautés qui suivent sa marche à travers les peuples.

— Tu parles comme un nouveau Jean-Jacques !

— Je parle le langage de l'intelligence, mon cher ami. Ah ! s'il n'y avait pas tant d'ignorance parmi nous, continua-t-il, comme tout cela changerait ; mais patience ; nous marchons toujours un peu, et progressivement nous sortons de ce ténébreux labyrinthe, et, comme dit le proverbe : *Tout arrive à temps à qui sait attendre.*

Nos idées sont en parfaite communion, mon cher *Bon Soutien* ; et si jamais il me prend envie de recommencer le Tour de France, je me dévouerai à cette sainte cause ; je me ferai missionnaire, et je jure que toute ma vie sera employée à prêcher la concorde à mes frères égarés.

— Je t'en crois digne, mon ami, tu as de la conviction et le cœur enthousiaste ; c'est ce qu'il faut pour persuader.

Deux jours après ce fraternel entretien, je pris congé de *Poitevin-Bon-Soutien* pour me rendre à Libourne.

CHAPITRE VII.

J'arrivai au foyer domestique le 17 janvier 1837, après une absence de seize mois ; la santé un peu altérée et l'esprit rempli de tout ce qui m'était arrivé de fâcheux pendant cette longue émigration. Les premiers mois de mon séjour à Libourne se passèrent dans la plus complète tranquillité ; les soins, la bonne nourriture et l'air du pays natal, contribuèrent beaucoup à mon prompt rétablissement. Dès que mes facultés physiques furent rétablies, mon moral, qui s'était sensiblement affecté de toutes ces souffrances, reprit sa force naturelle ; alors le désir des voyages, qui m'avait été prédit, se réveilla en moi, et bientôt le Tour de France fut le but de toutes mes pensées. Cet amour de l'émigration devint même si vif, qu'il me fut impossible de résister au bonheur de revoir mes anciens camarades. Des sentiments d'amour fraternel, qui germaient en moi depuis quelque temps, surgirent tout-à-coup de mon imagination, de sorte que l'avenir m'apparaissait comme un Eden que nous pouvions posséder en nous tendant la main et en nous unissant tous, régis par de sages et communes lois. Une chose très-importante manquait à mes projets de voyage, et pour me frayer un chemin à travers le fanatisme du Compagnonnage.
— C'était des chansons ! De tous temps, sur le Tour

de France, il y a eu des ouvriers poètes, fort révérés dans toutes les corporations ; soit qu'ils chantassent l'amour, ce qui était très-rare à cette époque ; soit qu'ils chantassent la haine et la discorde, seule cause de toutes nos dissensions. A l'époque dont je parle, la classe des travailleurs possédait quelques artisans plus avancés et quelques lettrés érudits qui nous faisaient le plus grand honneur. Aujourd'hui les Chamoiseurs comptent d'excellents Chansonniers, dont le plus remarquable est *Vendôme La Clef des Cœurs* ; les Menuisiers ont *Avignonnais La Vertu* et *Nantais prêt à bien faire* ; les Tailleurs de pierre ont *La Sagesse Bordelais* et *Joli-Cœur de Salerne* ; les Bottiers ont *Parisien le Bien-Aimé* et *Toulonnais le Génie* ; les Tisserands ont *Bien Décidé le Briard* ; les Tonneliers ont *Nivernais Noble Cœur* ; les Tisseurs Ferrandiniers ont *Dauphiné la Clef des Cœurs* ; les Boulangers ont *Rochelais l'Enfant-Chéri* (Journolleau) et *Chalonnais le Génie* (Pernin fils). Une infinité d'autres Chansonniers populaires, dont la liste serait trop longue, ont illustré le Tour de France, et leurs noms retentissent encore au sein de nos réunions intimes. La plupart de ces Bardes modernes, que je venais de consulter dans mon premier voyage et dont j'avais parfaitement goûté les fraternelles inspirations, me donnèrent l'idée de devenir poète. — Quoique sans instruction, mes dispositions naturelles vers les choses élevées me révélèrent les beautés cachées à mon intelligence encore au berceau ; et, nourrisson des Muses, je me relevai de mon premier échec du Tour de France, sinon poète, du moins chansonnier réformateur et apôtre de la vérité.

J'avais compris quels étaient les vices dominants les sociétés compagnonniques, je savais qu'on ne pouvait arriver à une fusion radicale dans ces sortes de congrégations, qu'en faisant de grandes réformes ; mais j'étais aussi bien persuadé que nul ne pouvait arriver à une révision complète, s'il ne s'emparait d'abord de l'estime générale des diverses corporations. Reparaître sur le Tour de France comme réformateur, sapant à grands coups d'arguments régénérateurs les vieilles et caduques institutions de cette classe ignorante, eût été alors un très-mauvais procédé, une chose impraticable. En agissant ainsi, je me serais fait de nombreux ennemis, et je serais mort assassiné, martyr de la liberté, sous le poignard d'un frère fanatique, avant d'avoir été compris. Je fus donc obligé, pour arriver au but que je me proposais, de me renfermer dans une savante politique vis-à-vis de mes camarades; et, par ce moyen, je pus dire de grandes vérités. Je chantais la réforme, tout en me faisant estimer de tous les Compagnons du Tour de France.

MES PREMIÈRES CHANSONS.

Couplets dédiés à la Mère Jacob le jour de sa fête.

Air connu.

Voici le jour de votre fête ! (1)
Quel doux plaisir enivrant !
Que chacun de nous vous la souhaite,
Le cœur joyeux, le cœur content.
Vers vous l'amitié nous ramène,
Et toujours, tendres sentiments,
Bonne *Mère* (2) de la Touraine,
Accueillez l'hommage de vos enfants !

Guidés par la reconnaissance,
Ayant pour mentor l'amitié,
Pour vous prouver notre constance,
A vous ce jour est consacré.

---

(1) Anniversaire de la Saint-Jean.
(2) Nom que les ouvriers donnent aux hôtesses chez lesquelles siégent les diverses sociétés.

Que votre très-sainte patronne
Accueille toujours tendrement
Le baiser que chacun vous donne.
Quel jour heureux ! quel beau jour enivrant !

Mère Jacob (1), mère chérie,
Vingt ans, notre société
Fit le charme de votre vie,
Au sein de la fraternité.
Aussi, répétons-nous sans peine,
Dans chaque ville, en voyageant,
Que la *Mère de la Touraine*,
Pour ses enfants, vécut bien tendrement !

Enfin, si le temps me ramène
Dans ma patrie, quelques jours,
Bonne *Mère de la Touraine*,
A vous je penserai toujours.
Pour embellir mon existence,
Si Dieu m'envoyait des enfants;
Sur notre riant Tour de France,
Comme leur père ils seraient *Devoirants* !

L'auteur de cette chansonnette,
Mes amis, nous laissa son nom :
De l'atelier il fut poète;
Boulanger de profession;
De lui garder sa souvenance,
Il prêta serment sur sa foi.
Le *Décidé du Tour de France*,
Des compagnons, suivit toujours la loi !

(1) La plus digne de ce nom, que j'aie connue dans mes voyages.

Mes Adieux à la Touraine.

Air : de Giroflée au printemps.

Mes chers amis, en quittant la Touraine,
Vous le voyez, je suis triste et rêveur ;
Je ne dois pas dissimuler la peine,
En ce moment, qui fait battre mon cœur :
C'est de quitter des amis et des frères,
Pour ne jamais peut-être les revoir ;
J'aurai voulu passer ma vie entière
Entre vos bras et notre beau *Devoir*.
    Adieu Tours, pour longtemps !
    Adieu *Mère* chérie !
    Soyez, toute la vie,
    Fidèle aux *Devoirants !*

Mère Jacob marchez en confiance,
Sous l'étendard des joyeux *Devoirants ;*
Depuis vingt-ans, sur le beau Tour de France,
Votre bonté ranime vos enfants.
Peut-être, un jour, au divin Elysée,
L'Etre Suprême nous réunira ;
Nous reverrons notre *Mère* adorée,
Et sur son sein, elle nous pressera.
    Adieu Tours, pour longtemps !
    Adieu *Mère* chérie !
    Soyez, toute la vie,
    Fidèle aux *Devoirants !*

En terminant le riant Tour de France ;
Par vos baisers, vos fils sont inspirés ;

Et chacun part dans la douce espérance,
De vous revoir au temple du progrès.
En visitant notre belle patrie,
Si le destin ne peut nous réunir,
Nous porterons au cœur, toute la vie,
De vos bontés l'éternel souvenir.
    Adieu Tours, pour longtemps!
    Adieu *Mère* chérie!
    Soyez, toute la vie,
    Fidèle aux *Devoirants!*

Quand, de retour au sein de ma famille,
N'espérant plus, de la Société,
Entretenir cette flamme qui brille,
Et qui réchauffe la fraternité;
A mes enfants, du riant Tour de France,
Je dépeindrai l'admirable splendeur;
De leur vieux père, ils suivront, je le pense,
Les bons conseils, prélude de bonheur.
    Adieu Tours, pour longtemps!
    Adieu *Mère* chérie!
    Soyez, toute la vie,
    Fidèle aux *Devoirants!*

Frères, l'auteur de cette chansonnette,
Enfant du peuple et de l'humble atelier,
Ose espérer, félicité parfaite!
Dans l'avenir, bonheur pour l'ouvrier.
Adieu, je pars finir mon Tour de France;
Mais en partant, je suis persuadé
De vous revoir; c'est la douce espérance,
De votre ami *Libourne-Décidé!*
    Adieu Tours, pour longtemps!
    Adieu *Mère* chérie!
    Soyez, toute la vie,
    Fidèle aux *Devoirants!*

Souvenirs d'un Compagnon.

Air : t'en souviens-tu.

Un Compagnon, courbé par la vieillesse,
Les yeux en pleurs, admirait ses couleurs ;
Il leur disait : avec quelle allégresse,
Je vous portais, aux jours de vos splendeurs !
Il m'en souvient, sur le beau Tour de France,
Pendant dix ans, je vous ai fait flotter.
Des oppresseurs, bravant la suffisance,
Avec orgueil, j'aimais à vous porter !

Et contemplant sa canne glorieuse ;
Viens, lui dit-il, mon soutien d'autrefois ;
Je suis courbé, ta taille gracieuse,
En ce beau jour, rappelle mes exploits.
Il m'en souvient ; c'était à La Rochelle,
Dans un combat, j'étais encore enfant,
Je m'élançai, dans l'ardeur de mon zèle,
Et du danger, je sortis triomphant !

Quels sont ces coups, d'éternelle mémoire ?
J'en reconnais de la *fondation* ; (1)
Rappelle-t-en, sur les bords de la Loire,
Portant le sac du jeune Compagnon ;
Après avoir protégé ma jeunesse,
Avec orgueil, aux jours de mon printemps,

---

(1) Les Boulangers nomment ainsi la ville de Blois depuis 1810, époque où, dans son antique enceinte, ils reçurent des Doleurs les instructions du Compagnonnage, qu'on leur dispute encore aujourd'hui.

Je te disais, plus tard, dans ma vieillesse,
Tu serviras d'appui à mes vieux ans !

Te souviens-tu du jour de Magdeleine ?
A Sainte-Baûme (1), avec dévotion,
Nous fûmes voir la grotte souterraine,
Lieux consacrés, si chers au Compagnon !
En traversant ces déserts solitaires,
Où m'attendait la mort à chaque instant,
Au créateur, j'adressais des prières,
Et, avec toi, je marchais hardiment !

Puis, évoquant les mânes de son père,
Le bon vieillard déploya ses couleurs ;
En s'appuyant sur sa canne si chère,
Il répétait au milieu des douleurs :
Je sens, grand Dieu ! qu'il faut que je succombe
Avec regret, moi, pauvre Devoirant.
Oh ! par pitié, descendez dans ma tombe,
Comblez mes vœux et je mourrai content !

D'un vieil ami, dont j'ai clos la paupière,
Je chante ici les douloureux instants.
En souvenir des vertus de ce frère,
A mes couplets, accordez vos accents !
Il fut, pour tous, modèle de sagesse ;
Et du devoir un zélé sectateur.
En souvenir de sa pure vieillesse,
Sur son tombeau, déposons une fleur !

(1) Sainte-Baûme est un lieu de vénération pour toutes les sectes du Compagnonnage indistinctement ; c'est là où, selon la tradition, se sont accomplis les principaux mystères.

Premières Pensées du Tour de France.

Air : en avant, courage !

    Vous, jeunes gens qui voyagez
    Sur notre riant Tour de France ;
    Accourez, venez vous ranger
    Sous les lois de l'indépendance !
Venez cueillir les palmes du bonheur !
Si vous voulez jouir d'une renommée,
Vous consacrant à notre destinée,
Vous porterez, comme nous, sur le cœur,
    Les dons (1) précieux du fondateur.
        Accourez, chers frères !
        Accourez, enfants !
        A nos vœux sincères,
        Mêlez vos accents !

    Pour posséder tous nos mystères,
    Il faut être sage et prudent ;
    Si nos lois vous semblent prospères,
    Parmi nous vous prendrez un rang !
Prenez courage, jeunes ouvriers !
Le fondateur, qui déjà vous contemple,
Va vous bénir, en entrant dans le temple ;
Vos fronts seront ceints d'aimables lauriers,
    Par nous à jamais vénérés.

(1) Ces *dons*, qui causent les dissentions du Tour de France, sont la canne et les couleurs, emblêmes du Compagnonnage.

Accourez, chers frères !
Accourez, enfants !
A nos vœux sincères,
Mêlez vos accents !

Mes chers amis, réfléchissez,
Avant de vous mettre en voyage,
Car vous ne serez initiés,
Qu'avec une conduite sage.
Il vaudrait mieux fuir loin des compagnons,
Que d'embrasser leur devoir, pour l'enfreindre !
Méfiez-vous ; le parjure est à craindre,
Car les remords toujours vous suivront,
Dans les antres du noir Pluton.
Accourez, chers frères !
Accourez, enfants !
A nos vœux sincères,
Mêlez vos accents !

Embellissant le Tour de France,
Par la vertu de la chanson,
De l'auteur gardez souvenance ;
Et qu'en vos cœurs vive son nom !
C'est à Libourne, fille de l'honneur,
Que s'écoula sa primitive enfance ;
A son retour du riant Tour de France,
Ces souvenirs, enivrants de bonheur,
Feront souvent battre son cœur !
Accourez, chers frères !
Accourez, enfants !
A nos vœux sincères,
Mêlez vos accents !

Le bon vieux temps.

Air : Dieu Tout-Puissant, que le monde éclairé.

Ici-bas, chacun chante à sa manière ;
L'un sur l'amour, d'autres sur le bon vin :
Dans ces couplets, je chante le mystère,
Pour éclairer le pauvre genre humain.
Ma lyre en main, pénétrant dans l'histoire,
Je veux, amis, parler du bon vieux temps :
Prêtez l'oreille à mes faibles accents ;
Foulez aux pieds toute factice gloire !
    Que des abus et des vieux préjugés,
    Nos ateliers soient à jamais purgés !

Le Bon Dieu, pour embellir son ouvrage,
En terminant sa belle création,
Fit l'homme, nous dit-on, à son image ;
Et moi je veux prouver ici que non.
On le dit juste, et on le dit bon père :
Et l'on nous voit tous ingrats et méchants.
De l'Eternel, si nous sommes enfants,
Aimons-nous donc, mes amis, en bon frère !
    Que des abus et des vieux préjugés,
    Nos ateliers soient à jamais purgés !

Au temps jadis, et du haut de son trône,
Ne vit-il pas entreprendre en son nom,
Les croisades d'une noble couronne,
Et les noirceurs de l'inquisition,
Puis les abus, que sur toute la terre,
On répandit avec le glaive en main,

Pour imposer à tout le genre humain,
De la terreur, l'implacable misère.
 Que des abus et des vieux préjugés,
 Nos ateliers soient à jamais purgés !

Vous le voyez, je suis de près l'histoire :
Ecoutez bien, vous que j'instruis ici ;
Car dans ces chants j'évoque la mémoire,
Des massacreurs de St-Barthélémy !
Dites pourquoi les ministres du culte,
Qui sont guidés par le Christ Divin,
Ont lapidé les enfants de Calvin,
Ceux de Luther et autre secte occulte ?
 Que des abus, généreux ouvriers,
 Nos ateliers soient à jamais purgés !

Au temps fameux du grand ligueur Joyeuse,
Le bon Henry, pour conserver ses droits,
Dût abjurer sa religion heureuse,
Pour se parer du vieux sceptre des rois !
Près de son char, un peuple ami s'empresse ;
En souriant il dit aux parisiens :
Vous conviendrez, mes chers concitoyens,
Que mon Paris vaut bien une grand'messe !
 Que des abus et des vieux préjugés,
 Nos ateliers soient à jamais purgés !

Maître Jacques (1) propageant ses lumières,
Dans la Provence, au retour de l'Orient,
Aux Némorins (2) qui lui furent fidèles :
Ecoutez-moi, s'écrie-t-il en pleurant,

---

(1) Un des fondateurs du Compagnonnage.
(2) Nom primitif des initiés, au temple de Jérusalem.

Soyez constants à nos belles maximes ;
Puis leur montrant l'équerre et le compas,
De ces deux fers ne vous écartez pas,
Et par vos mœurs restez toujours intimes !
 Que des abus et des vieux préjugés,
 Nos ateliers soient à jamais purgés !

Aux sectateurs de ces belles maximes,
Il dut transmettre son riche savoir ;
Les ouvriers dans ces banquets sublimes,
Avec amour vinrent alors s'asseoir.
Plus tard, l'on vit, sur le beau Tour de France,
Des initiés qui ne connaissaient pas,
Le vrai talent que niveau et compas,
Font acquérir dans les arts et la science.
 Que des abus et des vieux préjugés,
 Nos ateliers soient à jamais purgés !

Amis, l'auteur de cette chansonnette,
Dans ses voyages nous laissa son nom ;
Des compagnons il était l'interprète,
Gai troubadour, en chantant l'union ;
C'est à Libourne, où règne la science,
Que *Décidé*, du ciel reçut le jour.
Dans son pays, heureux à son retour,
Il pensera longtemps au Tour de France !
 Que des abus et des vieux préjugés,
 Nos ateliers soient à jamais purgés !

L'Enfant prodigue.

Air : voilà pourquoi je suis républicain.

Il m'en souvient, quand j'ai quitté mon père,
En repartant pour la troisième fois ;

C'était touchant de voir ma pauvre mère
Entrelacer ses bras autour de moi :
Reste, mon fils, vois ma douleur amère,
Me disait-elle hélas en sanglottant ;
Et fils ingrat, je fuyais sa prière ;
Voilà pourquoi je suis privé d'argent !

Rappelle-t'en, ainsi disait mon père,
Quand tu revins auprès de tes parents,
Quoique abattu, tout couvert de misère,
Tu ravivas encore nos vieux ans ;
Ce fut pour nous un jour de réjouissance !
A tant d'amour tu fus méconnaissant :
Va, fils ingrat, et, sur le Tour de France,
De nous jamais tu n'auras plus d'argent !

N'avons-nous pas aussi payé tes dettes,
Dans plusieurs villes, enfant dénaturé ?
Tu fais du *Tour* (1) tes riants jours de fêtes ;
Par quel démon es-tu donc inspiré ?
Vois maintenant, ingrat, tu nous délaisse,
Sur nos vieux jours nous serons sans enfant !
Nous avons eu pour toi trop de tendresse,
Voilà pourquoi l'on te prive d'argent !

Quand j'ai quitté la maison tutélaire,
J'avais le cœur gros et l'esprit troublé ;
Et, quelquefois, quand je pense à ma mère,
Je songe au bien dont elle m'a comblé.
Mes chers amis, pour le Devoir Suprême,
J'ai méconnu les devoirs d'un enfant ;
Aussi, parfois, je me dis à moi-même,
Voilà pourquoi l'on t'a privé d'argent !

(1) C'est une abréviation de Tour de France.

Si quelque jour, les destins plus prospères,
Me rapprochaient de mon charmant pays,
Sur l'amitié j'ai compté, mes chers frères,
Sans votre avis, je me le suis permis.
Comme *Libourne*, aimez l'indépendance !
Et dans l'amour de la fraternité,
Vivez en paix, toujours dans l'espérance.
Mes vieux amis, au sein de l'unité !

Le Tour de France.

Air : de la Marseillaise.

Entreprenant le Tour de France,
Gais Compagnons qui voyagez,
Partez, partez, dans l'espérance ;
De cueillir de nouveaux lauriers ;
Car c'est au printemps de la vie,
Qu'on voyage le cœur content.
Quel bonheur, pour un *Devoirant*,
De voir sa riante patrie !
Enfants de maître Jacques, au retour du printemps,
Partons, partons,
En voyageant, on acquiert des talents !

Allez visiter la Touraine,
Et ses admirables guérets ;
Et, plus haut, Blois, la souveraine,
Témoin de mes premiers succès.
Enfants, quittez votre village,
Sur le Tour, brille la gaîté ;
Partout, sincère aménité,
Fait les délices du voyage !

Enfants de maître Jacques, au retour du printemps,
   Partons, partons,
En voyageant, on acquiert des talents !

  Des vieux Compagnons d'un autre âge,
  Evitez les combats sanglants :
  Etablissez des lois plus sages,
  Pour les donner à vos enfants;
  Et vous serez couverts de gloire,
   En travaillant à l'atelier,
   Pour le bonheur de l'ouvrier,
   Abreuvé de tant de déboire !
Enfants de maître Jacques, au retour du printemps,
   Partons, partons,
En voyageant, on acquiert des talents !

   Vivez toujours dans l'espérance,
   Vous serez heureux, mes amis;
   Partez, faire le Tour de France,
   C'est là qu'est notre paradis !
   Toute société est belle,
    Pour but ayant : fraternité,
    Amour, justice et charité,
    Et assistance mutuelle !
Enfants de maître Jacques, au retour du printemps,
   Partons, partons,
En voyageant, on acquiert des talents!

Ma Prophétie.

Air : de Nostradamus.

Vieux Compagnons, vous qui faites ma gloire,
Je suis heureux quand je suis parmi vous;

Par mes écrits (1), vous vivrez dans l'histoire ;
Vos petits-fils les verront après nous.
Ils frémiront, en voyant l'anarchie,
Et les discords, fruit de l'iniquité ;
Car eux alors ils passeront leur vie,
Dans le bonheur et la fraternité !

Qu'il sera beau ce jour, où la science,
Réunira dans un banquet joyeux,
Les ouvriers abhorant l'ignorance,
Et l'égoïsme, abus de leurs aïeux !
Le Tour de France alors couvert de roses,
Pour ses enfants dans la félicité,
Sera, je crois, la plus sainte des causes,
Au tribunal de la fraternité !

Un centenaire ayant vu la discorde
De ces vieux temps, alors si reculés,
Avec bonheur, saluera la concorde
Qui règnera parmi les ouvriers.
Asseyez-vous, diront les dignitaires ;
Voyez, doyen, la douce aménité
Qui règne ici ; car nous vivons en frères,
Dans le bonheur et la fraternité !

Le bon vieillard, d'une voix paternelle,
Dans un transport, s'écria, chers enfants,
Je suis ravi, car une ère nouvelle,
Va rajeunir encore mes vieux ans.
Ainsi que vous, j'ai parcouru la France,
Mais je doutais de la félicité
Qui vous unit, au sein de l'abondance,
Dans le bonheur et la fraternité !

(1) Mémoires d'un Compagnon du Tour de France.

Oui, dira-t-il, voici venir l'oracle,
Que, dès longtemps, je voyais s'avancer;
C'est, j'en suis sûr, par ce puissant miracle,
Que le progrès va, soudain, commencer.
Je ne crains plus les Parques inhumaines,
Le cœur content, je mourrai sans regrets,
Car le bonheur a remplacé les haines,
Qui séparaient les pauvres ouvriers !

Faites des vœux, classes de l'industrie,
Pour voir, un jour, briller sur l'horizon,
Les résultats de cette prophétie :
Des corps d'états, la grande jonction !
Libourne veut nous en donner l'exemple,
Vivons, amis, tous dans l'égalité,
Et du Seigneur, accourons dans le temple,
Pour nous jurer : amour, fraternité !

Retour de l'Enfant prodigue.

Air : de Bagnères.

Pour visiter notre belle Patrie,
Bien jeune encore, je quittai mes parents;
Mes chers amis, les beaux jours de ma vie
Se sont passés en songes délirants !
Pendant dix ans, j'ai parcouru la France;
Le cœur content je reviens au pays:
Je vais revoir mes compagnons d'enfance,
Je vais revoir mes plus précieux amis!
     Libourne, Libourne,
Pays où j'ai reçu le jour,
Mon père, ma mère, me voici de retour !

Adieu Fronsac (1), adieu site champêtre ;
Belle Dordogne où j'ai reçu le jour,
Près de tes bords l'Eternel me fit naître,
Je te revois enfin, et pour toujours.
Non désormais, plus de course inutile,
Croyant au loin trouver le vrai bonheur,
Auprès de toi je suis bien plus tranquille,
A ton aspect, je sens battre mon cœur !
    Libourne, Libourne,
  Pays où j'ai reçu le jour,
Mon père, ma mère, me voici de retour !

Loin de tes bords, l'inconstante jeunesse
Me conduisit d'un pas mal assuré ;
Je rejettai loin de moi la sagesse,
Quand l'Eternel vint un jour m'inspirer.
Mon cœur battit d'un repentir sincère ;
J'aurai voulu pouvoir en ce moment,
Comme autrefois, être auprès de mon père,
Lui rendre un fils qu'il aimait tendrement !
    Libourne, Libourne,
  Pays où j'ai reçu le jour,
Mon père, ma mère, me voici de retour !

Trois fois j'ai fui la maison paternelle ;
Dans l'avenir, je voyais tout en beau :
Pour l'étranger j'étais moins infidèle,
En lui portant le fruit de mes travaux.
Quand j'aurais dû consoler une mère,
Que les chagrins ont forcée de vieillir,
Pardonnez-moi, si je fus téméraire,
Entre ses bras mes chagrins vont finir !

(1) Fronsac est une des belles campagnes des environs de Libourne, au bas de laquelle coule la paisible Dordogne.

   Libourne, Libourne,
  Pays où j'ai reçu le jour,
Mon père, ma mère, me voici de retour !

Reçois mes adieux, riant Tour de France ;
Pendant longtemps, toi seul sut me charmer :
J'ai visité ton sol, ton opulence,
En troubadour, enfant de l'atelier.
Dans mon pays, en terminant ma vie,
Au souvenir de ces jours pleins d'attraits,
Mes derniers vœux seront pour ma patrie !
Dieu des beaux arts exauce mes souhaits !
   Libourne, Libourne,
  Pays où j'ai reçu le jour,
Mon père , ma mère , me voici de retour !

Souvenir intime.

Air : pour dot ma femme à cinq sous..

 De chez mon père en partant,
 Le cœur rempli de tristesse,
 Malgré moi, douce allégresse
 M'attirait bien gentiment.
 J'avais à peine quinze ans,
 Quand j'ai quitté le village ;
 Lors de mon premier voyage,
 Le sac au dos, sur les champs.
  Quinze ans, quinze ans,
 C'est le beau temps, le bel âge.
  Quinze ans, quinze ans,
 C'est notre plus beau printemps !

Je commençai par Bordeaux,
Mon Tour chéri de la France ;
En chantant l'indépendance
Sur mes francs et gais pipeaux.
J'avais à peine quinze ans,
Quand j'ai quitté le village ;
Lors de mon premier voyage,
Le sac au dos, sur les champs.
   Quinze ans, quinze ans,
C'est le beau temps, le bel âge.
   Quinze ans, quinze ans,
C'est notre plus beau printemps !

Puis je me fis compagnon
Et pris le goût des voyages,
En embrassant les usages
De cette institution.
J'avais à peine quinze ans,
Quand j'ai quitté le village ;
Lors de mon premier voyage,
Le sac au dos, sur les champs.
   Quinze ans, quinze ans,
C'est le beau temps, le bel âge.
   Quinze ans, quinze ans,
C'est notre plus doux printemps !

Auprès de bien chers amis,
J'ai vu passer ma jeunesse
Dans une joyeuse ivresse,
Et doux plaisirs infinis.
J'avais à peine quinze ans,
Quand j'ai quitté le village ;
Lors de mon premier voyage,
Le sac au dos, sur les champs.
   Quinze ans, quinze ans,

C'est le bon temps, le bel âge,
  Quinze ans, quinze ans,
  C'est notre plus doux printemps !

De votre vieux troubadour,
Recevez, mes très chers frères,
Les aveux les plus sincères
De son éternel amour.
J'avais à peine quinze ans,
Quand j'ai quitté le village ;
Lors de mon premier voyage,
Le sac au dos, sur les champs.
  Quinze ans, quinze ans,
C'est le beau temps, le bel âge,
  Quinze ans, quinze ans,
  C'est notre plus beau printemps !

Départ du jeune Adulte.

Air : c'est que la patrie est tout ici-bas.

Voyez, amis, voyez ce jeune adulte,
Qui vient se joindre à nous d'un pas tremblant ;
L'esprit troublé, depuis longtemps il lutte,
Pour s'éloigner de son pays charmant.
  C'est que le Tour de France,
    Ouvriers voyageurs,
  D'une douce espérance,
    Fait palpiter nos cœurs !

Adieu, mon père, et vous ma bonne Mère ;
Les yeux en pleurs, je quitte l'atelier :
Consolez-vous, je reviendrai, j'espère,
L'on dit qu'il est si beau de voyager.

C'est que le Tour de France,
Ouvriers voyageurs,
D'une douce espérance,
Fait palpiter nos cœurs!

Quel doux plaisir, ô ma belle patrie!
Doit éprouver l'artisan voyageur;
Il doit goûter le bonheur de la vie,
Allons, partons, allons jouir du bonheur!
   C'est que le Tour de France,
   Ouvriers voyageurs,
   D'une douce espérance,
   Fait palpiter nos cœurs!

Quand j'ai quitté les lieux qui m'ont vu naître,
J'étais, vers vous, par l'amour emporté;
Mon jeune cœur désirait vous connaître,
Et maintenant je me sens transporté.
   C'est que le Tour de France,
   Ouvriers voyageurs,
   D'une douce espérance,
   Fait palpiter nos cœurs!

Les Orphelins. [1]

Air : de Bagnères.

Mes chers amis, sur ma lyre légère,
Je vais chanter de pauvres orphelins,

---

[1] Les Compagnons Boulangers sont *Orphelins* n'étant pas reconnus légitimes par les six premiers corps.

Qui, des *doleurs*, reçurent la lumière.
Malgré mon âge, encor je m'en souviens,
C'était un soir, sur les bords de la Loire,
Qu'on nous transmit le superbe *Devoir*.
Jour fortuné, d'éternelle mémoire,
Du riant Tour, tu ravivas l'espoir !
   Délices, délices,
Du tour, mon seul bien, mes amours,
Jeune âge, voyages, je vous chéris toujours !

O vous, si fiers du beau Compagnonnage,
Vous le voyez chaque jour se ternir ;
Qu'avez-vous fait des lois de l'homme sage,
De l'ouvrier, assurant l'avenir ?
Vous reniez le nom, si doux, de frère,
Et les vertus de notre fondateur ;
Si vous cessiez de nous faire la guerre,
De l'âge d'or vous verriez la splendeur !
   Délices, délices,
Du tour, mon seul bien, mes amours,
Jeune âge, voyages, je vous chéris toujours !

Chers ouvriers, qui voyagez en France,
Si l'amitié pouvait vous réunir,
Du Corps d'état qu'importe la science ;
Là, vous verriez tous nos malheurs finir.
Plus désormais de prisons, en voyage,
Que des plaisirs et des instants joyeux ;
Si nous suivions un précepte aussi sage,
Oh ! mes, amis que nous serions heureux !
   Délices, délices,
Du tour, mon seul bien, mes amours,
Jeune âge, voyages, je vous chéris toujours !

. . . .

Depuis longtemps, nous nous battons ensemble,
Quand nous devrions nous chérir, nous aimer ;
Le beau devoir, chaque jour, nous rassemble
Pour centupler les soucis d'atelier.
Vous n'êtes plus ces enfants de la France,
Que Dieu doua d'un cœur juste et humain ;
Par votre orgueil et votre indifférence,
Des ouvriers vous forcez le destin !
  Délices, délices,
Du tour, mon seul bien, mes amours,
Jeune âge, voyages, je vous chéris toujours !

Mes chers amis, regardez dans l'histoire,
Vous y verrez les sages du vieux temps,
Que nos aïeux couronnèrent de gloire,
Pour leurs vertus et leurs cœurs bienfaisants.
Imitez-les, vous serez magnanimes ;
Laissez en paix de pauvres Orphelins ;
Du fondateur suivez donc les maximes,
Et qu'envers eux vos cœurs soient plus humains !
  Délices, délices,
Du tour, mon seul bien, mes amours,
Jeune âge, voyages, je vous chéris toujours !

D'après ces couplets, il est facile de voir que mes premières inspirations n'avaient ni règle ni principe, mais que le fond en était excellent. Plus tard, en devenant plus fort, je dépouillai mes couplets de l'enveloppe mystique que je leur avais donnée d'abord, et je me lançai dans la plus large des réformes. Riche de ce petit recueil, je fis les dispositions nécessaires pour ma nouvelle émigration; et, un beau matin du mois de janvier 1839, je quittai Libourne pour me rendre à Tours, où mes premières chansons furent accueillies avec enthousiasme. — Je revis *Petite Maman* avec plaisir. — Trois jours après mon arrivée dans cette ville de mes rêves, j'allai travailler, dans la rue de la Rôtisserie, chez une patronne nommée madame Chabot, où je passai l'hiver le plus agréablement du monde.

C'est à Tours, où, pour la première fois, mes vers furent soumis à l'honneur de l'impression; voici à quelle occasion. Un jour du mois de Mars, nous faisions la conduite à deux de nos frères qui partaient pour Paris; en traversant le faubourg Saint-Pierre-les-Corps, je chantais, en tête de la nombreuse assemblée, des couplets de ma composition, sur l'air de la *Marseillaise*. Le chœur du refrain, bien conduit, faisait un accord admirable. Le soir, après avoir mis nos frères sur les *champs*, nous rentrâmes en ville, toujours en chantant cet air de marche magnanime. En arrivant près de la rue de la Serpe, nous fûmes attaqués par les Compagnons Doleurs à qui la chanson déplaisait sans doute; elle n'était cependant pas injurieuse, je n'en fis jamais de semblables. Une rixe s'engagea aussitôt, et, comme le nombre des assaillants était inférieur, ils se replièrent jusque chez leur *Mère*, qui demeurait dans la rue des Trois-Ecritoires, après avoir reçu les étrivières. Les agents de la police, qui arrivent toujours après les évènements, n'ayant pu faire main

7

basse sur l'une ou l'autre société, imaginèrent de dire, pour constater un délit, que nous avions chanté les sublimes couplets de Rouget-de-l'Isle, et ne manquèrent pas de faire insérer ce mensonge dans le journal du lendemain. Voici l'article qui parut dans l'*Indre-et-Loire*.

« Hier, une rixe a troublé un instant la population; les ouvriers Boulangers, semblables à une troupe de séditieux, ont traversé deux fois la ville, en hurlant la Marseillaise. A leur retour à l'endroit d'où ils étaient partis, et en arrivant sur la place du Grand Marché, ils ont passé dans la rue des Trois-Ecritoires où, après des injures échangées avec les Compagnons Doleurs, il sont rentrés chez leur *Mère* pour se livrer à des excès de tous genres. »

Un mensonge de ce genre ne pouvait ainsi rester impuni, surtout venant de la police ; cet outrage, fait aux *Compagnons Boulangers*, en face de la population de la Touraine, devait être réfuté sans retard; aussi, le même jour allai-je chez le rédacteur en chef du journal, auquel je racontais l'affaire, telle qu'elle s'était passée. Lorsque je l'eus convaincu de l'erreur dans laquelle la police l'avait induit, il promit de faire droit à mes justes réclamations. En effet, le lendemain, on voyait sur le même journal l'article suivant :

« En rendant compte, dans notre numéro du 27 de ce mois, de la rixe qui a eu lieu entre les *Compagnons Boulangers* et les Doleurs, nous avons dit : que les premiers chantaient la *Marseillaise ;* mais quelques ouvriers Boulangers sont venus réclamer contre cette allégation. Ils comprennent que, si les paroles de cette hymne guerrière ont plus d'une fois électrisé nos jeunes soldats, en présence de l'ennemi, elles n'offrent plus, en temps de paix, qu'un non sens ; aussi c'est avec plaisir que nous rétablissons les faits dans leur exactitude. Les ouvriers Boulangers, qui faisaient la conduite à trois de leurs camarades qui partaient pour Paris, chantaient des couplets d'une chanson du Tour de France, sur l'air de la *Marseillaise*; cette chanson a été composée par un jeune Compagnon qui, semblable au poëte Reboul, sacrifie aux muses tous ses moments de loisirs; nous en citons les couplets suivants. » *(Voir plus haut la chanson intitulée le* TOUR DE FRANCE. »

Ce premier pas, vers les honneurs de l'imprimerie, flatta beaucoup mon amour-propre; ma joie fut tellement grande que, dans la nuit qui suivit ce jour de triomphe, je composai trois nouvelles chansons.

Etant chez madame Chabot, je déjeûnai, un jour, avec trois camarades d'enfance, dont le rapprochement se fit d'une manière bien singulière, et au moment où je m'y attendais le moins. Un soir du mois d'avril, un jeune engagé volontaire, qui était parti de Libourne pour se rendre au 18ᵉ léger, en garnison à Paris, arriva pédestrement à la barrière de Fer, à Tours, à une heure trop avancée pour aller à la Mairie chercher son billet de logement, de sorte qu'il ne vit rien de mieux à faire que d'entrer dans le poste de la garde nationale de cette barrière, pour se faire indiquer une auberge.

— Quelle est votre profession, lui demanda le sergent du poste?

— Je suis enrôlé volontaire, répondit majestueusement Mathieu Croisier, c'est ainsi que se nommait le futur général.

— En ce cas, dit le *Père des Compagnons Corroyeurs* (car c'était lui), venez chez moi, mon ami, vous serez très-bien logé. Et Mathieu, sans autre explication, et enchanté de la circonstance, suivit son cicérone. Lorsqu'ils arrivèrent au logis des Compagnons Corroyeurs, ceux-ci, en grand nombre, étaient à boire et à chanter comme c'était l'habitude; mais bientôt leurs chants cessèrent pour faire place à de coupables sentiments. Ils regardèrent l'arrivant avec cette défiance et cette inquiétude que provoque toujours l'arrivée d'un étranger chez une *Mère*; et lorsqu'ils se furent bien assurés que Croisier était un enrôlé volontaire, ils continuèrent leurs chants avec la même gaîté de cœur qu'au moment de son arrivée; Croisier se fit servir un modeste souper, puis, en fumeur constant, il bourra sa pipe; mais au moment où il s'approche de la chandelle pour allumer son tabac, un joie indicible lui fit jeter un cri, il oublie même sa pipe, qui tombe et va se briser sur les carreaux, pour se jeter dans les bras d'un compatriote qu'il venait de reconnaître parmi les ouvriers composant cette joyeuse réunion.

— Toi, ici, mon cher Pinaud, s'écria-t-il en pressant sur son cœur un jeune Compagnon du groupe.

Tiens! tiens! dit celui-ci, c'est toi, mon cher Croisier; quel est l'heureux hasard qui t'a conduit chez notre *Mère*?

— Oh! mon Dieu, c'est tout simple; et Croisier lui raconta comment, en s'adressant au poste de la porte de Fer, le *Père des Compagnons Corroyeurs* l'avait conduit chez lui.

— Ainsi tu t'es engagé, lui demanda Pinaud?

— Oui, mon ami, pour sept années.

— Combien il y a-t-il de jours que tu as quitté Libourne?

— Cinq jours, aujourd'hui.

— Que dit-on de nouveau au pays?

— Ma foi, pas grand chose. Ah! ça, mais en parlant de Libourne, dit Croisier en rappelant ses souvenirs, je pense que j'ai un cousin à Tours, tu dois l'avoir vu?

— Quel est ce cousin?

— Édouard Arnaud.

— Bah! fit Pinaud, tu plaisantes!

— Non, par ma foi, répliqua Croisier, c'est bien la vérité; à moins qu'il ne soit parti depuis peu. Je regrette qu'il soit tard, nous aurions pu nous en assurer en allant chez *la Mère Jacob*; sais-tu quel est son nom de Compagnon, continua-t-il?

— Non, répondit Pinaud assez froidement.

— Ça m'étonne beaucoup, car j'ai entendu dire que *Libourne le Décidé* était un chansonnier très renommé parmi les Compagnons Boulangers. C'est un poète, mon cher Pinaud, un véritable poète!

— Sachez, jeune imprudent, dit un vieux Compagnon corroyeur en se tournant vers les deux compatriotes et en laissant apercevoir une large cicatrice qui lui sillonnait le visage, triste souvenir d'une rixe sanglante causée par les grossiers préjugés du Tour de France; sachez, dit-il, qu'il n'existe pas de Compagnons dans les Boulangers, et, en supposant qu'il y en ait, je vous engage à choisir un autre endroit pour vous entretenir de ces sortes de gens, que je tiens pour des hommes sans cœur.

— Voilà qui est singulier, dit Croisier, que, dans une auberge où je viens loger en payant, je ne puisse m'entretenir de mes amis.

— Non, dit le vieux Corroyeur, lorsqu'il s'agit des *Soi-disants*; je vous le défends!

— Quel mal y a-t-il à cela?

— Il y a que nous ne connaissons pas de Compagnons Boulangers, si vous voulez le savoir.

— Il est possible que vous n'en connaissiez pas, répliqua Croisier en répondant sur le même ton; mais, moi, j'en ai vu, de mes yeux vu.

Pinaud, voyant que l'affaire allait devenir sérieuse, car on parlait déjà de faire passer Croisier par la fenêtre, pour vouloir soutenir qu'il y avait des Compagnons Boulangers, le prit par le bras et le conduisit au café pour lui faire oublier cette petite altercation.

Cette circonstance fut cause qu'en entrant dans cet établissement ils furent reconnus par un nouveau compagnon d'enfance, le jeune Moriac (Adrien), fils d'un ferblantier distingué de Libourne, qui, comme nous, faisait son Tour de France. Tous trois vinrent me chercher chez *la Mère Jacob*, et cette soirée se passa dans la plus vive allégresse. — Il faut avoir éprouvé ces sortes de plaisir pour en connaître tout le charme.

— Le lendemain, nous déjeunâmes tous ensemble, et, au sortir de table, nous fîmes la conduite à notre ami Croisier, jusqu'à l'extrémité de la tranchée, sur la route de Vendôme. Ce même jour, Pinaud partit pour aller travailler à Château-Renaud, après avoir eu quelques discussions au sujet de la scène de la veille. Comme j'allais l'accompagner à la voiture, il me fit promettre d'aller le voir dans ce bourg, si lui-même ne revenait plus à Tours.

Quinze jours après le départ de Pinaud, je trouvai l'occasion d'aller travailler à Château-Renaud; et ce fut Pinaud qui me reçut en descendant de voiture.

— Enfin, te voilà, dit-il en me pressant cordialement la main, tu viens sans doute pour passer quelques jours avec moi?

— Peut-être quelques mois, lui répondis-je, car je viens habiter Château-Renaud.

— Pas possible!

— Si, assurément, je suis attendu ce soir chez *Blois l'Ile-d'Amour*, Compagnon du Tour de France, que l'on dit très-aimable. Connais-tu ce patron; sais-tu si les ouvriers sont bien traités chez lui?

— Ah! Ah! fit Pinaud; je le connais, c'est notre Boulanger, il n'y a pas longtemps qu'il est de retour de ses voyages.

— C'est cela même.

— Mais les ouvriers y sont très-bien, d'après ce que j'ai entendu dire.

— Sais-tu où il demeure?
— Oui.
— Est-ce loin d'ici?
— A deux pas.
— Alors tu vas m'y conduire?
— Certainement, à condition que tu viendras souper avec moi ce soir.
— Volontiers, mais, avant tout, aide-moi à porter ma malle à ma nouvelle demeure, afin que j'avertisse le Patron de mon arrivée.

Chargés de ce léger fardeau, nous descendîmes la grande et tortueuse rue du bourg, que l'on croirait, par son état de vétusté, aussi antique que le monde. En entrant chez *Blois l'Ile-d'Amour*, et après le salut d'usage, je dis à la jeune femme, qui nous ouvrit la porte, que j'étais l'ouvrier qu'on avait demandé à Tours.

— Soyez le bien-venu, dit-elle avec un sourire agréable, donnez-vous la peine de vous asseoir.
— Ne faites pas attention, lui dis-je flatté de cette prévenance.
— Vous mangerez bien un morceau, n'est-ce pas, continua-t-elle, en attendant Monsieur qui est allé voir à la voiture si vous étiez arrivé.
— Je vous remercie infiniment, Madame, je viens seulement pour déposer ma malle; j'ai besoin de m'absenter une heure, si cela ne souffre pas de difficultés.
— Allez à vos affaires, rien ne presse en ce moment; soyez de retour avant dix heures, et vous ne recevrez aucun reproche de Monsieur, qui est le meilleur homme du monde.

Pinaud me conduisit chez la *Mère des Corroyeurs*, où j'appris, en soupant, que *l'Ile-d'Amour* n'était pas marié, et que la jeune femme à qui j'avais parlé était l'épouse d'un ouvrier du bourg, réputé pour être très-complaisant. Cette jeune personne, que désormais je nommerai la *Belle Joséphine*, faisait le ménage de la maison.

Vers neuf heures, Pinaud vint me reconduire chez mon nouveau patron. *L'Ile-d'Amour* me reçut avec bonté. C'était un jeune homme d'une trentaine d'années environ, d'une physionomie douce, un peu altérée par une santé chancelante. Après nous être entretenus de nos voyages pendant longtemps, il m'expliqua la tâche que j'aurais à remplir désormais ; et, ce même soir, je me mis à la besogne.

Les trois premiers mois de mon séjour dans ce bourg enchanteur s'écoulèrent comme un songe de joyeux délire, et, je dois le dire avec franchise, les jeunes gens de la localité n'eurent aucune peine à me faire descendre la pente de la folie, tant leur bonne amitié me les faisait estimer. Oh ! comme je me souviens avec plaisir du bonheur passé au milieu de cette brillante jeunesse ! Tout semblait se réunir pour me rendre le séjour de Château-Renaud agréable. *Joséphine*, la séduisante ménagère dont j'ai déjà parlé, nous traitait comme de véritables seigneurs. Ce qu'il y avait de meilleur au marché était pour nous. *L'Ile-d'Amour* avait en elle une confiance qui dégénérait en intimité conjugale : seule elle avait la clef du comptoir et pouvait se considérer comme la maîtresse du logis. Que de bons gigots elle nous faisait manger ! Que d'excellents plats elle nous faisait savourer, chaque jour ! Que de délicieux rognons de bœufs, au vin blanc vieux, nous savourions ! Je le dis à sa louange, *Joséphine* avait le palais très-délicat, et surtout de très-bons principes de l'art culinaire. Lorsque *Blois l'Ile-d'Amour* était un peu mieux, il allait passer une partie de la journée dans le haut du bourg, et souvent le soir il rentrait légèrement ému par de trop fréquentes libations ; il fallait voir alors la ravissante Joséphine faisant la morale à son cher patron, comme elle aurait pu le faire à son débonnaire mari. Combien de fois ai-je ri aux larmes, en assistant à ces scènes intimes qui se renouvelaient fréquemment. Ces soirées plaisantes m'amusaient singulièrement, aussi étions-nous toujours en querelle à cause de cela. Nous en venions aux mains quelques fois, mais ces plaisanteries n'avaient jamais de suites fâcheuses. Un étranger, qui serait entré chez *Blois l'Ile-d'Amour* au moment de nos ébats, eut été fort embarrassé de deviner lequel de nous deux était le patron ou l'ouvrier.

Quand ce cher patron s'absentait pour aller à la campagne, ce qui arrivait très-souvent parce qu'il fréquentait alors une jeune fille d'Auzoire, petit village près de Château-Renaud, je me mettais à table à côté de Joséphine, qui, ces jours-là, prenait la place de son seigneur et maître et buvait dans son grand verre à pied, avec un air de supériorité qui m'agaçait les nerfs d'une singulière façon.

Un jour, c'était la première fois que nous nous trouvions seuls à dîner, Joséphine me demanda mon assiette pour me servir, comme le faisait quelquefois *Blois l'Ile-d'amour*.

— Plaisantez-vous, lui dis-je en la considérant d'un air comique ?

— Non, dit-elle, je ne plaisante pas ; en l'absence de Monsieur, c'est moi qui le remplace ici.

— Ah ! fis-je, c'est assez drôle ce que vous me dites là ; et mettant la main au plat, nouveau Judas, je fis tomber dans mon assiette le meilleur morceau de volaille qu'elle semblait convoiter.

— *Libourne*, c'est très-mal ce que vous faites là, me dit-elle, froissée de ce manque d'égards ; car jamais aucun ouvrier n'a pris autant de liberté depuis que je suis ici.

— C'est possible, mais sachez bien, ma bonne, que je ne suis pas encore d'humeur à me laisser rationner par une domestique ; vous me valez, je n'en doute pas, mais à part vos petites prérogatives privées, je me crois autant que vous dans cette maison, vous voyez que je suis modeste. Ainsi que cela soit dit une fois pour toutes, afin que de semblables plaisanteries ne se renouvellent pas. Joséphine se le tint pour dit, et, à compter de ce soir, nous vécûmes dans la plus parfaite intelligence.

Parmi les Compagnons Corroyeurs qui travaillaient à Château-Renaud à cette époque, se trouvait un nommé *Poitevin le Désir de Plaire* avec lequel je me liai intimement. C'était, sans contredit, le plus beau garçon de la localité. Ce compagnon du Tour de France inspira une passion si vive à une jeune personne du bourg, qu'il ne tarda pas à l'avoir pour maîtresse. Leurs rendez-vous d'amour se faisaient si habilement, que les parents de la jeune fille ne s'aperçurent jamais de leurs tendres épanchements. Un jour, en causant avec sa maîtresse, celle-ci lui demanda en riant comment il se faisait que nous fussions amis ensemble, appartenant à un compagnonnage différent.

— C'est, répondit *le Désir de Plaire*, parce que *Libourne* est un ouvrier distingué, d'un aimable caractère et que j'estime beaucoup.

— Sais-tu s'il a quelque amourette en tête, lui demanda Julie, c'est ainsi que se nommait cette aimable jeune fille.

— Ici, à Château-Renaud ?

— Oui, ici !

— Non, ma chère amie, je ne lui en connais pas.

— Comment, dit Julie, un jeune et beau garçon comme lui ?

— Ce que je te dis est la vérité, mais il n'en est pas plus malheureux pour cela, car il est l'idole des jeunes gens du bourg ; ils ne font pas une seule partie sans qu'il en soit ; je te l'ai dit, c'est le plus aimable convive et le meilleur camarade qu'il soit possible de voir.

— Ecoute, dit Julie, je vais te faire une confidence très-intéressante au sujet de ton ami.

— Voyons, laquelle !

— Comme ce Compagnon est ton meilleur ami, je sais la peine que tu éprouves chaque fois que tu le quittes pour venir auprès de moi, aussi, pour applanir toutes difficultés, j'ai pensé qu'il était facile de le rapprocher du sanctuaire de nos tendres amours, sans que pour cela il nous devienne importun.

— Explique-toi.

— J'ai une de mes amies à lui présenter.

— Bah ! fit *Poitevin le Désir-de-Plaire* avec étonnement !

— C'est la vérité, mon ami ; c'est un petit minois à qui Libourne plaît beaucoup, sans qu'il s'en doute, et qui, j'en suis sûre, sera parfaitement de son goût.

— Hum ! fit le *Désir-de-Plaire*, avec incrédulité.

— Je t'assure, répliqua Julie, que c'est la vérité.

— C'est une pensée ingénieuse, ma chère, qui te vaudra mille baisers de plus. Et quelle est cette jeune personne ?

— Ha ! c'est mon secret ; je veux ménager une agréable surprise à ton ami, et tu es assez raisonnable, je pense, pour ne pas exiger des éclaircissements qui en détruiraient tout le charme. Ainsi, dimanche prochain, nous irons vous attendre, toutes deux, chez la mère Suche, où nous aurons le plaisir de faire une partie intime.

— Vive les femmes, s'écria le *Désir-de-Plaire*, en enlaçant de ses deux bras amoureux sa jolie maîtresse, vive les femmes, pour avoir d'aussi sublimes idées !

La maison Suche était un lieu de rendez-vous, situé près du petit hameau de Neuville, à quelques kilomètres de Château-Renaud, que le *Désir-de-Plaire* s'était créée avec beaucoup d'argent et un peu d'usage du monde. C'était au milieu d'une campagne riante, chez d'aimables paysans, qui recevaient fort bien, mais qui faisaient payer les dépenses fort cher. Le dimanche suivant, le *Désir-de-Plaire* vint me chercher pour faire une promenade sentimentale aux environs de la ville, c'était une de nos distractions favorites, car nous aimions peu le séjour des cafés. Ce jour-là, contre son ordinaire, mon ami me faisait traverser des champs ensemencés.

— Où diable me conduis-tu comme cela, lui demandai-je ?

— Viens toujours, me dit-il en riant, je te conduis dans le paradis de Mahomet.

Peu satisfait de cette réponse, je le suivis en silence, cherchant à m'expliquer son air de mystère, sans pouvoir y parvenir. Enfin nous arrivâmes dans une maison isolée, mais très spacieuse, où Poitevin le *Désir-de-Plaire* fut reçu avec les marques de la plus franche gaîté par la *Mère Suche*.

— Vous vous faites bien attendre, messieurs, dit-elle avec un air de reproche ; ces dames trouvent le temps long de ne pas vous voir arriver à l'heure convenue ; c'est mal à vous, mes enfants, de vous faire attendre ainsi par ces dames !

— Ces dames ! fis-je tout bas avec un étonnement mêlé de joie, et en avisant vers la cheminée un petit garçon de sept à huit ans qui tournait la broche, et paraissait souffrir horriblement de l'ardeur du feu, car il changeait de main bien souvent. Le *Désir-de-Plaire* me fit signe de le suivre, et, en montant les degrés de l'escalier qui conduisait à la chambre de réunion, il m'expliqua en peu de mots le mystère de cette piquante partie. En entrant, deux jeunes filles vinrent nous recevoir en riant comme des folles ; et, jugez de ma surprise en reconnaissant dans la compagne de Julie la plus proche de mes voisines à laquelle j'avais toujours parlé avec beaucoup de respect, tant j'étais prévenu en sa faveur. Je lui déclarai promptement ma vive flamme, et elle y répondit de la meilleure grâce du monde.

La table sur laquelle étaient quatre couverts fut bientôt prise d'assaut avec une joie d'enfant, le dîner était excellent et fut assaisonné de passionnés baisers. Julie était charmante, et Amélie, ainsi se nommait ma nouvelle conquête, fut d'une amabilité enchanteresse. Cette partie intime se passa aussi agréablement qu'on pouvait le désirer. Je conservai cette bonne fortune jusqu'au jour de mon départ de Château-Renaud.

Un matin, il m'arriva à l'atelier un compatriote, dont la visite m'étonna singulièrement. Comme j'aurai plus tard à parler de ce condisciple, nous allons d'abord faire connaissance avec lui. C'était le fils d'un maître Boulanger de Libourne, plus jeune que moi de quelques années, il avait été poussé vers l'émigration, sans parti pris, plutôt par caprice que par goût.

— Adieu, mon cher Edouard, dit le jeune voyageur en me pressant dans ses bras avec amitié ; je viens près de toi, mon ami, me mettre sous la protection de ton expérience des voyages.

— Charles, ici, à Château-Renaud, mécriai-je en lui serrant affectueusement la main ; et par quel hasard as-tu quitté Libourne ? Tu m'aurais guéri de la fièvre, si je l'avais eue, tant cela m'étonne ; mais où vas-tu comme cela, tu n'as ni sac, ni canne ; voyages-tu pour une maison de commerce, ou simplement pour ta santé et par ordonnance du médecin.

— Non par ma foi, comme toi, je me suis décidé à faire mon Tour de France.

— Avec le consentement de ton père ?

— Oui, mon ami, j'ai même une lettre de recommandation pour aller travailler à Amboise, chez un ami de mon beau-frère, qui est natif de cette ville ; c'est lui qui m'a procuré cette place.

— Tu as donc marié une de tes sœurs ?

— Oui, elle s'est mariée avec un Compagnon Chaudronnier d'Amboise, qui s'est établi à Libourne.

— Mais qui diable a donc pu te dire que je travaillais ici ?

— Voilà comment je l'ai appris : avant de partir de Libourne, je savais très-bien que tu habitais la Touraine, sans savoir positivement le lieu de ta résidence ; quand, hier, en descendant de voiture, un Compagnon Boulanger (que je reconnus aux insignes qu'il portait aux oreilles) m'apprit que tu t'étais exilé à Château-Renaud : aussitôt j'ai pris place dans le courrier de Chartres, pour te presser plutôt sur mon cœur ; et, comme tu le vois, j'arrive ici en bonne santé.

— J'en suis enchanté, mon cher ami, et je t'assure que je donnerais volontiers un mois de ma solde pour te trouver une boutique ici, afin que tu puisses faire tes premières armes près de moi, mais il ne faut pas y songer.

— Tu sais, mon cher Edouard, répondit Charles, qu'Amboise n'est qu'à deux myriamètres d'ici ; si peu distant l'un de l'autre, nous pourrons nous voir aussi souvent que nous le désirerons sans que notre besogne en souffre ; et puis, lorsque tu voudras retourner à Tours, tu me le feras savoir et je me joindrai à toi pour partager ta vie bohémienne. Je sens en moi un goût très prononcé pour les émigrations.

— Dis-tu cela du fond du cœur, Charles, lui demandai-je avec un certain plaisir que je ne pus lui dissimuler ?

— Oui, mon ami, je te jure de me faire recevoir dans ta Société, et d'y être reconnu comme Compagnon aussitôt que je le pourrai.

Charles travailla quelques jours avec moi pour

se mettre au courant de l'ouvrage du pays; puis il partit pour Amboise, après m'avoir promis de m'écrire quelquefois. Il y avait cinq ou six mois que je travaillais à Château-Renaud, quand une lettre que je reçus de Tours m'obligea de revenir auprès de mes camarades; je fis mes dispositions de départ, et, au moment où j'écrivais à la *Mère Jacob* pour qu'elle envoyât un ouvrier à ma place, le jeune Charles m'arriva; il avait quitté Amboise pour ne plus y revenir.

— Tu viens fort à propos, lui dis-je en lui serrant la main, des affaires pressées m'appellent à Tours, ainsi tu vas me remplacer pour quelques jours.

— Si tu le veux, me répondit Charles, je resterai ici jusqu'au jour de ton départ pour Paris; ce sera pour moi un moyen sûr de ne pas manquer d'ouvrage cet hiver.

— Non, je préfère t'avoir près de moi; aussitôt mon arrivée à Tours, j'enverrai un ouvrier à *Blois-l'Ile-d'Amour* et tu viendras me rejoindre dans cette ville, où assurément je te ferai bien placer.

— Je te remercie de tes bonnes intentions à mon égard, répondit Charles, mais, puisque l'occasion se présente, je préfère passer la mauvaise saison à Château-Renaud.

— Tu es donc parti de Libourne pour toujours travailler dans les campagnes, lui dis-je d'un air assez mécontent, ou plutôt est-ce la crainte de faire un peu de *pavé?* (1)

— Non, je t'assure.

— Pauvre enfant, comme tu t'abuses en croyant que l'ouvrier qui sort d'un atelier aujourd'hui, doit ou peut rentrer dans un autre demain. Sache donc, mon ami, que le Tour de France ne se fait pas avec autant de facilité que cela, et que, trop souvent, ses joyeux

---

(1) Chômage.

enfants restent des mois entiers sans travailler faute d'ouvrage. Tu aurais, je crois, besoin d'une petite leçon de ce genre pour te donner un peu plus d'expérience de la vie privée des ouvriers et des vicissitudes de leurs émigrations en général

— Je comprends, dit Charles, pénétré de ce que je venais de lui dire, que les ouvriers ne peuvent pas toujours travailler ; je sais qu'il faut des *Flâneurs* pour remplacer ceux qui émigrent ou qui tombent malades : mais pourquoi ne profiterais-je pas de cette bonne occasion puisqu'elle se présente ?

— Parce que j'aime mieux te voir en ville, au milieu de l'élite des ouvriers, qu'enfermé dans une campagne, surtout au commencement de tes voyages.

— Je te promets, Edouard, d'aller te rejoindre aux premiers beaux jours du printemps pour ne plus te quitter.

— Est-ce bien sûr ?

— Je t'en fais le serment.

Je me vis forcé d'adhérer à tous les désirs de Charles ; mais je crus voir que j'aurais une peine infinie à faire de lui un zélé partisan du Tour de France, malgré ses chaleureuses protestations. Deux jours après je quittai Château-Renaud.

CHAPITRE VIII.

Je revins à Tours à la fin d'octobre, après une absence de six mois, riche d'une quinzaine de nouvelles chansons régénératrices qui furent accueillies avec le plus vif enthousiasme. Peu de jours après mon arrivée, j'allai travailler dans une boulangerie de la place du Grand-Marché, chez M. Gasté, un des meilleurs patrons que j'aie connus. Il avait pour moi l'amitié et l'attachement d'un père pour son fils, et, je dois le dire à sa louange, c'était l'homme le plus estimable qu'il soit possible de voir. M. Gasté avait, aux environs de la ville, une superbe maison de campagne, où j'ai passé des moments fort agréables ; il arriva dans cette petite villa une aventure bien singulière, bien étrange, et que je vais raconter avec la plus scrupuleuse exactitude.

C'était pour la fête de Noël de l'année 1839, nous avions une réception de Compagnons à faire, et nous nous trouvions embarrassés pour trouver un lieu convenable. Ordinairement c'est une maison que les sociétés choisissent, faute de local à eux appartenant. A l'époque dont je parle, nous ne nous étions pas assez sérieusement occcupés de faire cette location, de sorte que cette négligence nous mettait dans l'impossibilité de faire la réception des six néophytes, qui s'étaient présentés pour se faire initier dans l'ordre. Comme le temps pressait, je pensai à la propriété de mon patron, je lui en demandai la clef, en lui expliquant le motif qui m'obligeait à lui faire cette demande. M. Gasté m'accorda tout ce que je désirais, avec la meilleure grâce du monde ; il mit à notre disposition le rez-de-chaussée d'une partie de sa maison de campagne, qui se composait d'un vaste cuvier et d'un cellier plein de vin, également à notre disposition. Le grand corps de bâtiment, attenant à celui que M. Gasté nous avait prêté, était une superbe maison de plaisance habitée par une famille anglaise.

Nous pouvions être, environ, quarante Compagnons pour faire cette réception, tous bien armés, c'est l'usage de ces réunions nocturnes en cas de surprise fâcheuse, ou de guet-à-pens prémédités. Vers le milieu de la nuit, et au moment où se faisait la cérémonie, un étourdi de la réunion fit partir un de ses pistolets, ce qui à cette heure de la nuit devait s'entendre de très loin, et ce qui effectivement faillit nous être funeste. Un paysan, l'oracle du village, qui par hasard passait à peu de distance du lieu où nous étions, fut très-étonné d'entendre ce bruit étrange à une heure aussi avancée, il pouvait être une heure du matin. Ce que voyant, il se tint coi un instant, et, jetant les yeux à droite et à gauche, il aperçut distinctement du côté de la maison de M. Gasté, la clarté de nos flambeaux, par une petite lucarne très élevée que nous avions oublié de fermer. Le rustre voyant cela, arma son fusil de chasse, qui ne le quittait jamais quand il prévoyait qu'il serait attardé dans ses courses ou surpris par la nuit, (il venait de veiller un malade), et, le doigt sur la détente, il s'avança sournoisement jusqu'à ce qu'il fut à portée d'entendre le bruit que nous ne pouvions nous dispenser de faire. Quand il fut assez près pour distinguer les sentinelles que, par précaution, nous avions échelonnées au tour de la maison, il supposa qu'on commettait un horrible assassinat sur la famille Anglaise dont j'ai déjà parlé.

Pour l'intelligence du lecteur, je dois dire que M. Gasté, dans le but de nous être agréable, avait averti ses paisibles locataires d'outre-mer que, la nuit, il devait faire réveillon avec plusieurs de ses amis, de sorte que ces braves gens ainsi prévenus s'inquiétaient fort peu du tapage que nous faisions. Le paysan voyait et entendait les choses d'une autre manière ; fort de sa conviction, il s'empressa de courir au plus près village, où il avertit le capitaine de la garde nationale de ce qu'il avait vu et entendu, ayant soin de grossir les faits pour donner plus de poids à sa narration. Le capitaine, homme zélé, comme le sont tous les capitaines, crut le naïf paysan, et les paroles sententieuses dont il assaisonnait son récit; il s'arma promptement de sa bonne dague et de ses vieux pistolets d'arçon, qui dataient de l'invasion des Cosaques, et se tint prêt à partir.

Pendant ce temps là, l'ombrageux paysan parcourait le village, frappant à chaque porte pour en réveiller les paisibles habitants, auxquels il racontait ce dont il s'agissait. En moins d'une heure, les villageois du lieu, plus effrayés les uns que les autres, furent tous réunis, armés de fusils, de faulx et de fourches. L'armée, forte de trente à quarante combattants environ, composée d'hommes, de femmes et d'enfants, se dirigea silencieusement vers le lieu où se commettait le crime supposé, après s'être divisée en trois escouades, pour mieux cerner la maison. Tout cela se passait, on doit le penser, sans que nous en eussions le moindre soupçon, car nous avions eu le temps de terminer la plus grande partie de notre cérémonie avant d'être assiégés.

Il y avait un quart d'heure environ que la garde que nous avions mise extérieurement était rentrée, nous étions réunis dans le cellier où était notre chapelle, tous religieusement agenouillés devant l'autel baptismal, dans un recueillement solennel; je faisais la lecture d'un passage très-édifiant de la légende compagnonnique sur *Maître Jacques*, lorsque, tout-à-coup, un bruit effroyable se fit entendre, on frappait à la porte du cellier d'une manière épouvantable. Un mouvement de crainte involontaire s'empara de toute l'assemblée, chacun se leva comme frappé de la même impulsion électrique, en se regardant avec un air d'étonnement mêlé d'un je ne sais quoi qu'on ne peu définir.

— Prêtons l'oreille, dis-je à mes camarades !

— Ouvrez ! criaient des voix innombrables, ou nous enfonçons la porte !...

Notre première pensée fut que nous étions assiégés par nos ennemis, les Compagnons Charpentiers qui faisaient *Mère* alors sur les bords de la Loire à Portillon, dans la commune de Saint-Cyr, au bas et à un ou deux kilomètres environ de la propriété de M. Gasté; les instants étaient précieux, je pris donc une attitude imposante et je dis, en désignant de la main la chapelle où étaient encore en prières les six récipiendaires : « Frères, jurons tous, sur le Christ qui est sur cet autel, de mourir plutôt que de laisser profaner ce lieu du mystère. »

Tous étendirent la main sur l'emblême de ce grand régénérateur, et tous jurèrent.

Aussitôt nous évacuâmes le cellier après en avoir soigneusement fermé la porte; et comme nous rentrions dans le cuvier, la porte du dehors volait en éclats..... Qu'on juge de notre surprise en voyant, au lieu d'ouvriers comme nous l'avions supposé, une milice de paysans de tout âge et de tout sexe. Leur surprise ressemblait beaucoup à la nôtre, car ils s'arrêtèrent sur le seuil de l'asile qu'ils venaient de profaner, frappés d'un étonnement mêlé de frayeur, en voyant une quarantaine de jeunes gens, tous armés de sabres et de pistolets, dans une tenue complète de cérémonie, la plupart presque nus, car nous n'avions pas eu le temps de nous habiller, le torse décoré de riches couleurs mises en sautoir, et la tête ceinte de fraîches couronnes et de laurier.

Une explication était devenue indispensable, je rompis donc le silence qui s'était fait de part et d'autre, et je leur demandai, d'une voix ferme et résolue, de quel droit ils venaient troubler si imprudemment nos cérémonies.

— Et vous, monsieur, qui m'interrogez, répondit

celui qui paraissait être le chef de cette milice, que faites-vous à cette heure, et dans cette maison?

— Vous le voyez, monsieur, une cérémonie.

— Mais de quel droit et par quel ordre êtes-vous ici?

— Du droit de confiance, et par ordre de M. Gasté, le propriétaire, dont je suis l'ouvrier et l'ami.

— Vous m'étonnez beaucoup, jeune homme!

— Ce n'est pas possible, s'écrièrent plusieurs voix.

— Messieurs, je vous jure que c'est la vérité, répondis-je avec un air de conviction qui ne parut pas avoir beaucoup d'autorité sur ces rustres, car un brouhaha épouvantable se fit entendre de toutes parts; et ce fut avec beaucoup de peine que le capitaine parvint à rétablir l'ordre parmi ses soldats indisciplinés.

Je profitai du moment où l'autorité méconnue venait de reprendre le dessus pour m'élancer sur une tonne qui se trouvait près de moi, et, m'adressant à ces incrédules, je m'expliquai en ces termes:

« Messieurs, après vous avoir dit la plus sincère vérité sur la cause de notre présence dans cette maison et sur ce que nous y faisions, sans que vous paraissiez en être persuadés, je dois vous dire aussi, que nous sommes au nombre de quarante-deux Compagnons du Tour de France, tous armés comme vous le voyez et tous d'un âge où l'imprudence de votre brusque apparition, après la violence que vous venez de faire à notre domicile, (car, je le répète, nous sommes chez nous ici,) pouvait donner lieu à une bataille très-désavantageuse pour vous, le droit et la force étant de notre côté; mais il n'en sera rien, j'ose l'espérer, parce que nous n'avons aucune mauvaise intention. Je vais donc en peu de mots vous désabuser complètement de l'erreur profonde où vous paraissez être à notre égard. Vous pensiez, messieurs, continuai-je, trouver ici des malfaiteurs commettant quelque crime affreux;

j'admire votre zèle ; mais au lieu de cela, croyez-le bien, vous êtes au milieu d'honnêtes et inoffensifs ouvriers, faisant une réception de Compagnon, comme cela se pratique dans tous les corps d'états, dans les principales villes du Tour de France, la veille des grandes fêtes. »

La plupart des assistants me regardèrent avec des yeux hébétés. Le capitaine, plus expérimenté que les autres, nous dit : Je comprends parfaitement votre affaire, et je suis persuadé que ce que vous venez de dire est la vérité, mais il me semble que les lois défendent toutes les sociétés secrètes.

— Je le sais, monsieur, quand elles sont illicites ; mais celle des Compagnons sont tolérées.

— Je veux bien vous croire, mais alors pourquoi causez-vous l'alarme des paisibles habitants de cette campagne par des détonations.

— Sur ce point, monsieur, nous avons tous les torts possibles ; cette imprudence a été commise par un de nos camarades, pour lequel je réclame votre indulgence.

Le chef de la milice, pénétré de la pureté de nos actions, se disposait à s'éloigner, lorsqu'un drôle du groupe se prit à dire :

— Capitaine, avant de nous retirer, nous avons à faire un devoir, et vous devez en donner l'exemple !

— De quoi s'agit-il, dit celui-ci ?

— Il s'agit, continua le rustre, de ne pas retourner au village comme des imbéciles !

— Voyons, explique-toi.

— Eh bien ! capitaine, selon moi, et malgré ce que vient de nous dire celui qui prétend être l'ouvrier de M. Gasté, nous ne devons pas quitter cette maison sans nous rendre compte de ce qu'ils faisaient dans le cellier et d'où ils sortaient quand nous sommes entrés ici.

Comme le capitaine paraissait indécis, ce même imprudent s'avança vers le lieu qu'il avait indiqué, suivi de plusieurs autres mauvaises têtes comme lui.

— Avant que vous n'ayez pénétré dans cette enceinte du mystère, s'écrièrent plusieurs de mes camades en leur barrant le passage et en dirigeant le bout de leurs pistolets vers la poitrine des assaillants, plusieurs de vous auront mordu la poussière.

Ce geste menaçant, qui probablement aurait été promptement suivi de l'action, les effraya; ils évacuèrent la place en marmottant, nous laissant dans une consternation qui se dissipa très-lentement. Le capitaine fit son devoir malgré cela, il déposa son procès-verbal au bureau de police; nous fûmes assignés et le tribunal nous condamna à un franc d'amende et aux frais de la procédure, accusés et convaincus d'avoir troublé le repos des paisibles habitants du village Fleury.

Deux jours après, je revenais de passer une partie de la matinée à la campagne de mon patron pour réparer le désordre que nous pouvions avoir fait en nous y installant, et j'allais m'endormir en songeant à cette nuit mi-tragique, quand un jeune homme, aux allures décidées et à la mise modeste de l'ouvrier, entra dans ma chambre et se jeta dans mes bras. C'était un nommé Lagrave, intime compagnon d'enfance, qui, comme moi, faisait son tour de France. Il était charpentier de haute futaie.

— Comment va la santé, mon cher ami, lui demandai-je après les premiers transports d'amitié causés par le plaisir de le revoir?

— Mais assez bonne, comme tu le vois, me répondit Lagrave; toujours sans chagrin, comme autrefois.

— Es-tu Compagnon, lui demandai-je?

— Non, pas précisément, mais je me ferai initier avant peu.

— Tu en es parfaitement le maître.— Et d'où viens-tu comme cela ?

— J'arrive de La Rochelle.

— Viens-tu pour travailler à Tours ?

— Non, je ne fais qu'y passer ; je viens de descendre de voiture à l'instant pour repartir dans une demi-heure ; tu vois que je n'ai que juste le temps de venir te serrer la main et de t'inviter à boire un coup avec moi, si tu veux me conduire jusqu'à la rue Royale.

— Comment donc, mon cher ami, lui répondis-je en m'habillant à la hâte, cela peut-il être autrement ; je suis fâché d'une chose, c'est que tu ne t'arrêtes pas à Tours pour y travailler, nous aurions passé d'heureux instants ensemble.

J'avais déjà pensé à ce plaisir lorsque je sus que tu étais ici ; mais, comme je suis à la veille de me faire recevoir Compagnon, il faut que j'évite autant que possible de me faire remarquer de mes *Coteries*, qui, s'ils savaient que j'ai seulement trinqué avec un *Soi-Disant*, seraient capables de me chasser de leur présence.

— Ils sont donc toujours vains et orgueilleux tes *Coteries*, répondis-je avec amertume ; crois-tu, mon ami, qu'un Boulanger n'est pas un ouvrier aussi honorable qu'un Charpentier ?

— Je ne dis pas cela, et je suis loin de le croire ; la preuve, mon cher Edouard, c'est que toi et les tiens seront toujours de mes amis parce que je pense largement ; mais tu dois connaître les prérogatives du Compagnonnage.

— Oui ; prérogatives niaises, absurdes et ridicules, que les ouvriers du progrès détruiront bientôt, j'en suis persuadé.

En causant ainsi, nous arrivâmes au bureau des Messageries, et, comme Lagrave ne me disait point le lieu où il se rendait pour se faire recevoir Compagnon, je lui demandai s'il prendrait la diligence pour aller jusqu'à Paris.

— Non, dit-il, je m'arrête à Blois, où j'ai l'espoir de travailler dès que je serai arrivé.

— En ce cas, lui dis-je, nous nous y reverrons bientôt, car j'espère aller t'y demander à déjeûner dans une quinzaine de jours au plus tard.

— Viens, mon ami, nous aurons le plaisir de parler longuement des beaux jours de notre enfance, et surtout du beau sexe que nous avons laissé là-bas.

— Et si les sectateurs du *Père Soubise* s'aperçoivent que tu fréquentes un *Chien-Blanc*, comme ils nous appellent, dis-je en souriant?

— Ne crains rien, Edouard, nous prendrons nos mesures.

— Comment te trouverai-je, à Blois?

— Voici, dit Lagrave, dès que tu seras arrivé, informe-toi de la *Mère des Bons Drilles*; elle demeure dans le faubourg de Vienne, c'est probablement là que je serai.

Tu avoueras, dis-je en riant, que ce surnom que se sont donné tes *Coteries* n'est guère en harmonie avec leur manière de voir.

— Pourquoi cela?

— Parce que *Bon-Drille* veut dire bon compagnon, aimant son prochain comme lui-même; vertu admirable que tous foulent aux pieds, en faisant souvent une guerre barbare à des jeunes gens qui valent mieux qu'eux.

— Ah! ah! ah! ce cher Edouard!

— Tu ris, Lagrave.

Et comme je me disposais à lancer les foudres de mes arguments sur les abus du compagnonnage, la voix formidable du conducteur fit entendre ces mots:

« En voiture, messieurs, en voiture. »

— Maudit soit le conducteur, dit Lagrave. Avant de nous quitter j'ai cependant le temps de te dire que je me fais recevoir Compagnon, pour mieux connaître cette Société, et pour tenter un jour d'en réformer les abus. Je connais beaucoup de jeunes gens qui pensent comme toi et moi, et j'ose espérer que l'aurore de l'intelligence éclairera bientôt l'alliance formée par la fusion de toutes les corporations ouvrières, pour le bonheur de l'humanité !

A ces mots, je pressai le jeune Lagrave sur mon cœur, nous échangeâmes un baiser fraternel, il monta en voiture et disparut, emporté par de vigoureux chevaux.

CHAPITRE IX.

Depuis que je travaillais chez M. Gasté, j'avais plusieurs fois écrit à Charles qui ne daigna même pas me répondre ; ce silence fut cause que je quittai Tours sans lui en donner avis. La veille de mon départ, la *Mère Jacob* me fit présent d'une petite gourde de voyage, garnie d'un tissu bleu ; je me rappellerai toujours que, lorsqu'elle me la passa autour du cou, elle me dit ces douces paroles : « Mon cher fils, conservez bien ce don d'amitié ; c'est un talisman qui vous portera bonheur. »

Le lendemain, j'arrivai à Blois à six heures du soir. Les Compagnons avaient quitté la *Mère Langeai*, et s'étaient établis chez l'honorable madame Desniau, où je fus reçu avec cet enthousiasme qui alors faisait le charme de ma vie. Peu de temps après mon arrivée dans cette ville, j'allai travailler dans une boulangerie du faubourg de Vienne, chez M. Poussin ; là j'espérais attendre le retour du printemps, époque fixée pour mon voyage à Paris que j'avais le plus vif désir de visiter.

— Etes-vous de Libourne même, me demanda un jour M. Poussin en causant avec moi dans le fournil de la boulangerie ?

— Sur ma réponse affirmative il reprit.

— Puisqu'il en est ainsi, je vais vous apprendre une chose qui vous fera le plus grand plaisir.

— Je vous écoute !

— Vous avez dû remarquer, continua M. Poussin, ce vaste atelier de charpenterie qui est auprès de notre magasin à bois ?

— Parfaitement.

— Eh bien ! je connais deux de vos compatriotes qui y travaillent.

— Attendez-donc, fis-je, en pensant à mon ami Lagrave que j'avais inutilement demandé au rendez-vous qu'il m'avait indiqué, l'un de ces charpentiers n'est-il pas brun, jeune et à peu près de ma taille ?

— Non, le plus jeune, qui est grand et sec, doit avoir de trente à trente-cinq ans ; il y a d'ailleurs une dixaine d'années que l'un et l'autre habitent Blois ; je les crois même tous les deux mariés.

— Alors ce n'est pas lui, me dis-je mentalement. Je vous remercie beaucoup de ces renseignements répondis-je à mon patron, il est probable que ces deux compatriotes me diront où travaille mon camarade d'enfance. Et je lui racontai la visite que Lagrave m'avait faite à Tours, quelques semaines auparavant.

Ce même jour, en portant mon pain, j'allai dans le vaste chantier où travaillaient ces deux vieux *Bons-*

Drilles. En entrant et parmi une quinzaine d'ouvriers qui étaient à la besogne, je crus reconnaître un nommé Verdier. — N'êtes-vous pas de Libourne, monsieur, dis-je en m'adressant à lui?

— Pardonnez-moi, monsieur, me répondit Verdier, avec brusquerie et en me toisant d'un air dédaigneux, que lui inspirait sans doute la tenue que j'avais alors et qui accusait très-bien la profession que j'exerçais.

— Nous sommes compatriotes, repris-je, sans faire attention à son air de dédain; je viens vous demander des nouvelles du jeune Lagrave, ouvrier charpentier de mes amis, qui a dû passer ici ces jours derniers, et je profite de cette occasion pour venir faire votre connaissance.

— Ah! Ah! fit Verdier, sans attacher la moindre importance aux dernières paroles que je venais de lui dire; il paraît que le *Petit Renard* (1) s'amuse à fréquenter les *Soi-disants de la Raclette* : c'est bon à savoir. Et qui vous a dit que Lagrave était à Blois, continua Verdier en me toisant très impertinemment?

— Lui-même qui m'y a donné rendez-vous.

— C'est inutile alors que vous l'y cherchiez, car il n'y est pas; en outre, je vous engage à sortir immédiatement de cet atelier et de ne plus y mettre les pieds, si vous avez envie de conserver vos oreillles.

— Mais, monsieur, lui répondis-je indigné d'une pareille réception, je ne sache pas vous avoir dit rien de désobligeant ou qui puisse vous donner le droit de me traiter de la sorte.

— Je n'ai pas besoin de vos observations, répondit Verdier; et quoique vous vous disiez mon compatriote cela ne fait rien à la chose, parce que j'exècre les Bou-

---

(1) Aspirant Compagnon Charpentier.

langers, et pour cause ; c'est assez vous dire que votre présence ici m'est très-désagréable.

Je sortis donc de cet atelier, l'âme brisée, bien persuadé que ce malheureux compatriote était fanatisé par les préjugés du compagnonnage ; et, plus que jamais, je plaignis l'ignorance de mes camarades et l'abrutissement où les entraînait cette mystérieuse institution. Lagrave était sans doute allé travailler à la campagne, il me fut impossible de découvrir le lieu de sa retraite.

Vers ce même temps, il se passa à Blois une chose extraordinaire, d'autant plus rare que je ne crois pas qu'une autre société secrète se soit encore avisée de constater un pareil fait dans ses fastes quelquefois si bizarres. Voici comment j'appris cette histoire :

— As-tu remarqué, me disait, un jour que nou nous promenions dans la forêt de la Seulette, un Compagnon nommé *Toulousin Cœur Fidèle*, les têtes de morts qui sont dans la caisse des cérémonies de *la Chambre*.

— Parfaitement, lui répondis-je.

— As-tu fait attention à l'une d'elles, dont les dents de côté paraissent avoir été usées par l'usage fréquent de la pipe ?

— Ma foi non !

— Cette tête, continua *Toulousin Cœur Fidèle*, est celle d'un de nos frères que tu as probablement connu.

— Bah ! fis-je avec étonnement.

— C'est toute une histoire que je vais te raconter avec la plus scrupuleuse exactitude, et qui ne date que de quelques mois seulement.

« Un soir d'assemblée, commença *Toulousin-Cœur-Fidèle*, les compagnons réunis chez la *Mère Desniau* : après avoir réglé le service courant de la Société, firent la lecture d'une lettre reçue le matin et ainsi conçue :

« M....... Ce.... 1840.

« Très-chers frères,

« Je suis au lit depuis près de deux mois ; vous le
« savez, retenu par une maladie de poitrine très aigüe ;
« mais ce que vous ignorez tous, c'est qu'il n'y a plus
« pour moi aucun espoir de rétablissement, malgré les
« promesses du médecin, parce que moi, le patient,
« j'ai la ferme conviction que mon heure dernière va
« bientôt sonner. Je profite donc, chers frères, d'un
« moment de courage pour vous écrire ces quelques
« lignes ; le vif désir m'en a donné la force. Je vous
« écris donc pour vous engager à venir me faire une
« visite toute fraternelle ; avant de descendre chez les
« morts, j'ai le plus pressant besoin de confier mes
« dernières volontés à deux Compagnons au moins ; et,
« retenez bien ceci, il faut que ce voyage se fasse
« demain, sans faute, car il serait inutile de venir plus
« tard, vous ne trouveriez plus qu'un cadavre. Pour
« vous attendre, je vivrai quelques heures de plus s'il
« le faut. »

« Je vous salue fraternellement.

« *Rennois-la-Belle-Conduite.* »

« Le conseil, continua *Toulousin*, décida immédiatement qu'une députation composée de trois membres se rendrait au désir de ce frère. En qualité de *Rouleur* je fus nommé président de cette commission. Le lendemain, à deux heures de l'après-midi, nous arrivions au village de M......, où nous fûmes reçus par l'épouse éplorée de notre frère moribond, à qui nous racontâmes le sujet de notre visite.

— « Soyez les bienvenus, messieurs, nous dit cette

jeune femme en sanglottant ; mon pauvre cher homme vous attend depuis ce matin.

— « Consolez-vous, madame, lui répondis-je, le mal n'est peut-être pas sans remède ; il faut espérer, la Providence divine est si grande !

— « Hélas ! mes chers messieurs, je ne me fais pas d'illusions, parce que je vois très-clairement qu'il ne faut plus compter sur le retour de la santé ; la maladie est arrivée à sa dernière période et, quoiqu'il ait encore toute sa connaissance, on lit dans ses yeux caves et vitrés qu'il n'habitera pas longtemps cette terre jonchée de douleurs amères.

Après avoir donné un libre cours à ses larmes, elle nous conduisit dans la chambre qu'occupait son mari.

— « Auguste, dit-elle en entrant, dors-tu ?

— « Non, bonne, répondit le malade.

— « Mon ami, reprit-elle, les jeunes gens de Blois, que tu attends avec tant d'impatience, sont arrivés ; es-tu disposé à les recevoir ?

— « Oui, femme ; fais-les entrer et laisse-moi seul avec eux.

« Elle obéit et nous nous approchâmes du lit.

— « Soyez les bienvenus, frères, dit le malade en nous tendant sa main froide et décharnée ; je suis content de vous ; je vois avec beaucoup de plaisir que vous n'êtes pas sourds à la voix de la fraternité ; je suis d'autant plus charmé de votre exactitude, qu'il me semble que je vais mieux. Aussi vais-je profiter de ces précieux moments pour vous faire part de mes dernières volontés, car la mort va bientôt venir, je la sens, je la vois s'approcher vers moi depuis une quinzaine de jours, comme je vous vois maintenant.

« En terminant ces lugubres paroles, le malade fixa sur moi son regard terne qui me fit frissonner.

— « Il y a vingt ans, continua *Rennois-la-Belle-Conduite*, que je suis compagnon ; j'ai été reçu à Tours en 1825, à la première réception qui se fit dans cette ville ; j'ai voyagé onze années en faisant deux fois le Tour de France, et pendant ces longues pérégrinations les brillantes couleurs, qui sont renfermées dans l'étui en fer-blanc que vous voyez à la tête de mon lit, ont décoré mon cœur sans jamais avoir été tachées du stigmate de l'inconduite. Et nous montrant un jonc à pomme jaunie par le temps, il continua de nouveau :

« Cette canne, que vous voyez là, a plus d'une fois protégé mes jours dans le cours de mes voyages ; et lorsque je suis devenu vieux, elle a servi d'appui à mes forces débiles. Elle a visité avec moi le désert si renommé de Sainte Baûme, coquettement garnie de fraîches couleurs ; c'est la seule relique, le seul trésor que je possède ici-bas, et c'est celui auquel je me suis attaché avec le plus d'amour.

« Si j'avais un enfant je lui aurais laissé cet héritage ; mais le ciel m'ayant refusé cette douce consolation, je veux que tous ces insignes du Compagnonnage descendent avec moi dans la nuit du tombeau. Je désire en outre que ce soit vous qui m'ensevelissiez, et je tiens à ce que..........

« *Rennois* ne put en dire davantage, les forces lui manquèrent, il laissa tomber sa tête sur son oreiller en nous faisant un signe de la main, comme un homme qui cherche à reprendre haleine après avoir été vivement suffoqué.

« Ces paroles si tristes de notre frère mourant nous firent verser quelques larmes d'attendrissement.

« Un instant après, *Rennois-la-Belle-Conduite* reprit en relevant noblement la tête :

— « Eh ! quoi, mes frères, vous pleurez ? Séchez vos pleurs, sans cela je ne me sentirai pas la force de vous dire mes dernières volontés. Il dit ; et rappelant ses idées, il continua ainsi : Je désire, mes chers amis, que ce soit vous qui m'ensevelissiez, afin que, sur le linceul qui enveloppera mes restes, vous puissiez m'enrouler avec mon jeu de couleur ; je désire, en outre, avoir le cordon de ma vieille canne passé dans le bras droit, afin que tous ces emblèmes de notre beau *Devoir* si chers à mon cœur, soient encore près de moi dans le champ du repos. J'ai encore une autre demande à vous faire, d'une importance bien plus grande encore : c'est une idée fixe, arrêtée, une de ces idées de malade, bizarre, incompréhensible, que je nourris depuis plus de six mois et que je veux vous soumettre, bien persuadé que vous ne refuserez rien à un frère mourant. Mettez le comble à mes dernières volontés, s'écria-t-il en faisant briller un éclair de vive intelligence dans ses yeux mourants, et, du haut du céleste séjour, mon âme sourira à ce bienfait de mes camarades.

— « *Rennois*, lui répondis-je avec un air de résolution qui parut lui faire plaisir, tu sais, mon ami, qu'entre nous, Compagnons, c'est à la vie et à la mort ; compte donc sur le dévouement sincère des délégués d'une société dont jamais tu n'eus à te plaindre.

— « Vous êtes de braves garçons, répondit le moribond, je n'attendais pas moins de vous ; ainsi donc écoutez attentivement mes dernières volontés : Je voudrais pouvoir vous laisser mon être matériel une fois que mon âme l'aura quitté pour aller faire le voyage de l'éternité ; mais, comme je crois qu'il ne serait pas facile de tromper la vigilance de ma famille sur ce point, je tiens à ce que vous me fassiez le serment de faire tout ce qui dépendra de votre volonté pour vous emparer de ma tête, afin qu'elle puisse présider sur l'autel baptismal de nos réceptions compagnonniques, dans la ville de Blois, longtemps après que j'aurai cessé d'être. Puis-je compter sur vous et sur votre abnégation de tout scrupule en cette circonstance, dit *Rennois* en nous fixant avec ce regard de la mort qui fait mal à voir ?

« Nous fûmes si étrangement surpris d'une semblable demande que, pendant un instant, nous gardâmes le plus profond silence ; mais enfin, forcés de répondre à cette supplique embarrassante, et pour ne pas que le frère *Rennois* doutât un instant de notre sincère attachement, je pris la parole et je lui répondis en ces termes :

— « Frère, je jure que tes dernières volontés seront religieusement exécutées ; Dieu est témoin du serment que je fais ici au nom de la *Société* que tous nous représentons ! Comme je terminais cette promesse solennelle, *Rennois la Belle Conduite* me serra convulsivement la main et expira.

« Un instant après, son épouse éplorée apprenait cette fatale nouvelle de la bouche du médecin qui était entré dans la chambre au moment où *Rennois* rendait le dernier soupir. Avant de partir de M...., nous ensevelîmes notre infortuné camarade selon ses dernières volontés, et nous prîmes congé de la veuve, après lui avoir promis de revenir le lendemain pour accompagner les restes de son époux à leur dernière demeure.

« Il était tard quand nous arrivâmes à Blois ; mais, vu les pressantes circonstances, une assemblée extraordinaire fut tenue, laquelle décida que tous ceux d'entre nous qui pourraient assister aux funérailles de *Rennois la Belle Conduite* devraient s'y rendre sous peine d'une amende de cinq francs au profit de la caisse. Tous promirent d'y assister. Ce même soir, je me procurai un bon couteau de chasse, qui devait me servir dans la tâche délicate qui m'était confiée.

« Le lendemain, la société composée de cinquante membres, environ, faisait son entrée à M...., à trois heures du soir. Nous fûmes reçus par la veuve désolée, avec toute la cordialité désirable dans un moment aussi fâcheux que celui où elle se trouvait. Bientôt après nous entrâmes dans la chambre du défunt. Près du lit était le cercueil dans lequel nous mîmes notre frère, avec un saint respect. Le couvercle fut arrangé de manière à pouvoir facilement être soulevé, pour accomplir avec le plus de facilités possibles la soustraction du chef de notre frère. Nous avions apporté de Blois, à cet effet, une corbeille en usage dans ces sortes de cérémonies religieuses : c'était une espèce d'urne à couvercle, dans laquelle on met ordinairement du pain et du vin que le *Rouleur* dépose dans le cercueil du défunt. Cet usage, qui prouve le fanatisme de l'institution, a été emprunté au paganisme ; les anciens croyaient que ces aliments étaient indispensables aux ombres qui traversaient l'*Achéron*.

« A trois heures et demie, le cortège se mit en marche vers le champ du repos ; tous les Compagnons étaient décorés de leurs insignes, les cannes couvertes de crêpes et les pommes inclinées vers la terre. Deux jeunes Aspirants, à la tête des assistants, portaient la corbeille dont nous avons parlé plus haut, puis les Compagnons, sur deux rangs, suivaient le corps du défunt, porté par les anciens de l'ordre. Le cortège se dirigea silencieusement vers le cimetière, accompagné par une partie des habitants du village de M..., attirés par la pompe d'une aussi étrange cérémonie. Quand le cercueil fut placé dans la fosse, je descendis avec lui, et, suivant le rite, on me couvrit du drap mortuaire : la cérémonie commença par les momeries d'usage en pareille circonstance. Profitant du moment où les Compagnons, autour de la fosse, faisaient le *Devoir*, j'ouvris le cercueil qui était à peine fermé, et, accomplissant courageusement l'action inique que je devais commettre puisque je l'avais promis au défunt, je séparai la tête du cadavre de *Rennois*, avec une sorte de fanatisme dont je ne me serais pas cru capable. Puis je l'enveloppai dans un linge que j'avais descendu exprès, et je la déposai avec soin dans l'urne qui contenait les vivres devant servir au voyage de l'Eternité. Le couvercle de la corbeille, qui fermait hermétiquement, empêchait les nombreux spectateurs de jeter leurs regards profanes dans le mystérieux récipient, de sorte que l'urne remonta comme elle était descendue aux yeux d'une population témoin de ce fraternel enterrement, et ignorant le mystère qui venait de se passer.

« Voici, mon cher *Libourne*, termina *Toulousin Cœur-Fidèle*, l'histoire de cette tête acquise, comme tu le vois, par une particularité bien extraordinaire. »

— C'est assez curieux en effet, lui répondis-je. — Et je restai absorbé dans de pénibles réflexions.

Au commencement du mois de mars de l'année 1840, et au moment où je m'y attendais le moins, un jeune homme en blouse entre chez M. Poussin, et, sans autre formalité et avant que je n'aie eu le temps de le reconnaître, il me saute au cou et m'embrasse avec transport. C'était Charles, mon mauvais génie de Château-Renaud.

— Adieu, mon cher Edouard, me dit-il, me *revoilà !*

— Je te vois parfaitement bien, lui répondis-je en souriant à ses manières décidées, mais cela ne me prouve pas que je sois très-content de toi, car tu ne te comportes pas à mon égard comme un bon camarade.

— Je sais, répondit Charles, que je mérite tous les reproches dont tu m'accables, mais enfin il faut bien me pardonner quelque chose.

— Pourquoi ne m'as-tu pas répondu, lorsque je t'ai écrit de Tours?

— Mon cher, c'est une négligence que je ne m'explique pas.

— As-tu définitivement quitté Château-Renaud?

— Oh ! pour cela oui ; et avec les meilleures dispositions.

— Tu m'as déjà dit cela, aussi je n'y crois guère.

— Je t'assure, Edouard, que je ne te quitterai plus, dûs-tu rester dix ans sur le Tour de France.

— Je crois, mon ami, que tu me suis comme un mauvais génie.

— Je te jure, dit Charles en me serrant la main avec effusion, qu'à l'avenir tu n'auras plus à te plaindre de moi.

— C'est ce que nous verrons. Et tu viens à Blois pour.....

— Pour demander ta protection et travailler.

— C'est impossible.

— Pourquoi cela ?

— Parce que tu n'appartiens pas à la société, et que, dans cette ville qui est la cité fondamentale de l'ordre, on ne garde que les Compagnons ayant fait le Tour de France.

— J'ignorais cela, dit Charles. — Eh bien ! si tu veux, nous allons partir pour Paris.

— Tu en parles à ton aise, mon cher ; mais tu ignores sans doute qu'il faut avoir de l'argent pour entreprendre ce voyage ?

— Qu'à cela ne tienne, je me charge de tous les frais de route et au-delà ; les cinquante francs que j'ai en bourse pourvoiront aux premiers besoins, et la bonté de mes parents fera le reste.

Charles semblait me dire cela avec tant de franchise que je crus l'avoir mal jugé d'abord ; aussi, un peu revenu de mon erreur sur son compte, j'acceptai son offre avec d'autant plus de plaisir que moi-même j'avais fixé mon départ pour les premiers jours du mois d'avril.

— Et quand partons-nous, lui demandai-je ?

— Aujourd'hui, si tu le veux.

— Aujourd'hui, soit !

Le même jour je réglai mon compte avec M. Poussin, et le soir, à neuf heures, nous prenions sur les voitures Lafitte et Gaillard les deux dernières places de la banquette. Nous passâmes la journée du lendemain à visiter Orléans, et, dans la soirée, la société de cette ville nous fit une conduite d'honneur.

CHAPITRE X.

Après avoir passé la nuit assez mal à notre aise, en compagnie d'Auvergnats et de Limousins qui, comme nous, avaient quitté leur pays, nous arrivâmes enfin au milieu de cette cité populeuse que j'avais le désir de voir depuis si longtemps. Quelle joie je ressentis ! en foulant, pour la première fois, les pavés de cette riche et immense capitale du monde civilisé, que tous les peuples de la terre viennent visiter avec admiration. « O Paris ! Paris ! m'écriai-je, je puis donc te contempler ; toi, la merveille de la création des hommes ; toi, le refuge du loup et de la brebis ; toi, si fertile en magnificence. — Paris ! c'est donc là, où les heureux de ce monde viennent s'abreuver aux sources de tes jouissances toujours renaissantes. — En faisant toutes ces réflexions, j'arrivai dans la rue de Viarmes sans m'être aperçu de l'espace que je venais de parcourir dans un de ces délectables omnibus comme il y en avait alors ; mais, revenu un peu à la vie positive, je fus frappé d'admiration à l'aspect de la Halle au blé, coquettement couverte en verre. Ce monument remarquable captiva d'abord toute mon attention.

— Eh bien! Charles, dis-je à mon compagnon de voyage, comment trouves-tu cette halle?

— Admirable, mon cher Edouard; mais où allons-nous donc comme cela? Voilà deux ou trois fois que nous faisons le tour de cette rue sans jamais en sortir. C'est cependant par ici, à ce que tu m'as dit, que demeure *la Mère des Compagnons Boulangers*. Entrons, mon ami, car je meurs de faim.

— Voilà! voilà! m'écriai-je en voyant la rue Babille, devant laquelle j'étais en effet passé sans y faire attention, et nous entrâmes chez M. Mollard, dit *Berry le Flambeau d'Amour*, Compagnon du Tour de France, chez qui siégeait alors la Société des Compagnons Boulangers. Notre Société, à Paris, quoique la même qu'en province, n'est pas administrée de la même manière. En province, elle répond de toutes les dépenses des *arrivants*, si elle juge à propos que ces *arrivants* restent à *flâner* chez la *Mère* pour attendre l'ouvrage, comme je l'ai déjà dit; à Paris, au contraire, elle ne se charge que des deux ou trois jours de repos que les règlements de l'ordre donnent aux voyageurs, pour les besoins de première nécessité. Après quoi, il faut quitter la capitale si l'on n'a pas les moyens de payer ses dépenses jour par jour, ou le temps de se créer la confiance d'un brave gargotier, ce qui n'est pas très-difficile à obtenir. A Paris, cependant, il arrivait souvent que le *Père* et frère *Berry* prenait sur lui de faire crédit aux Compagnons dont la figure et les manières lui étaient agréables; c'est ce qui m'arriva chez cet estimable collègue. Charles n'étant pas reçu Compagnon n'eut pas le même privilège.

Huit jours après notre arrivée à Paris, Charles m'avertit assez piteusement que nous en étions à nos derniers cinq sous ; malgré l'économie avec laquelle nous puisions dans la bourse commune, soit pour sa nourriture à lui, soit pour nos menus plaisirs qui se bornaient à aller au théâtre tous les deux jours. J'avais déjà songé à l'inconvénient qui résulterait de cette pénurie en intercédant pour lui auprès du *Père* Mollard, et en lui faisant obtenir une avance de quinze jours, quand il me vint à l'idée que j'avais à Paris un cousin germain qui pourrait peut-être nous aider de sa bourse, en attendant l'ouvrage. Je proposai donc à Charles de venir avec moi lui rendre visite.

— Comment nommes-tu ce cousin, me demanda Charles ?

— Gaillard, notre ami d'enfance !

— Que fait-il à Paris ?

— Il tient un magasin d'orfèvrerie, sur le quai Malaquai. — Charles, dans sa joie, s'empara de mon bras, et nous nous dirigeâmes du côté du Pont-Neuf. En traversant la rue de l'Arbre-Sec, je fus accosté par un ouvrier que je reconnus aussitôt pour un compatriote, qui, quelques années avant, avait travaillé chez mon père. Nous nous donnâmes l'accolade et, après les premiers transports d'amitié, Rousselot, c'est ainsi que se nommait cet ancien ami, me demanda, avec sa bonhommie ordinaire, quel était l'heureux hasard qui m'avait conduit à Paris.

— Ce n'est pas le hasard, lui répondis-je ; mais tout simplement le désir de faire le Tour de France.

— C'est une bonne idée que tu as eue là, répliqua Rousselot, cette émigration te fera beaucoup de bien ; et, si un jour tu t'établis, tu auras l'avantage de connaître combien est grande la peine de l'artisan qui voyage, et si tu deviens ingrat et égoïste, tu le seras en connaissance de cause et tu n'en seras que plus coupable. Mais je crois que tu seras comme ton père, c'est-à-dire bon, et que ceux qui travailleront avec toi n'auront pas à se plaindre.

Je fus très flatté du compliment et je l'en remerciai.

— As-tu déjeuné, me demanda Rousselot en changeant de conversation?

— Non pas encore, lui répondis-je.

— Alors, je t'invite à venir partager le mien, ainsi que monsieur, dit-il en désignant Charles.

— C'est aussi un Libournais, dis-je en lui présentant mon ami, le reconnais-tu?

— Non, fit Rousselot après l'avoir un instant regardé.

— Le fils Charles, boulanger, rue Michel Montaigu.

— Ah! ah! je me souviens de lui maintenant, et il tendit la main à Charles.

Cette rencontre inattendue ajourna indéfiniment la visite que nous allions faire à mon cousin Gaillard, car aussitôt nous prîmes place dans un fiacre, nous allâmes à la barrière passer gaîment cette heureuse journée, et le soir, avant de nous séparer, Rousselot m'offrit ses services; m'ayant exhorté à quitter la rue Babille, je partis m'installer dans sa modeste gargote, située rue Saint-Germain-l'Auxerrois. Trois jours plus tard, Charles partit pour Libourne sans m'en donner connaissance, il confirma bien la mauvaise opinion que j'avais conçue de lui lors de sa première apparition à Château-Renaud. J'ai su, depuis, qu'il avait touché à la poste un mandat de quatre-vingts francs que ses parents lui avaient envoyés, la crainte qu'il avait eue que j'en fusse instruit lui avait fait commettre cette étourderie.

Peu de temps après mon arrivée à Paris, je me liai d'amitié avec les *Enfants de la Jubilation* (1), c'est ainsi

---

(1) Ces enfants de la Jubilation, au nombre de cinq, étaient *Poitevin Sans Rémission*, — *Chamberry la Liberté*, — *Fau-*

que la société des Compagnons Boulangers appelait cinq ou six hommes de première force, du tournant de la *Halle au Blé* (1), qui ne travaillaient presque jamais, ne vivant que de bonnes fortunes que leur vie aventureuse et bohémienne leur procurait. Je m'associai pendant quelque temps à cette réunion de gais viveurs, dans le but de butiner quelques bons renseignements pour ces mémoires ; car, pour remplir le but que je me proposais, il fallait que je montrasse le Compagnonnage et ses sectateurs tels qu'ils étaient ; c'est-à-dire, la société avec son bon côté et ses nombreuses imperfections, et les Compagnons du Tour de France, vus à l'extérieur du temple des mystères, dans leurs moments de joie et de leurs moments de misère et de désœuvrement. Parmi ces tapageurs, se trouvait *Poitevin sans-Gêne* que nous connaissons déjà. La vie aventureuse et vagabonde que menaient les *Enfants de la Jubilation* avait de bien fâcheux moments, car il arrivait que la plus affreuse misère succédait aux jours de grands galas. J'étais exempt, il est vrai, de ces sortes d'incidents fâcheux, comptant sur le crédit qui m'était ouvert dans la gargote de l'ami Rousselot ; mais je n'en étais pas moins attristé pour cela, quand ces journées malheureuses venaient assombrir le caractère si joyeux et si aimable de mes camarades, car eux aussi jouissaient d'un crédit très-restreint chez les estimables gargotiers, heureusement qu'une heure de bon temps faisait oublier ces soucis passagers.

Un jour de grande richesse, je venais de recevoir

risien le Résolu, — Bordelais l'Enfant de la Victoire, — Poitevin Sans-Gêne.

(1) C'est au tournant de la halle au blé que se trouvaient alors une partie des ouvriers Boulangers sans ouvrage.

cinquante francs de mes parents, les *Enfants de la Jubilation* réunis décidèrent qu'il fallait aller dépenser cet argent loin de Paris. Versailles fut le lieu désigné, et nous y passâmes trois jours fort agréablement. Au moment où nous quittions l'hôtel où nous étions descendus, pour revenir à Paris, *Sans-Gêne* que nous n'avions pas vu de la journée et dont l'absence commençait à nous inquiéter, arriva tout essoufflé.

— Je viens vous annoncer, dit-il, avec sa gaîté ordinaire, que je reste à Versailles.

— Tu as donc un motif pour cela, fut le cri unanime?

— C'est à n'en pas douter. D'abord, il faut que je vous dise que ce matin, en vous quittant, j'étais emporté par un génie infernal; je courus chez un marchand d'hommes et, comme j'avais tous mes papiers en poche, nous avons fait des affaires. Je viens, en un mot, de vendre la propriété de mon individu et ma liberté pour sept ans.

— Je connais trop bien l'aisance et la haute considération dont jouit ta famille, lui répondis-je, pour te croire capable de la déshonorer par un acte aussi condamnable; ce n'est pas que je blâme le remplacement, lorsqu'il est fait dans des vues d'amour et de charité; lorsque, par exemple, c'est pour secourir une mère, un frère, une sœur dans l'indigence; mais toi, mon ami, toi, le fils d'une famille aisée ce n'est pas pardonnable!

— Mon cher *Libourne*, répliqua *Sans-Gêne* d'un ton comique; trève de morale, celle du plus sage philosophe ne suffirait pas pour vaincre mon amour du plaisir; je fais un coup de tête, c'est vrai, mais, en somme, ça ne regarde que moi, parce que seul je suis responsable. Du reste, mes chers amis, je me sens des ardeurs belliqueuses; voyez, je suis taillé comme Milon de Crotonne, et je crois que je ferai un très-joli soldat ; et, avec sa gaîté intarissable, il nous débita une infinité de plaisanteries qui provoquèrent un rire général.

— Combien croyez-vous que je me suis vendu, continua *Sans-Gêne* ?

— Que peut-on savoir, lui répondis-je ? — Dix-huit cents francs peut-être ?

— Tu as donc perdu la tête, mon cher *Libourne*, pour me priser aussi peu ; sache donc, mon ami, que lorsqu'on a posé au Musée du Louvre, à trois francs le cachet, pour le torse seulement, on peut prétendre à mieux que cela.

— Combien t'es-tu donc vendu, maudit bavard ?

— Deux mille quatre cents francs, avec la condition formelle d'être payé comptant, aussitôt après le conseil.

— C'est un remplacement très-avantageux, fut le cri unanime !

D'autant plus avantageux, répondit *Sans-Gêne*, que, si j'ai le bonheur d'être accepté, vous êtes invités d'avance à venir en manger votre part ; du reste, je vous donnerai de mes nouvelles bonnes ou mauvaises ; je n'ai pas voulu vous laisser partir sans vous apprendre cela.

A mon retour à Paris, j'appris que mon ancien compagnon de voyage, *Manceau-le-Triomphant*, travaillait à Argenteuil ; je partis le lendemain pour aller lui rendre une visite fraternelle. Trois années s'étaient déjà écoulées depuis notre séparation sur les bords de la Loire, et ce fut avec un plaisir bien vrai que je le revis. Il en fut de même de son côté. Nous déjeunâmes ensemble et pendant ce déjeuner nous nous racontâmes réciproquement nos aventures en remontant à notre premier départ de Rochefort. Après cela *Manceau* me fit visiter la petite ville d'Argenteuil que baigne la Seine, et la conversation la plus aimable fit seule les frais de cette charmante promenade.

— Comment se fait-il, mon cher camarade, me dit *le Triomphant*, que tu ne sois pas resté chez tes parents après les fâcheux résultats de ton premier essai du Tour de France?

— Je dois cela, lui répondis-je, au vif désir que j'ai de voyager; c'est une maladie qui je crois deviendra très-grave, si j'ai longtemps à vivre, car j'espère ne quitter le Tour de France que lorsque j'aurai détruit une grande partie des grossiers abus qui dégradent nos ignorantes corporations Compagnonniques; tu dois avoir entendu parler des chansons régénératrices que j'ai publié depuis mon nouveau retour?

— Oui, je les trouve fort belles; tes pensées sont excellentes, mais je crains que tes généreux efforts n'aboutissent à rien; les vieux préjugés sont trop enracinés dans l'esprit des compagnons pour leur faire entendre raison; je puis me tromper, tu réussiras peut-être, mais cela sera très-long.

— Pour que tu me parles avec tant de sagesse, lui répondis-je, étonné de l'entendre parler ainsi, il faut que tu aies bien changé de manière de voir, car je t'ai connu fanatique et méchant, soit dit sans t'offenser.

— C'est vrai, dit le *Triomphant* en souriant; mais j'ai mis beaucoup d'eau dans mon vin; je dois cela à l'influence du progrès qui marche vers son but, suivi de l'élite des classes industrielles qui comme les apôtres du Christ, vont prêcher la concorde et l'amour à leurs frères égarés; les uns sur le Tour de France et les autres dans l'univers entier.

— Je suis enchanté de t'entendre parler ainsi, et puisque tu crois au progrès et à ses bienfaits, je dois t'avouer que j'ai l'intention de proposer ouvertement la réforme du Compagnonnage; je vais, avant peu, jeter l'anathème sur l'ordre en général, afin d'en faire réviser le code si plein d'absurdités. Ce n'est pas à Paris, que je veux commencer à prêcher la réforme, mais avant peu, tu entendras parler de moi à ce sujet.

— Ce sera toujours avec le plus grand plaisir. Ah ! ça, mais, en parlant de Paris, tu ne m'a point dit s'il y avait longtemps que tu l'habitais.

— Je l'habite depuis une quinzaine de jours environ.

— Que penses-tu de cette immense Cité ?

— Je pense, mon ami, qu'elle est très belle. — C'est une ville qui, je le crois, aurait quelque ressemblance avec le céleste séjour, dans l'idée que je m'en fais, si l'on ne voyait à chaque pas les vices de la société. Ici, le fauteuil doré auprès de l'escabeau ; là, les palais auprès des chétives mansardes ; et partout la fortune éclaboussant la pauvreté.

— Oui, voilà bien Paris, fit le *Triomphant* ; mais que veux-tu faire à ces choses que le vulgaire ne saurait changer, dans l'impuissance où l'a jeté sa simplicité.

— C'est vrai, lui répondis-je, mais, plus instruit, il pourrait bien des choses! Mais, parlons d'autre chose!

— Dis-moi, cher ami ; si tu te plais dans ce petit endroit, toi qui avait coutume de ne travailler que dans les grandes villes ?

— Mais oui, je m'y plais assez, parceque j'ai quelqu'un qui m'y attache.

— Ma femme, sans doute ?

— Oui, mon cher *Libourne*, une femme jeune et très aimable.

— Tu veux donc te marier ?

— C'est mon intention, si je parviens à m'arranger avec mon patron, qui doit bientôt se retirer des affaires ; et, si mes prétentions se réalisent, Argenteuil sera désormais mon Château-Gontier.

— L'on est bien partout où l'on se plaît, il n'y a que le méchant qui n'est bien nulle part.

— C'est vrai ; Mais toi, mon cher *Libourne*, comment te trouves-tu à Paris depuis ton arrivée?

— Mais pas mal.

— Es-tu en fonds?

— Pas précisément.

— Ne te gênes donc pas avec moi, ma bourse est entièrement à ta disposition.

— Je te remercie infiniment.

— Tu dois avoir besoin d'argent depuis le temps que tu ne travailles pas?

— Le besoin ne s'est point encore trop fait sentir, attendu que j'ai ma nourriture assurée dans une gargote de la rue Saint-Germain l'Auxerrois, au rendez-vous favori des enfants de l'Auvergne ; mais enfin puisque tu m'offres tes services de si bon cœur, je les accepte.

— Combien veux-tu?

— Dix francs me suffiront pour le moment.

— Tiens, en voilà vingt, dit *Manceau* en me présentant quatre pièces de cinq francs, et ne te prives de rien pendant le temps que tu *Flânes*, et surtout viens me voir quelquefois.

Un mois après mon arrivée à Paris, je tombai malade et, ne voulant être à la charge de personne, je me présentai un matin à l'hopital de la Pitié, accompagné d'un de mes camarades qui était malade aussi. L'aspect de ce refuge du malheur me fit une singulière impression ; je me sentis beaucoup mieux, et j'ajournai mon entrée, quoique j'eusse été accepté par le chirurgien de garde. Mon ami, plus souffrant que moi, y rentra. Le lendemain, j'allais beaucoup mieux, grâce aux tendres soins d'une jeune et jolie femme et, peut-être, plus encore aux succulents déjeuners que j'allais prendre chez mon cousin Gaillard, qui, lors de ma première visite, m'avait très-bien accueilli.

Le jeudi qui suivit l'entrée du jeune Labroue à la Pitié, je fis quelques petites provisions de gâteaux et de fruits, et j'allai voir comment il se portait. Hélas! elle fut bien pénible cette visite, car cet ami était mort une heure avant mon arrivée. — En le voyant froid et inanimé sur son lit de douleur, une larme sillonna mon visage pâle d'émotion. Je m'approchai religieusement de ce cher camarade que j'estimais beaucoup, et je lui donnai le baiser de paix. Bientôt après je sortis de cette maison hospitalière, l'œil humide et l'esprit rempli de tristes pensées; je me dirigeai du côté de la halle au blé où je racontais la triste fin du jeune Labroue. Comme c'était un *Aspirant* généralement estimé, la Société s'empressa de le réclamer pour lui rendre les honneurs funèbres.

Quelques jours après ce grand malheur, je reçus une lettre de Versailles, que m'adressait l'ami *Poitevin Sans-Gêne*, elle arrivait fort à propos pour faire diversion à ces douloureuses impressions. Voici comment était conçue cette lettre :

« Versailles, ce 30 avril, 1840.

« Mon cher Libourne,

« Hier à quatre heures de l'après-midi, j'ai passé
« devant le conseil de révision ; je te laisse à penser si
« j'ai dû faire l'admiration des membres du conseil,
« par la beauté de mon corps qui, comme tu le sais,
« est un vrai modèle du musée. J'ai touché une partie
« de mon remplacement, en jolies pièces de vingt
« francs ; la somme me paraît si fabuleuse que je crains
« ne pas pouvoir la dépenser. Cependant comme il est
« bien prouvé que tout ce qui vient de *Flûte* s'en re-
« tourne au *Tambour*, je ferai mon possible pour la
« dépenser jusqu'au dernier liard avant d'entrer au ré-
« giment. Je dois rejoindre, m'a-t-on dit, dans le
« courant de la quinzaine ; je suis destiné pour le 12e

« chasseur, actuellement en garnison à Paris, (Ecole
« Militaire.) Comme tu le vois, je n'ai pas beaucoup
« d'étapes à faire. Afin, mon cher ami, que tout s'ac-
« complisse selon mes volontés, n'oublie pas de faire
« part de mes intentions à nos amis les *Enfants de la*
« *Jubilation*. Demain j'irai vous attendre au bureau de
« la gare, à l'arrivée du premier convoi, pour payer
« vos places en cas de non possibilité de votre part.

« Adieu, ton frère et ami,

« *Poitevin Sans-Gêne.* »

Il paraît, m'écriai-je après avoir ri de la singulière
forme de cette épître, que ce cher ami n'a pas grande
confiance dans les fonds que nous pouvons posséder ;
il a raison, les précautions ne sont jamais de trop ;
mais il n'a pas probablement réfléchi, ce cher *Sans-
Gêne*, qu'au chemin de fer on paie d'avance ; enfin il
faudra bien aviser, j'ai quelques économies et, si peu
que je sois secondé, nous n'aurons pas besoin, je l'espère, de prendre nos jambes pour locomotive. Comme
je ne couchais plus au garni de la rue de l'Arbre-Sec,
j'attendis au lendemain pour apprendre cette bonne
nouvelle à mes Compagnons d'aventures, et, pour ne
pas les manquer, j'allai les prendre au saut du lit et au
moment où ils se disposaient à s'orienter pour aller
faire une excursion très-incertaine.

— Vive la joie ! m'écriai-je en entrant dans la chambre du garni fraternel.

— Tiens ! tiens ! fit *Bordelais l'Enfant de la Victoire*
(Petiton) ; c'est ce cher *Libourne* ; c'est, par ma foi bien
étonnant de te revoir, dit-il avec un air de reproche,

car depuis que tu as une maîtresse l'on ne te voit plus au Tournant (1), je crois que tu nous fuis.

— Moi, vous fuir, allons donc, vous êtes de trop joyeux camarades pour cela.

— Où passes-tu donc ton temps, demanda un autre?

— Eh! mon Dieu, mes amis, comme vous, à flâner, et si ce n'est pas en votre compagnie, c'est que chaque fois que je viens ici je ne vous y rencontre jamais.

— Tu viens sans doute trop tard, répliqua *Chamberry la Liberté*, tu dois cependant connaître nos habitudes?

— Il y a peut-être un peu de ma faute, dis-je en cherchant à me défendre des reproches que chacun d'eux m'adressait; à l'avenir, je serai plus matinal; mais brisons là-dessus et occupons-nous du sujet de ma visite. Je viens vous inviter à une noce de Gargantua; une de ces noces de premier ordre, dont la scène se passe toujours à la Barrière.

Une secrète joie brilla dans les yeux de mes camarades, tous se mirent sur leur séant en s'écriant :

— Parle, *Libourne*, de quoi s'agit-il?

— Il s'agit de partir pour Versailles à l'instant même.

— Tu as donc reçu des nouvelles de *Sans-Gêne*, fut la demande unanime?

— C'est à n'en pas douter.

— Bah!

— Allons, allons, paresseux, m'écriai-je en les découvrant les uns après les autres; allons, debout, car nous n'avons pas une minute à perdre si nous voulons profiter du premier convoi.

(1) Rue de Viarmes.

La toilette de ces quatre bohémiens fut bientôt faite, on doit le penser ; et les six étages furent descendus avec une rapidité qui ne leur était pas habituelle.

Fidèle au rendez-vous, *Sans-Gêne* nous attendait au bureau, comme il nous l'avait écrit ; son déguisement original et burlesque provoqua un rire général. Notre arrivée à Versailles fut célébrée par un copieux déjeûner où mille toasts furent portés à la folie. En sortant de table et quand nous fûmes loin de l'hôtel où avait eu lieu ce repas de Lucullus, voici ce que nous dit *Sans-Gêne*, avec sa gaîté toujours intarissable :

— Il faut, mes chers camarades, que vous vous disposiez à m'imiter en tout ce que je ferai, car c'est pour partager ma fortune et tous mes plaisirs que je vous ai appelés près de moi au jour de mon éphémère splendeur ; ainsi mes amis, j'admets que je suis millionnaire en ce moment, combien supposez-vous que je puisse manger par jour ?

— Chacun garda le silence, car nous le crûmes fou.

— Voyons, toi, *Libourne*, reprit-il, qui je crois connais un peu les mathématiques, combien puis-je dépenser ?

— Que sais-je ? lui répondis-je, peut-être cent quarante ou cent cinquante francs par jour, mais pourquoi cette question ?

— Parce qu'avec mes deux mille quatre cents francs, je veux faire le millionnaire pendant une quinzaine de jours.

A cette réplique nous éclatâmes de rire.

— Tu as des idées vraiment bizarres, lui dis-je.

Et, nous laissant aller à toutes les fantaisies de notre camarade, nous fîmes mille folies plus extravagantes les unes que les autres.

Quinze jours après, les revenus du millionnaire étaient mangés ; *Poitevin Sans-Gêne* rentrait au quartier de cavalerie de l'école, sans un *patard* en poche, regrettant beaucoup de n'être pas possesseur d'une autre pareille somme pour recommencer de plus belle. Ce cher Compagnon du Tour de France passa en Afrique peu de temps après, où il mourut à la suite d'une chûte de cheval. J'étais à Lyon lorsque j'appris sa triste fin ; je le regrettai beaucoup, car il fut toujours un bon camarade, et j'étais bien persuadé qu'il ne s'était livré à de pareils désordres qu'à la suite de grandes contrariétés avec ses parents, qui, à l'exemple de beaucoup d'autres, avaient employé le remède contraire à la fougue et aux étourderies de sa jeunesse.

A quelques jours de là, le placeur, M. Gauché, m'envoya travailler au village de Colombe, à dix kilomètres environ de Paris, chez le père d'un de mes anciens camarades. Ce patron était d'un caractère peu accommodant, car la première nuit de travail se passa en ridicules querelles. Le surlendemain de mon arrivée chez cet original, je quittai Colombe sans même demander à mon patron les deux journées de solde qu'il me devait. En arrivant à Paris, je me souvins que Rousselot m'avait dit bien souvent que nous avions des compatriotes, de diverses professions, qui logeaient en garni dans la rue Neuve-Saint-Denis, au numéro 37, chez un menuisier nommé Descasse ; je passai donc dans cette rue, où je fus assez heureux pour rencontrer mes compagnons d'enfance.

— C'est bien extraordinaire de te voir dans nos quartiers, me dit l'un d'eux ; c'est donc le hasard qui t'a conduit-ici ?

— Non, mes amis, ce n'est point le hasard, mais bien le plaisir de presser sur mon cœur de bons et chers amis que je n'ai pas vus depuis longtemps.

— Tu fais bien de nous dire cela pour te disculper, dit le jeune Tournier ; mais cela ne nous empêche pas de dire que tu as le plus grand tort de négliger ainsi tes amis ; car nous savons très-bien que tu es sans ouvrage et que, par conséquent, tu aurais pu trouver un moment pour venir partager un de nos déjeûners, si tu l'eusses voulu, depuis deux mois que tu habites Paris.

— Oh! deux mois, fis-je d'un air de reproche, c'est un peu exagérer.

— En supposant qu'il n'y en eût qu'un, repartit Tournier, il n'en est pas moins vrai que, depuis que nous avons appris ton arrivée à Paris, nous sommes allés plusieurs fois au tournant de la halle sans pouvoir t'y rencontrer.

— Cessons tous ces reproches qui nous font perdre un temps bien précieux, reprit Eugène Dusseau, et allons célébrer à la barrière le plaisir de cette heureuse rencontre.

Partons pour la barrière, fut le cri unanime! — Mes compatriotes me prêtèrent des effets pour remplacer les miens qui étaient rien moins que luxueux et peu dignes du saint jour du dimanche, puis nous sortîmes bruyamment du garni pour aller chercher d'autres compatriotes logés rue Saint-Denis, à l'hôtel des Libournais. Nous nous dirigeâmes ensuite vers la barrière Montparnasse, au nombre de quatorze enfants de la même ville, jadis tous assis sur les mêmes bancs de l'école. Dans ce nombre se trouvait le jeune Mathieu Croisier, l'enrôlé volontaire dont j'ai déjà parlé. Jamais partie ne fut plus belle, plus gaie, plus agréable; il était près de minuit quand nous revînmes à Paris. Croisier s'était retiré à la retraite pour ne pas être puni, ayant la ferme résolution de se distinguer au régiment; mais avant de nous quitter il me fit promettre d'aller déjeûner le lendemain avec lui à la barrière de l'Ecole, où il était en garnison, pour me donner, disait-il, la revanche de l'accueil que je lui avait fait lors de son passage à Tours. Ce même soir, et contre mon habitude, j'allai coucher au garni des *Enfants de la Jubilation*. Tous les lits de la chambre étaient vacants ; l'absence totale de ces joyeux viveurs à une heure aussi avancée de la nuit me fit croire qu'ils devaient être en bonne fortune.

Le lendemain je me levai de bonheur pour faire mon excursion à la barrière, comme je l'avais promis à Croisier ; je descendis donc les six étages du modeste garni, et, arrivé sur le trottoir de la rue de l'Arbre-Sec, d'un coup d'œil je mesurai la distance qui me séparait des *Quatre Fils Aymon*, car c'était là que Croisier m'avait donné rendez-vous. En passant près du Louvre, je donnai une larme de frère aux mânes des martyrs de Juillet, alors enterrés près de ce vaste moment, et dont les tombes et les croix étaient littéralement couvertes de couronnes. Ce champ de deuil était une preuve irrécusable que les enfants du peuple, pour combattre la tyrannie, donnent leur vie et meurent en héros en défendant des droits imprescriptibles. De là je passai sur la place du Carrousel puis sous la voûte du Château des Tuileries, vieux témoin discret qui a vu commettre bien des infamies que le vulgaire ignore ; et bientôt je me perdis dans l'immensité de la place de la Concorde. Puis après avoir traversé le pont de la révolution je me trouvai en face de l'hôtel des Invalides ; je m'arrêtai un instant devant ce superbe monument, élevé pour recevoir les braves défenseurs de la patrie, presque entièrement occupé alors par ces héroïques militaires aux moustaches blanchies par les années, par ces braves guerriers des luttes insensées de la fin de l'Empire ; C'était tout ce qui restait de trois ou quatre millions d'hommes, — J'étais dans une de ces religieuses contemplations, qui m'avaient transporté au milieu des brillants trophées de l'Empire, lorsque je fus tiré de ma délicieuse rêverie par le bruit de deux fiacres qui passaient près de moi ; et les rires bruyants des personnes qui étaient dans l'intérieur me firent croire à une partie fine ; mais je fus singulièrement surpris en reconnaissant, par l'une des portières : *Poitevin Sans Rémission* (Ouillon), le doyen des *Enfants de la Jubilation.*

— Voilà par ma foi une singulière rencontre, m'écriai-je ; et je me mis à courir de toutes mes forces après les fugitifs. Parvenu enfin à attraper le dernier fiacre, je fais signe au cocher, il s'arrête ; j'ouvre la portière et je me trouve au milieu de mes camarades.

— Diable, mon cher *Libourne*, dit *Poitevin-Sans-Rémission* en m'examinant avec attention et en me pressant cordialement la main, tu es bien *Rupin* aujourd'hui, aurais-tu par hasard gagné un terne à la loterie, ou bien as-tu dépouillé quelqu'un dans une de tes sentimentales promenades du soir ?

— Oh ! mon cher ami, dis-je d'un air de reproche, pour qui me prends-tu donc ?

— Ce que je dis là, est pour rire ; mais dis-moi donc, continua *Sans-Rémission*, où tu as passé ton temps depuis cinq ou six jours qu'on ne te voit plus au Tournant de la halle ?

— Je te conterai cela en route ; et d'un bond je sautai dans le coucou où cet ami, en compagnie de *Bordelais-l'Enfant-de-la-Victoire*, était assis près d'une ravissante femme, ce qui me surprit beaucoup.

— Tu parais étonné, n'est-ce pas, me dit *Sans-Rémission*, de nous voir en aussi bonne fortune ?

— Je t'avoue en effet, lui répondis-je, que cela m'étonne

— As-tu remarqué le fiacre qui file devant nous ?

— Parfaitement. — Il fait son possible pour brûler le pavé avec ses rossinantes qui ne valent guère mieux que celles-ci.

— Qu'importe !

— Eh bien ! ce fiacre ?

— Ce fiacre, dit *Sans-Rémission*, possède dans son intérieur, *Chamberry-la-Liberté* et *Faurisien-le-Résolu* (Petit Jean) tous deux, ainsi que nous, sous l'influence d'une de ces enchanteresses qui nous conduisent en droite ligne à l'Enfer du Dante.

— Fameux! fameux! m'écriai-je. Oh! je vous reconnais bien là, mes aventuriers; mais comment se fait-il que vous soyez dans une aussi grande opulence?

— Voici comment, continua *Sans-Rémission*; Il y a trois jours, je me promenais, par un temps pluvieux, dans le passage Véro-Dodat avec *Bordelais-l'Enfant-de-la-Victoire*, bien contrariés de ne pouvoir aller à la barrière du Combat où nous étions attendus, sans courir le risque d'être trempés jusqu'aux os. Tu sais, *Libourne*, que le temps fut affreux ce jour-là? Dans le passage dont je viens de te parler, il y avait une très-grande quantité de promeneurs attendant le beau temps. Juge de ma surprise quant, au quatrième tour, en arrivant à l'extrémité de la galerie, je marche sur quelque chose de dur qui attira mon attention : — c'était une bourse ! — La ramasser et la mettre dans ma poche, ne fut l'affaire que d'un moment. Quoique peu lourde, cette bourse me sourît, j'avais un pressentiment de ce qu'elle valait. *Bordelais* ignorait cette trouvaille, mais en me voyant sourire avec bonheur il m'en demanda le sujet.

Viens, mon ami, nous sommes riches, lui dis-je. Alors je sortis du passage et, malgré l'averse, je me mis à courir jusque chez le père Jailloux. — Tu connais le père Jailloux?

— Tiens, si je le connais! c'est le marchand de vin du tournant de la halle, au coin de la rue Babille.

— Lui-même.

— Eh! puis?

— Eh! puis, mon cher, j'arrivai donc chez le père Jailloux, suivi de *Bordelais* qui ne m'avait pas quitté d'une minute; je fis apporter un litre à seize dans un cabinet particulier, là je tirai de ma poche ma précieuse trouvaille encore toute boueuse. Je l'ouvre...... Oh! surprise! elle contenait de l'or!

— De l'or, m'écriai-je?

— Oui, mon cher *Libourne*, quatorze pièces de vingt francs à l'effigie de plusieurs monarques, qui venaient de me convaincre que je possédais *deux cent quatre-vingts francs.*

— Tu dûs faire un saut de joie, à te briser la tête au plafond de la chambre?

— J'étais fou, d'autant plus fou, que jamais je n'avais eu à moi appartenant une aussi forte somme. Notre partie à la barrière du Combat fut ajournée et le lendemain matin nous parcourions en fiacre les lieux que nous fréquentons le plus souvent, espérant te rencontrer, mais ce fut en vain.

— Ces chers amis, dis-je en leur serrant affectueusement la main.

— Où diable étais-tu donc passé, me demanda *Sans-Rémission?*

Alors je leur racontai mon voyage à Colombe, et comment la descente des *quatorze* Libournais à la barrière, avait provoqué le déjeûner que j'allais faire avec l'ami Croisier.

— Puisque le hasard nous a si bien réunis, reprit *Sans-Rémission*, nous déjeûnerons tous ensemble à la barrière de l'Ecole; c'est une bonne occasion pour inviter *Sans-Gêne* à passer la journée avec nous.

— Il ne faut pas y songer, mon ami; Croisier, le militaire que je vais voir et à qui je demandais des nouvelles de notre ami, m'a appris, hier, qu'il était à la salle de police pour huit jours.

— Pauvre *Sans-Gêne*, dit *Sans-Rémission*, et un instant la figure joyeuse de ce gai viveur s'assombrit visiblement.

Notre arrivée *aux Quatre fils Aymon* fit changer la conversation. Croisier, fidèle à sa promesse, m'y attendait ; le déjeûner fut quadruplé et le repas fut gai et bruyant comme un déjeûner de barrière, ayant pour convives d'aimables et véritables amis. Ce fut la dernière folie que je fis à Paris, car peu de jours après je quittai ce séjour enchanteur pour me rendre à Lyon, ville que j'avais choisie pour le siége de mes propositions de réformes. Je n'eus qu'un seul regret en quittant la capitale, ce fut de me séparer d'une femme qui m'avait témoigné un très-grand attachement.

CHAPITRE XI.

Je quittai Paris le 10 mai 1840, à huit heures du matin, ayant pour compagnon de voyage *Manceau la Bonne-Conduite* (Surmont) et *Comtois le Triomphant* (Charment). Nos camarades vinrent nous accompagner jusqu'à la barrière de Charanton, et le même soir nous couchâmes à Melun. Le lendemain en traversant le Châtelet, petit village à deux myriamètres de Melun, nous fûmes reconnus par le fils du maître Boulanger de la localité, que j'avais particulièrement connu sur les bords de la Loire ; cette rencontre me procura quelques instants de plaisir.

— Savez-vous, mes amis, nous dit *Parisien la Bonne-Conduite*, c'est ainsi que se nommait ce Compagnon du Tour de France ; savez-vous, dit-il, après nous avoir donné le baiser fraternel, que vous avez plutôt l'air de trois aventuriers que de trois honnêtes enfants de l'atelier?

— Comment cela, lui demandai-je? Que trouves-tu donc d'extraordinaire en nous !

— Je trouve, continua *Parisien* en riant, que votre tenue de guerre me rappelle ces gladiateurs romains, dont parle l'histoire, que l'on destinait à combattre ; en comparant, toutefois, les cannes que vous portez en bandoulière, à autant de massues ; et vos gants suspendus à vos poitrines, à ces formidables gantelets du pugilat.

Ah ! ah ! ah ! fis-je en riant, la comparaison n'est pas mauvaise, et ne trouves-tu pas aussi que ma coiffure a quelque chose d'original et de particulier qui s'accorde assez bien avec le reste de l'accoutrement ?

Tiens ! tiens ! c'est par Dieu vrai, s'écria *La Bonne-Conduite* en jetant les yeux sur mon feutre relevé à la Henry IV, sur lequel il put lire l'inscription ci-après, en caractères très-apparents :

LIBOURNE-LE-DÉCIDÉ
Aux Compagnons du Tour de France.

Admirant l'opulence
De nos belles cités,
Je visite la France,
Reine des libertés;
Prêchant la tolérance
Et la fraternité,
L'amour et la science,
Sœurs de l'égalité!

Ces vers sont fort bien, dit *Parisien la Bonne-Conduite*, et sont dignes de tes élans régénérateurs ; mais tu avoueras, mon cher ami, que cette manière de voyager a quelque chose de burlesque qui me rappelle ce singulier personnage, chevalier errant de la Manche dont l'histoire a dû parvenir jusqu'à toi ?

— Tu veux sans doute parler du fameux *Don-Quichotte* ?

— Ne trouves-tu pas que tu lui ressembles un peu ?

— J'en conviens, mon ami, dis-je en souriant de la comparaison ; mais crois bien que je ne me suis affublé ainsi que par originalité, et non dans le but de faire un mauvais usage de mes armes de guerre.

— Je ne suspecte pas le moins du monde tes admirables sentiments, mon cher ami, toi le réformateur des abus du vieux Compagnonnage ; et je suis persuadé que si tu voyages ainsi, représentant matériellement le Compagnon du Tour de France, c'est parce que tu écris tes mémoires.

— C'est précisément pour cela.

— Crois-tu que je ne te devine pas, mon cher *Libourne*; la confidence que tu me fis, un jour, à Blois, au sujet de tes projets de réforme, sera éternellement gravée dans mon cœur. Mais c'est singulier, continua *le Parisien*, plus je te regarde, plus il me semble voir en toi ce Compagnon du Tour de France armé de pied en cap, tel que Georges-Sand s'est plu à nous le représenter.

— Je veux, lui répondis-je, devenir le modèle vivant du premier personnage de son immortel roman.

— As-tu lu cet ouvrage remarquable ?

— Je l'ai dévoré, mon cher.

— Tu dois être en rapport d'idées avec Huguenin, dit *Villepreux l'Ami-du-Trait* ?

— Comme lui, je cherche la vérité.

— Je t'en fais mon compliment.

— Je te remercie, mais toi-même, mon ami, dis-je en m'emparant de son bras, pourquoi as-tu quitté le Tour de France aussi promptement; ton départ de Blois m'a causé beaucoup de peine, car je pensais avec raison que la Société perdait une de ces rares intelligences qui ne vivent que pour l'humanité? J'appris avec chagrin que ton père t'avait rappelé près de lui, mais je ne désespérais point de te revoir, toi l'enthousiaste voyageur.

— Ce retour fut impossible, mon cher *Libourne*, la mort de ma mère y a mis empêchement.

— Es-tu marié?

— Non, pas encore; mais je suis sur le point de prendre une épouse et un établissement à Fontainebleau.

— Fasse le ciel que les Parques t'y filent d'heureux jours!

— Je l'espère. — Mais, repartit *Parisien*, c'est assez causer sur ce chapitre, au milieu du chemin, entrons chez mon vieux père qui sera enchanté de faire votre connaissance, et nous déjeûnerons tous ensemble.

En entrant sous ce toit hospitalier, nous posâmes nos sacs et nos cannes sur un lit qui se trouvait dans la première salle, où le père de *Parisien-la-Bonne-Conduite* nous accueillit avec la plus franche cordialité. Le déjeûner fut délicieux, la joie brillait sur tous les visages et la chanson des réformes compagnonniques couronna, au dessert, le plaisir de cette réunion de famille

Le même soir nous allâmes coucher à Montereau, et, après avoir traversé une partie de la Bourgogne, Sens et Joigny, sans autres impressions de voyage que le naturel plaisir de contempler les beautés des riches campagnes de ces contrées dans une saison aussi agréable, nous arrivâmes à Auxerre, le 16 mai, jour de l'anniversaire du grand Saint-Honoré. En l'honneur de ce jour, je proposai à mes camarades un petit extra pour fêter notre patron. *Comtois le Triomphant* répondit à cela que nous n'étions guère en mesure de faire de folles dépenses, me faisant observer que nous avions encore beaucoup de route à faire avant d'arriver à Lyon.

— Je le sais très-bien, mon cher ami, lui répondis-je ; mais je crois qu'avec un peu de bonne volonté nous pouvons, sans déroger à notre position, caresser, ce soir, la fine volaille et la vieille bouteille de Chabli.

La proposition fut acceptée, et comme nous nous disposions à chercher un lieu convenable pour bien nous restaurer, nous fûmes accostés par un jeune militaire dont les traits ne m'étaient pas étrangers. Le jeune soldat s'arrêta près de nous en nous regardant avec attention et, en jetant les yeux sur mon feutre, il s'écria en se précipitant dans mes bras :

— *Libourne le Décidé* ! mais c'est un rêve et, me regardant de nouveau avec une joie d'enfant, mais c'est bien toi, n'est-ce pas ? je ne me trompe point ?

— Bien certainement que c'est moi, mon cher *Poitevin La Clémence* (Crémault), et je bénis l'heureux hasard qui nous fait te rencontrer un jour comme aujourd'hui.

— C'est ce que j'allais avoir l'honneur de te dire, mon cher ami, pour t'inviter ainsi que les deux frères qui voyagent avec toi à venir souper ce soir avec moi.

— C'est avec plaisir que nous acceptons ta fraternelle invitation, dis-je en lui pressant affectueusement la main.

— J'en suis enchanté ! Ah ! ça, répliqua la *Clémence* en s'emparant de mon bras, il paraît, mon cher *Libourne*, que tu as fait de grands progrès depuis que nous nous sommes vus à Rochefort.

— Ne vieillissons-nous pas pour cela, mon ami;

à quoi donc servirait notre passage sur cette terre si, en avançant en âge, nous ne nous corrigions pas ?

— Tu as raison, l'homme qui vieillit dans l'ignorance n'est déjà plus un homme.

— Tu parles comme un sage ; mais, dis-moi, comment se fait-il que tu sois soldat aujourd'hui ?

— Ce n'est point volontairement que j'ai endossé cette livrée, j'ai eu le malheur de tomber au sort.

— Comment nommes-tu ton régiment ?

— Je suis dans le corps des ouvriers d'administration.

— Travailles-tu quelquefois ?

— Comment donc, je suis même brigadier à la manutention.

— Etes-vous beaucoup d'ouvriers ?

— Deux ou trois cents, environ, parmi lesquels se trouvent plusieurs Compagnons du Tour-de-France auxquels je te présenterai, ce soir, au banquet des *Enfants de Maître Jacques.*

— Ne me parle donc pas de ton *Maître Jacques*, lui répondis-je, de ce prétendu sage qui n'a jamais existé, parlons plutôt des enfants de l'atelier ; parlons de leurs soucis, de leurs ennuis ; parlons enfin des améliorations et des grandes réformes à faire dans les sociétés des Compagnons du Tour-de-France, seules causes des haines et des rixes sanglantes que se livrent les crédules et simples ouvriers.

— Eh bien ! parlons de tout ce que tu voudras, du plaisir de nous revoir, par exemple. Pour ma part j'en suis d'autant plus content que ce sera un très-grand bonheur pour moi de t'entendre chanter, ce soir, tes nouvelles chansons.

Une heure après cette aimable rencontre, nous étions à *l'Hôtel du Chêne-Vert*, au nombre de quarante convives, environ, parmi lesquels se trouvaient de vieux et intimes Compagnons que j'avais connus dans plusieurs villes du Tour de France. La joie brillait sur tous les visages, et le dessert fut salué par de nombreux toasts portés à la fusion des corporations ouvrières. Cette soirée où mes nouveaux couplets furent chaleureusement applaudis était pour moi d'un très-bon augure, et je crus voir dans ces enthousiastes transports un commencement de progrès chez mes camarades, qui me fit un sensible plaisir. Trois jours après nous étions à Châlons-sur-Saône ; *la Mère Boyer* chez qui nous descendîmes, était dans une grande tristesse; elle pleurait ses enfants, les Compagnons, qui avaient quitté la ville depuis deux mois, par ordre de l'autorité, à la suite d'une rixe qu'ils avaient eue avec *les Sociétaires* de la même profession.

Nous passâmes la soirée avec le seul Compagnon qui eût obtenu le droit de rester à Châlons parce que c'était le lieu de sa naissance, il se nommait *Bourguignon-Cœur-de-Lion*, je l'avais connu à Tours, ville où il avait été initié aux mystères de l'ordre. Deux jours après, nous descendions la Saône sur un bateau à vapeur qui faisait route pour Lyon.

CHAPITRE XII.

Lyon, la seconde ville de France par son étendue, sa population, son industrie et son commerce, ne me parut pas aussi belle à la première vue, que mon imagination s'était plu à me la représenter; les maisons généralement très-élevées, sans ornement d'architecture, et ses rues étroites et enfumées eurent bientôt dissipé toutes mes illusions. Ce n'était plus là ces boulevards Parisiens, si coquets, si fastueux, que je venais de quitter; cependant je ne pus m'empêcher d'admirer sa position enchanteresse et ses magnifiques quais sur la Saône au coteau pittoresque.

Un gamin pilote, comme on en trouve toujours à tous les débarcadères, nous conduisit dans la rue Boucharnin, chez *la Mère Brossette*, où siégeait alors la *Société des Compagnons Boulangers*.

— Salut et fraternité! bonne *Mère*, dis-je en entrant sous le toit de la commune famille, à une femme jeune encore, et en dégageant mon épaule du poids de mon sac.

— Soyez les bienvenus, mes enfants, répondit celle-ci.

— Comment va la Société de Lyon, lui demandai-je, après nous être rafraîchi la bouche d'un verre de vin?

— Mais assez bien, mes enfants; il n'y a pas à s'en plaindre.

— Avez-vous beaucoup de *Flâneurs*?

— Une vingtaine, environ; c'est peu comparativement à ceux qui mangent et logent chez les deux placeurs parasites qui vous sont très-préjudiciables, mes chers enfants, exclama *la Mère Brossette* en soupirant, parce que ceux qui tiennent ces bureaux abhorrent les Compagnons, je ne sais pourquoi, ce qui fait que quand ils prennent des ouvriers ici, c'est qu'ils y sont forcés par le besoin.

— Ces placeurs abusent donc de leurs pouvoirs, ou plutôt du droit que les trop crédules ouvriers leur donnent, m'écriai-je? Pourquoi donc une aussi injuste conduite?

— Je l'ignore, mes enfants; tout ce que je sais, c'est que l'un de ces placeurs ne place que les *Sociétaires*, et l'autre que les *Montagnards*.

— Qu'appelez-vous *Montagnards*, demanda *Manceau la Bonne-Conduite*?

— A Lyon, répondit *la Mère Brossette*, on appelle ainsi les ouvriers qui viennent de la Suisse et de la Savoie, n'ayant aucune idée de l'organisation des sociétés et bornant leur émigration à cette ville d'où ils ne sortent jamais.

— Vous nous parliez d'une vingtaine de *Flâneurs*, dis-je en remarquant une longue table garnie de couverts, où sont-ils donc que nous ayons le plaisir de les voir?

— Ils ne tarderont pas à rentrer, car l'heure du souper va bientôt sonner, dit *la Mère Brossette*. Effectivement, peu d'instants après, des voix bruyantes se firent entendre dans la vaste allée qui conduisait de la rue à la salle où nous étions, et bientôt cette salle fut envahie par un essaim de joyeux jeunes gens, plusieurs vinrent nous reconnaître, et cette première soirée se passa fort agréablement.

Je restai deux mois dans cette florissante cité, sans travailler, ce temps fut, en partie, consacré aux muses et, grâce aux bontés d'un Compagnon nommé *Bordelais l'Enfant-Chéri* (Sire), je pus attendre l'ouvrage sans éprouver de grandes privations dans mes menus plaisirs. Chaque matin, j'allais faire une excursion sentimentale aux Brotteaux, lieu remarquable par les promenades champêtres qu'on peut y faire, et surtout par ses nombreux agréments. Les Brotteaux sont, pour Lyon, ce que les barrières en général sont pour Paris. C'est dans ces Champs-Elysées de l'ouvrier que j'allais rêver; c'est à l'ombre de ces verts et frais ombrages que j'allais m'inspirer et où, après quelques bonnes lectures qui me plongeaient dans de graves méditations, je songeais à me prononcer ouvertement contre les tristes abus du Compagnonnage, à la première occasion qui se présenterait.

Un jour, je travaillais alors dans e faubourg de la Guillotière, un jour, dis-je, je lançai, dans une assemblée composée de mes collègues, quelques propositions de réforme qui furent repoussées à l'unanimité ; je fus même assez légèrement traité par quelques écervelés qui, en fait de bonne logique, ne connaissaient guère que le pugilat. Je fus tellement blessé de ce manque de fraternité que je cessai tout-à-coup d'aller chez *la Mère* comme par le passé.

Peu de temps après cet exil volontaire, je me promenais sur le Cours Sainte-Claire avec mon ami *Bordelais l'Enfant-Chéri*, nous admirions ensemble la rapidité du Rhône et les beautés des sites voisins. Nous étions en extase devant ces splendeurs de la nature, et, pour mieux nous livrer aux épanchements de nos cœurs qui se trouvaient en parfaite communion, nous prîmes place sur un des bancs de pierre qu'ombragent si amoureusement les tilleuls de ces lieux enchanteurs; là, après avoir parlé de choses assez indifférentes, *Bordelais* me fit une confidence à laquelle j'étais loin de m'attendre.

— Hier soir quand je te quittai, me dit cet ami, j'allai, en passant, chez *la Mère Brossette* ; tous les compagnons étaient réunis dans la *chambre* des délibérations, et tous plus inquiets les uns que les autres.

— De quoi s'agissait-il donc, dis-je en interrompant *Bordelais?*

— D'une lettre timbrée de Lyon, écrite et signée par quatre Compagnons Tailleurs de Pierres, du Devoir.

— Diable, fis-je, ça devient intéressant.

— D'autant plus, répondit l'*Enfant-Chéri*, que ces mêmes Tailleurs de Pierres proposent de nous sortir de l'isolement où nous vivons sur le Tour de France depuis trente ans, en sanctionnant, et en faisant sanctionner par les premiers corps de l'ordre, notre authenticité Compagnonnale, si toutefois nous sommes assez instruits sur le rite, et si nous prouvons que nous avons des connaissances assez étendues. Du reste, si je me le rappelle bien, voici à peu près le sens du dernier paragraphe de cette longue et intéressante lettre:
« Réfléchissez-y bien, et faites en sorte de choisir
« parmi vous des hommes capables de soutenir la dis-
« cussion préalable qui ne manquera pas de s'établir
« entre nous, avant de *commander l'assemblée* générale
« qui se composera des premiers Compagnons des prin-
« cipaux corps travaillant à Lyon. Jeudi prochain nous
« vous rendrons une visite fraternelle. Disposez-vous
« à nous recevoir. »

— Et qu'ont dit les *Montagnards*, demandai-je à *Bordelais*?

— Mon cher, le *Rouleur* nous a regardés en s'écriant: Frères! voici une lettre qui, si j'en crois mes pressentimens, va nous donner du fil à retordre.

Personne ne répondit, un long silence a suivi les paroles du *Rouleur*, et il n'a été rompu que pour prononcer ton nom.

Il n'y a que *Libourne* parmi nous qui soit capable de sauver l'honneur de la Société, a dit un *Montagnard*; c'est un compagnon très-recommandable par son savoir. Et toute l'assemblée a partagé cette opinion.

Savez-vous pourquoi il ne vient plus chez la *Mère*, a demandé le *Rouleur*?

Non, a-t-on unanimement répondu.

Ah! vous n'en savez rien, dis-je en me levant et en m'avançant vers ceux qui venaient de s'exprimer ainsi; eh bien! je vais vous l'apprendre, moi, son véritable ami. *Libourne* ne vient plus chez la *Mère* depuis le jour où vous avez ri, comme des ignorants, des bons avis qu'il voulait vous donner. Il ne vient plus ici, parceque vous n'avez pas voulu comprendre ses projets de régénération, parce que vous avez même eu l'air de l'en blâmer attendu, disiez-vous, qu'il émettait des opinions contraires à notre vieille doctrine, qui a tant besoin d'être révisée. Et, chose remarquable, depuis ce moment pas un de vous n'a pensé que la Société perdait l'adepte le plus fervent et le plus érudit; seulement aujourd'hui cela vous revient à l'esprit, parce que les connaissances étendues qu'il possède vous sont de la plus grande utilité. Vous avouerez que votre conduite envers cet excellent frère est d'une ingratitude que l'on ne saurait assez condamner. J'aurais voulu, mon cher Libourne, te savoir caché dans un coin de la Chambre pour juger quel effet avaient produit mes paroles au milieu de cette assemblée. Je dois te dire aussi que je les avais prononcées avec une grande chaleur et une profonde conviction.

— Je te reconnais bien là, mon cher *Bordelais*, repartis-je en lui pressant la main; mais dis-moi, qu'ont-ils décidé enfin ?

— Après quelques petites discussions toutes à ton avantage, continua *Bordelais*, tous ont promis de te faire des excuses convenables, et avant de lever la séance tu as été nommé *Premier en Ville* à la majorité des voix.

Je feignis d'être indifférent à tout ce que venait de m'apprendre *Bordelais-l'Enfant-Chéri*; mais intérieurement j'en ressentis une joie bien vive. Je compris qu'en me faisant désirer j'obtiendrais une éclatante réparation d'honneur. Je dis donc à mon ami qu'il était fort inutile que les Compagnons m'aient mis à la tête de la Société, puisque désormais, je ne voulais plus m'occuper de rien.

— Je n'accepte pas ce refus, me répondit *Bordelais*. Tu ne veux rien faire pour des ingrats, je le comprends parfaitement, mais tu ne voudrais pas, j'en suis sûr, nous faire passer pour des ignorants se disant Compagnons sans pouvoir en donner la preuve.

— Et quelle preuve veux-tu que je donne, moi? Tu sais bien ce que je pense de ce galimatias qui n'a ni queue ni tête.

— Raison de plus, mon ami; cette occasion sera très-favorable à tes projets de réformes. C'est un moyen de te rendre à jamais recommandable sur le Tour de France, et je suis persuadé que la hardiesse de tes nouvelles idées étonnera et convaincra plus d'un incrédule.

— Au fait, tu as raison, dis-je *à Bordelais*, après avoir un instant réfléchi. Aussi à la première convocation je me rendrai chez la *Mère*.

Le lendemai je reçus la visite des trois plus anciens Compagnons de Lyon; après les compliments d'usage, ils m'annoncèrent le sujet de leur visite, et m'ayant montré la lettre que les Compagnons Tailleurs de Pierres leur avaient écrite, ils m'engagèrent à me rendre à l'assemblée spéciale qui devait avoir lieu à ce sujet, et où ma présence, disaient-ils, était indispensable. Après leur avoir adressé quelques reproches qu'ils méritaient, je leur promis de me rendre chez la *Mère Brossette* au jour indiqué.

Les deux jours qui précédèrent cette solennité furent en partie employés par moi à méditer sur cette mémorable entrevue. J'étais placé entre ces deux alternatives : me couvrir d'une gloire factice en cherchant à prouver la véracité des fables grossières dont est enveloppé le

Compagnonnage, ou bien m'attirer la haine de mes aveugles camarades en levant le masque de tant d'abus. J'étais pourtant bien certain, à l'avance, de bien me faire comprendre si j'avais à faire à des ouvriers du progrès, comme il s'en rencontrait déjà dans presque toutes les professions. Ce soir attendu avec tant d'anxiété arriva enfin ; je me rendis chez la *Mère Brossette* où je fus accueilli avec enthousiasme.

La chambre où devaient avoir lieu les conférences était disposée en estrade ; six sièges étaient dressés, à gauche en entrant, pour recevoir les six Tailleurs de Pierres ; et six autres, à droite, pour les premiers et les plus anciens membres de notre Société. Les autres Compagnons étaient placés par rang d'ordre sur des bancs très-bien disposés. La chambre était, en outre, tendue de draperies blanches qu'embellissaient les divers emblêmes de l'ordre ; en un mot, nous avions décoré ce local avec le plus de magnificence possible, pour rendre la solennité digne de son importance. Vers six heures, les *Compagnons Tailleurs de Pierres* arrivèrent comme ils l'avaient promis ; chacun les accueillit fraternellement et ils prirent place dans la *Chambre des Cérémonies* suivant l'ordre des préséances.

Après quelques questions préliminaires de part et d'autre, et après avoir décliné mes ordres Compagnonniques et mon nom de guerre, je me présentai comme devant soutenir la dissertation sur le *Devoir*. L'un des Compagnons Tailleurs de Pierres, le nommé *la Sagesse Lyonnais*, me posa cette première question :

— Croyez-vous, *Pays Libourne*, que le Compagnonnage soit une belle institution ?

— Dans son esprit, oui, lui répondis-je, cette institution est admirable ; mais, selon moi, elle est faussée, pervertie par une foule d'absurdités qui ne sont plus en harmonie avec les idées nouvelles.

— Ainsi, selon vous, reprit mon interlocuteur, les mystères de cette Société ont quelque chose d'obscur qui n'est plus de l'époque ?

— Oui, toute la base de l'institution me paraît obscure.

— Croyez-vous qu'on pourrait y apporter des réformes salutaires ?

— Ceux qui connaissent les maux qui affligent nos Sociétés doivent connaître les remèdes propre à leur amélioration. Je crois être un de ces hommes.

Je n'en doute pas, dit *Lyonnais*; et, si vous le voulez, après avoir traité une partie du sujet qui fait le principal objet de cette assemblée, nous parlerons des réformes qu'il y aurait à faire pour rendre le Compagnonnage digne de notre siècle. — Voulez-vous toutefois que nous abordions cette question ?

— Je ne demande pas mieux, lui répondis-je, car en parlant de réforme vous me trouverez toujours sur mon propre terrain. Après un instant de silence, la *Sagesse* commença ainsi ses nombreuses questions.

— Connaissez-vous, me dit-il, les caractères hiéroglyphiques du Compagnonnage ?

Pour toute réponse, je lui montrai le fragment d'un manuscrit que *Bourguignon-Beau-Séjour*, Compagnon Serrurier, m'avait confié quelques années avant, et où se trouvait l'alphabet ci-contre :

A. ⌐•	B. ⌐	C. ⌐•⌐	D. ⌐⌐
E. ⌙•	F. ⌙	G. ⌐•⌐	H. ⌐⌐
I. ▭•	K. ▭	L. ⌞•⌝	M. ⌞⌝
N. >•	O. >	P. ⌐•⌝	Q. ⌐⌝
R. ⌜•	S. ⌜	T. ∨•	U. ∨
V. <•	X. <	Y. ∧•	Z. ∧

&. <•••

— C'est bien cela, dit mon interlocuteur, après l'avoir un instant examiné ; mais dites-moi pourquoi votre alphabet ne comprend que vingt-quatre lettres ?

— Parce que, lui répondis-je, les anciens Egyptiens, ne connaissant pas la lettre J, employaient l'Y à sa place ; ainsi, pour écrire Jupiter ou un mot semblable, ils écrivaient YOUPITER.

— Très-bien. — Qu'est-ce qu'un Compagnon, poursuivit la *Sagesse* ?

— Un Compagnon est un homme qui doit-être juste, vertueux, libre et connaissant ses droits.

— Etes-vous vrai Compagnon ?

— Il serait à désirer que tous les hommes le fussent comme moi, les sociétés ouvrières seraient toutes heureuses.

— Pourquoi vous êtes-vous fait recevoir Compagnon ?

— Pour bien connaître le fond de cette société mystérieuse, et afin d'en réformer les abus s'il y en avait.

— A votre avis, en existe-il ?

— Oui ; de très-grands que nous devons faire disparaître pour l'honneur de la civilisation.

— Que pensez-vous des mystères du Compagnonnage ?

— Que ce sont des préjugés d'un autre âge, incompatibles avec l'instruction et l'intelligence du siècle où nous vivons.

— Que pensez-vous du nom de Compagnon ?

— Je le trouve sublime quand il est employé pour exprimer la fraternité.

— Quelles vertus les hommes doivent-ils posséder pour devenir de vrais Compagnons, dit *la Sagesse* ?

— Je voudrais, lui répondis-je, qu'ils fussent bons, généreux et justes ; je voudrais, surtout, que l'amour fraternel fût la base de cette association, parce que la concorde qui résulte de ces liens de frère à frère est une source inépuisable de bonheur et de félicité, qui établira parmi nous la force et la conservation de nos droits et de nos intérêts. Des frères unis par la fraternité se défendent mutuellement contre toute espèce d'oppression, tandis que ceux qui vivent isolément sont éternellement persécutés et malheureux. C'est ce qu'exprimait si admirablement un Lacédomien à son lit de mort; il appela ses enfants et leur dit : prenez ce faisceau de flèches que vous voyez auprès de moi, et rompez-le ! Ceux-ci, quoique nerveux, ne l'ayant pu, il le prit à son tour et, après l'avoir délié, il les brisa une à une. Voilà, leur dit-il, les effets de l'union : mis en faisceau vous serez invincibles, pris séparément vous serez brisés comme des roseaux.

— Parfait, parfait, s'écria *Lyonnais* avec enthousiasme !

— Mais ce n'est pas tout encore, continuai-je, pour arriver, ainsi que je le désire, à la révision du vieux Compagnonnage, ses adeptes devront fouler aux pieds leurs vieux oripeaux, afin qu'en toutes circonstances ils soient généreux pour pardonner les injures des fanatiques qui s'acharnent à nier le progrès, ou qui cherchent par de stupides efforts à entraver sa marche.

— Combien, d'après votre nouvelle organisation, faut-il de temps pour faire un Compagnon ?

— La vie est insuffisante, car la mort nous surprend avec tous nos défauts.

— Croyez-vous à *Maître Jacques*, l'un des fondateurs de l'ordre Compagnonnique ?

— Pas plus qu'à *Maître Soubise :* selon moi, ce sont deux êtres imaginaires qui n'ont existé que dans la légende de l'institution.

— Vous ne croyez donc pas à la véracité et à l'ancienneté de nos mystères ?

— J'accepte ces mystères puisque c'est une loi ; mais je ne crois pas à l'utilité d'une institution sauvage qui porte le désordre dans un pays civilisé et dans une classe que sa position sociale devrait rendre plus unie, plus fraternelle.

Et, m'exaltant peu à peu, je dis à mon interlocuteur après avoir répondu dans le même sens à plusieurs autres questions qu'il m'avait faites : — Permettez-moi, *Pays la Sagesse*, de vous ouvrir entièrement mon cœur, je dirai peut-être à vous et à cette nombreuse assemblée des vérités un peu dures, mais le moment que je cherche depuis longtemps est arrivé, il faut que je m'explique, il faut que je vous fasse ma *Profession de Foi*. — Je sens pour vous tous un besoin de régénération qui bout dans mon cerveau ; si je m'égare soyez persuadés d'avance que je serai de bonne foi. Oui, mes chers frères, je serai de bonne foi en vous disant que je ne comprends pas comment, aujourd'hui, à cette heure, les ouvriers s'amusent encore à des choses aussi futiles que les mystères du Compagnonnage, contraires à toute raison et à toute justice. Dans nos sociétés, on prétend éprouver le moral d'un jeune homme en lui faisant subir des épreuves physiques ! — Mais n'est-ce pas le dégrader ? — Croyez-vous que ce soit ces grossièretés barbares qui le rendent meilleur ? — Eh non sans doute ! Car j'ai vu des hommes faibles et timides subir ces épreuves avec la même résignation que ceux qui, remplis de courage, avaient conservé leur sang froid. — Comment pourrait-il en être autrement ? Ces épreuves ont lieu la nuit, dans un lieu isolé, entouré de fanatiques ; dès qu'ils ont mis le pied dans la *chambre de réception*, bons ou mauvais, courageux ou lâches, tous sont condamnés à endurer de pareilles folies pour le plus grand honneur de l'ordre.

Ce n'est pas ainsi que doivent naître les premières impressions de voyage ; ces actes sont indignes d'hommes raisonnables, et ces abus doivent être réformés à tout jamais. Mais où en êtes-vous arrivés avec votre Compagnonnage ? — Quel est le but de cette caduque institution ? — Quelles améliorations a-t-elle apportées dans les ateliers ? Aucune ! Tout, dans cette institution, est obscur et inintelligible, rien n'y est logique, rien n'y est nouveau ; et, au lieu de policer les mœurs des ouvriers, elle a toujours contribué à les rendre plus dures. — Vous partez du foyer domestique jeunes, bons et généreux, et, sur le Tour-de-France vous devenez haineux, vindicatifs, et cruels, sauvages quelquefois; et souvent vous avez ensanglanté la poussière du chemin pour de futiles questions. Que seriez-vous devenu si la France eut attendu pour devenir libre le concours des Compagnons, tous désunis par des préjugés et des prétentions absurdes ? Où en serions-nous maintenant si la France n'eût eu que des défenseurs tels que vous ? — La France si belle et si fertile, aujourd'hui, aurait rétrogradé comme l'a fait l'Espagne par son fanatisme religieux.

Depuis longtemps, j'entends prôner les admirables beautés du Compagnonnage ; je vous dirai franchement, mes amis, que je ne partage pas cette opinion; je suis cependant Compagnon, je voyage comme tel et, depuis que je suis sur le Tour-de-France, je n'ai pas encore vu proposer une réforme de cette société.

Savez-vous ce que j'ai remarqué quand j'arrivai à Bordeaux, la première fois que je quittai mes parents ? Ce que je vois encore aujourd'hui ? des guets-à-pens et des meurtres prémédités et commis avec le plus surprenant sang-froid ; j'ai vu des Compagnons, la veille de leur départ, aller s'embusquer, de nuit, au coin d'une rue, pour surprendre et assommer à l'improviste un ou plusieurs ouvriers d'une société rivale, puis sortir à l'instant de la ville et partir sans remords, après avoir commis un crime, tout cela pour la plus grande gloire *Maître Jacques*, de *Maître Soubise* et de *Salomon*. Et les vols à main armée, sur les grandes routes, pour s'emparer des cannes et des couleurs de pauvres diables trop faibles pour résister à ce nouveau genre de brigandage. Me direz-vous après que le Compagnonnage est une institution de l'époque? Non sans doute, car celui qui soutiendrait une semblable absurdité se mettrait en contradiction avec lui-même. Enlevez à nos rites leur esprit de cotisation, d'assistance mutuelle, tout le reste n'est qu'abus, préjugés, préséances ridicules!

Que pense-t-on, aujourd'hui, d'un ouvrier qui traverse une ville en tous sens pour *commander l'Assemblée*, ayant à la main un jonc de trois ou quatre pieds de hauteur pour lui servir de canne, et des rubans à son chapeau ou à sa boutonnière, se dandinant d'un air grave en affectant beaucoup d'importance? Les gens sensés se contenteront de lever les épaules, mais les grands riront toujours de ces choses-là; car, pensent-ils, tant que les ouvriers s'amuseront à se quereller, à se battre et à faire les Don-Quichotte, ils ne s'occuperont pas de ce que nous faisons ou de ce que nous ne faisons pas.

Vous vénérez *Maître Jacques* et *Maître Soubise*, et c'est pour ces deux hommes obscurs, dont l'histoire ne parle pas, que vous vous querellez et que vous vous battez? Les uns prétendent que *Maître Jacques*, comme ouvrier et comme architecte, avait un grade supérieur à celui de *Maître Soubise* lors de la construction du temple de Jérusalem; les autres soutiennent le contraire. Ceux-ci veulent que Salomon soit le véritable fondateur de l'ordre, ceux-là ne veulent reconnaître ni l'un ni l'autre; de là des dissensions et des haines irréconciliables et tous les malheurs que nous avons à déplorer depuis tant de siècles. Mais si *Maître Jacques*, *Maître Soubise*, *Hyram* et *Salomon* sont dignes de tant de dévoûment et de vénération, dites-moi au moins pourquoi les ouvriers qui font le Tour de France s'égorgent pour prouver que ces grands hommes ont ou n'ont pas existé? L'histoire devrait cependant en parler? — Consultez, lisez, et si vous trouvez une ligne, un mot seulement, dans n'importe quel manuscrit, dans n'importe quel livre imprimé, qui prouve que les deux *Maîtres* que je viens de nommer aient existé, je me soumets, en expiation de mon incrédulité, à aller faire une pénitence à Sainte-Baume, où, dit-on, est mort et enterré *Maître Jacques*; je me condamne à y aller les pieds nus, les cheveux et la barbe en désordre, pour n'y vivre que de racines sauvages, pendant tout le temps que le jugeront convenable les plus enthousiastes de ses sectateurs.

J'ai lu, dans un vieux manuscrit que j'ai eu longtemps en ma possession, qu'un Roi de France, Louis XIV, je crois, s'était occupé de faire persécuter les Compagnons comme formant une société illicite, contraire à la sûreté et aux intérêts du gouvernement. Selon moi, ce monarque tout puissant n'était guère bien renseigné, car s'il l'eût été, non seulement il aurait toléré ces sortes d'associations, mais encore il les aurait autorisées. Car personne au monde ne s'occupe moins des gouvernements que les *Compagnons du Devoir* et autres; ils pensent, ma foi, à des choses bien plus sérieuses.

J'ai remarqué, et vous l'avez sans doute vu comme moi, que les ouvriers stationnaires dans leur pays sont beaucoup plus avancés que les émigrants; parce que, au lieu de perdre leur temps pour des fables dénuées de bon sens, ils s'occupent de la réalité des choses. Et que leur importe à eux que Pierre ou Paul ait ou n'ait pas existé, il y a deux mille ans, à deux mille lieues d'ici ? Ils ont bien d'autres études à faire, maintenant que la France est pleine d'enseignements. Bien fou est celui qui dit aujourd'hui, en parlant des sociétés secrètes en général : c'est nous qui possédons la meilleure ! — Stupides sont ceux qui disent, en parlant de religion : nous sommes les vrais croyants !

Ne vaudrait-il pas mieux mettre de côté tous vos vieux préjugés de caste, pour vous occuper plus positivement d'améliorer votre position sociale ? et au lieu de chercher à savoir si c'est *Maître Jacques*, *Maître Soubise*, etc., qui sont les pères du Compagnonnage, songez donc plutôt à vous instruire, et à acquérir des talents utiles dans les arts et dans les sciences. Croyez-moi, mes amis, ne vivons plus en groupes désunis, sachons comprendre notre dignité, nous avons tout ce qu'il faut pour aspirer au bonheur ; nous avons l'intelligence en partage, cette mère de l'industrie, et nous ne savons pas en profiter. Nous bâtissons des palais, et nous n'avons seulement pas une chétive chaumière qui nous appartienne pour nous abriter ; pas même un coin de terre où reposer la tête. Nous semons le froment et nous mangeons du pain d'orge souvent même arrosé de pleurs. Depuis notre plus tendre enfance nous travaillons du matin au soir, et souvent nous mourons de faim et de misère. Croyez-vous que Dieu, si bon et si juste, ait ainsi organisé la société ? Non, n'est-ce pas ? Ce sont donc les hommes qui en ont troublé l'harmonie, et c'est à nous, qui en sommes les victimes, de chercher le remède. Etablissons donc la fusion des classes laborieuses pour rétablir l'équilibre ; plus de prépondérance, plus de rivalités entre nous, rendons-nous dignes d'intérêt et d'amour par notre dévoûment et notre sagesse ; nous sommes les prolétaires, c'est vrai, cette qualification nous est ironiquement donnée, mais où en seraient la gloire, la richesse de la France, sans nous. Ce sont les travailleurs qui produisent à grande peine toutes ces admirables merveilles qui sont l'orgueil de notre civilisation. Toutes ces choses que vous savez comme moi ne vous font donc pas réfléchir ?

Vos entrailles ne s'émeuvent donc pas, quand vos frères languissent dans la plus affreuse misère, manquant souvent des choses les plus nécessaires à la vie? Vous, ne croyez-vous donc pas que des jours meilleurs doivent luire pour eux et pour vous? Quand je vois tous ces vices de la société, que nous perpétuons par nos folies, je rougis d'appartenir à une classe aussi peu éclairée! — Oui, je rougis de vous appartenir, quand je vous entends parler avec tant de vénération de *Maître Jacques* et de *Maître Soubise*. Et à quoi nous sert pour le bien commun que le temple de Salomon ait ou n'ait pas existé; que nous sert-il de savoir que ce soit Pierre ou Paul, comme je l'ai déjà dit, qui ait été chargé de la construction de ce grand monument? Sommes-nous plus avancés, de savoir à quel endroit les ouvriers allaient se faire payer? C'est pourtant à ces futilités, dénuées de bon sens, dont vous faites tant de mystère, que vous passez inutilement les plus belles années de votre jeunesse. Mais vous savez bien, mes amis, que Salomon, son temple, ses architectes et vingt générations ont successivement passé, et que nous sommes toujours restés les parias de la civilisation. Notre pauvreté est notre ouvrage. — Me direz-vous pourquoi et comment il se fait que l'ouvrier, après une trentaine d'années de travail, ne soit pas plus avancé que le premier jour qu'il a quitté les bancs de l'apprentissage? Il l'est bien moins encore, car alors il était jeune, il pouvait travailler pour vivre, tandis que devenu vieux, blanchi sous le poids du labeur, il est obligé d'implorer la charité publique s'il ne veut pas mourir de faim. — Savez-vous ce que diront de lui les égoïstes? ils diront que c'est un misérable, qui n'a pas su faire ses affaires, en outre, on lui imputera des défauts qu'il n'avait pas. C'est un joueur, diront les uns; c'est un coureur, un débauché, diront les autres. Voilà ce qu'on pensera de cet honnête vieillard, parce qu'il n'a pas été assez économe, ou n'a pas eu le talent d'élever sa famille honorablement et d'amasser assez de bien pour vivre tranquillement sur ses vieux jours, avec le modeste salaire quotidien de deux francs à deux francs cinquante centimes, sans compter le chômage. Notez bien qu'il y a beaucoup d'ouvriers qui gagent moins que cela encore.

Voilà ce que l'on dira du pauvre vieux prolétaire, de celui qui a passé les plus belles années de sa vie à travailler au bien commun de la Société; et cette société corrompue, dégénérée, l'abandonne parce qu'il ne peut plus lui être utile. Qu'elle amère dérision ! Voilà, mes chers camarades, comment finissent les pauvres; et, je vous le prédis, c'est ce qui nous attend tous à la fin de notre vie. Nous ne nous en embarrassons guère aujourd'hui parce que nous sommes jeunes, notre avenir nous semble radieux; mais dans une vingtaine d'années lorsque les rides auront sillonné nos fronts déprimés, nous regretterons alors, mais trop tard, d'avoir été les meurtriers de la société, au lieu d'avoir cherché sagement, pacifiquement à la réformer.

Notre orgueil et notre folie nous rendent ridicules, nos absurdes présomptions nous égarent continuellement. Le Charpentier veut être plus que le Boulanger, le Tailleur de Pierres plus que le Tisserand, le Forgeron plus que le Maréchal, le Corroyeur plus que le Sellier, le Bourrelier plus que le Bottier etc., etc. Est-ce que toutes les professions ne sont pas honorables, utiles; ne concourent-elles pas toutes à l'harmonie de la société, ne sommes-nous pas tous autant les uns que les autres, notre commune position sociale ne nous fait-elle pas un devoir de nous aimer, et de nous secourir mutuellement comme des frères? Ne sont-ce pas là les fins de la nature?

Croyez-moi, mes chers amis, brisons nos idoles pour ne plus nous occuper que de notre bonheur commun ; lisons Jean-Jacques Rousseau, lisons Lamennais, Lamartine, Victor Hugo et Chateaubriand ; ces grands hommes nous retremperont l'âme et assainiront notre jugement. Plus de *Compagnons Passants*, plus de *Compagnons de Liberté*, comme secte Compagnonnique, plus de *renards*, plus de *lapins*, plus de *singes*, plus de *loups*, plus de *gavots*, plus de *rendurcis*, plus de *margageats*, plus de *bouquins*, plus de *droguins*, plus de *gamins*, plus enfin de ces sobriquets sauvages qui engendrent le fanatisme ; car cela, mes amis, n'est plus de l'époque, nous devons être des hommes et non des brutes ; l'homme civilisé ne se bat plus pour rien ni pour personne, son sang est tout à sa patrie pour la défendre contre l'invasion étrangère et pour maintenir l'ordre à l'intérieur.

Dans ma conviction régénératrice, je voudrais pouvoir tout changer, tout remuer, dans ce monde corrompu et vicieux ; je voudrais que l'ouvrier, après une existence probe et laborieuse, eût droit à une retraite qui le mît à l'abri de la misère ; et ce que je voudrais, par dessus tout, ce serait l'union et l'amour des ouvriers ; leur gloire, leur triomphe ; je voudrais voir une société de frères sans autre distinction que celle que donne le talent et sans autre rivalité que celle de l'émulation ; je voudrais en un mot, qu'il n'y ait qu'un compagnonnage, celui de la fraternité !

Vous voulez bien des choses, direz-vous? C'est vrai, mes amis, mais si je demande tout cela, c'est que la société nous doit beaucoup à nous les mécaniciens de la grande famille humanitaire. C'est nous qui produisons tout, et il ne nous reste rien que des larmes pour gémir. Je ne dis rien là qui ne soit vrai, vous le savez tous comme moi ; vous savez aussi qu'avec un peu de bonne volonté, nous pouvons facilement arriver aux réformes des abus du Compagnonnage. Il faudrait d'abord ne plus porter aux oreilles de ces insignes qui engendrent des disputes, plus de ces cannes gigantesques, plus de rubans, plus enfin de ces marques distinctives, grotesques et incompatibles avec les idées de notre temps. Que de contradictions dans ces mystères du Compagnonnage, si on voulait se donner la peine de les examiner? Que d'absurdités si on savait les reconnaître? Je voudrais bien savoir comment *Maître Jacques* et *Maître Soubise*, au temps de Salomon, pouvaient être aussi célèbres architectes alors qu'ils habitaient la Gaule, pays où le peuple barbare et belliqueux était sans cesse en guerre de tribu à tribu, n'ayant aucune idée de l'architecture et encore moins de la sculpture; l'histoire, qui certes n'est pas un roman fait à plaisir, nous dit que les Gaulois restèrent dans un état complet de barbarie jusqu'après la conquête des Romains, qui eût lieu cinquante ans avant Jésus-Christ. Je voudrais bien savoir aussi, dans quel port et sur quel navire ces deux aventuriers s'embarquèrent pour passer en Syrie? Comme tout cela est vieux et obscur. Croyez-moi, mes amis, laissons de côté toutes ces billevesées qui nous font perdre un temps bien précieux, et nous font avec raison considérer comme de grands enfants. Autrefois nos grand'mamans nous bourraient la tête de contes de revenants et de sorciers, parce que nos bons aïeux y croyaient, comme ils croyaient aux miracles; mais aujourd'hui que l'intelligence est beaucoup plus développée, grâce aux progrès de l'instruction, personne, pas même les enfants, ne croyent à tous ces prodiges d'un autre âge, parce que personne n'ose plus en faire dans la crainte de passer pour un fou ou pour un imposteur.

A ce long discours dans lequel j'avais développé toutes mes idées de régénération, *la Sagesse Lyonnais*, surpris de m'avoir entendu lancer la foudre contre le Compagnonnage avec tant de véritable conviction, me considéra avec une expression de joie que seul je crus comprendre; revenant un peu de sa première surprise, il dit, en s'adressant à l'assemblée :

— Mes chers frères ; lorsque les délégués des *Compagnons Passants Tailleurs de Pierres* ont eu l'honneur d'être présentés à cette nombreuse assemblée, pour disserter en matière de Compagnonnage, j'étais loin de penser, que nous trouverions un homme aussi avancé, et aussi rempli de bonne logique que l'est votre représentant. Je sais, mon cher *Pays Libourne*, continua *La Sagesse* en s'adressant à moi, que l'atelier fournit aujourd'hui de très-rares intelligences qui nous font honneur, mais jusqu'à ce jour tu es le premier Compagnon du Tour de France, que j'aie vu depuis que je voyage, assez franc pour dire sa façon de penser en pleine assemblée sur un sujet aussi délicat ; je t'en félicite et l'avenir t'en sera reconnaissant.

— C'est pour le triomphe de la justice que je travaille, lui répondis-je ; et c'est pour que tous les ouvriers deviennent frères sans distinction aucune.

— Il faut être fort de ta conviction comme tu parais l'être, repartit *La Sagesse*, pour tenter une réforme aussi radicale.

— Je sais, mon ami, que la tâche que je veux remplir est très ardue, et poutant je crois, j'espère et je compte beaucoup sur l'instruction pour me venir en aide. Oh! qu'il sera beau, m'écriai-je avec un noble enthousiasme, ce jour qui éclairera les intelligences encore obscurcies ?

— Crois-tu trouver sur le Tour de France, observa *Lyonnais*, assez de jeunes gens raisonnables pour comprendre tes projets d'amélioration et les mettre en pratique ?

— Oui, j'en ai la ferme conviction.

— Ce sera long, ce me semble, si tu prétends détruire l'illusion du nom jusqu'à ce jour si sacré si enthousiaste du Compagon du Tour de France.

— Je n'ai pas cette prétention, car ce mot de *Compagnon* a une signification si belle, si admirable, que notre langue ne fournit rien de plus expressif dans ses divers dialectes pour mieux exprimer la fraternité.

— Je partage ton opinion sur tous les points, mon cher *Libourne*, et je dis, avec toi, qu'on pourrait détruire tous les mystères et toutes les prérogatives du Compagnonnage sans en détruire le nom proprement dit. Comme toi, je voudrais que tous les ouvriers de toutes professions pussent voyager comme de bons amis, et non isolément et en castes ennemies, comme ils l'ont fait jusqu'à ce jour. Et à quoi nous sert de remonter jusqu'au Temple de Salomon, comme tu l'as si judicieusement exprimé, pour y chercher un ou plusieurs philosophes qui enseignaient la vertu et la sagesse aux classes ouvrières, vertu et sagesse, si tant est qu'il les enseignassent, qu'aucun compagnon n'a suivies. Ce qui m'étonne le plus en cela, pénétré comme je le suis des vices de l'ordre, c'est qu'une institution aussi mauvaise, aussi contraire à la dignité humaine, n'ait pas été détruite en traversant les deux ou trois révolutions que nous avons eues depuis soixante ans.

— J'ai vu, il y a dix ans de cela, poursuivit la *Sagesse*, lorsque d'un pas tremblant j'entrai dans la lice aventureuse du Tour de France ; j'ai vu, dis-je, les prisons et les hôpitaux regorger de simples ouvriers fanatisés par les préjugés de l'ordre, victimes d'un condamnable dévouement dans des rixes sanglantes, croyant avoir combattu pour une sainte cause, pour une cause honorable, quand il était bien avéré que toutes ces prouesses qu'ils croyaient si grandes, si brillantes, n'étaient que de déplorables assassinats. Qu'avons-nous besoin d'aller chercher dans la nuit des temps, des principes d'amour et de charité dont les Compagnons s'enorgueillissent tant, et qu'aucun d'eux n'a mis en pratique? On aurait mieux fait, je crois, de laisser là tous ces grands *Maîtres: Jacques, Soubise, Hyram et Salomon*, pour bien se pénétrer des belles maximes de l'Evangile. Aimez-vous les uns les autres, a dit le Christ! Secourez les malheureux, disait-il, en joignant l'exemple au précepte! Donnez au pauvre l'obole de consolation pour vous rendre agréables au Seigneur! Voilà, ce me semble, un bon Compagnonnage; voilà celui que nous aurions dû adopter et suivre religieusement, et non pas celui de l'abrutissement.

Certes je ne veux pas jeter l'anathème sur les premiers fondateurs de l'ordre quels qu'ils soient parce que, de leur temps, l'ignorance sociale ne leur permettait pas d'agir autrement qu'ils l'ont fait, ils purent s'égarer, je n'en doute pas, l'heure de l'émancipation intellectuelle n'était pas encore sonnée ; mais aujourd'hui, nous, enfants d'une nation civilisée, nous, qui nous piquons d'être le premier peuple de la terre, nous amuser à des fables semblables! Ce n'est pas pardonnable. Si dans notre simplicité nous n'étions pas désunis cela pourrait encore passer ; mais non, au lieu de cela nous vivons tous en castes distinctes et notre isolement nous rend faibles comme des roseaux que le vent agite. De là vient que notre classe déshéritée est sans puissance, sans autorité, et devient, trop souvent, hélas! le jouet des événements. Plût à Dieu! s'écria l'orateur en terminant, que tous les ouvriers fussent bien pénétrés de mes idées de progrès et des tiennes, mon cher *Libourne*, ils ne démentiraient pas leur origine.

La Sagesse Lyonnais s'étant assis après cet exposé des réformes Compagnonniques, je me levai de nouveau, et je dis à l'assemblée qui écoutait cette dissertation avec un religieux silence.

— Vous l'avez entendu, mes chers camarades, je ne suis pas le seul Compagnon qui vous parle le langage de la vérité. Tous les ouvriers, je le sais, ne sont doués ni de la même intelligence, ni de la même instruction; tous ne peuvent pas non plus remplir la même tâche, ni les mêmes devoirs dans l'œuvre commune; mais tous doivent y participer; les uns sont propres à faire ceci, les autres à faire cela; c'est pour cette raison que je suis d'avis, que les plus expérimentés d'entre nous donnent de bons conseils et de sages leçons à ceux qui s'égarent. L'homme qui est instruit se doit à la société, « un bon avis donné à propos vaut mieux que de l'or, » a dit Lamennais. Je voudrais aussi que ceux qui, parmi nous, deviennent chefs d'ateliers une fois de retour au sol natal, regardassent les ouvriers comme leurs frères et non avec dédain comme je l'ai vu quelquefois; car en y réfléchissant bien, qu'est-ce qu'un chef d'atelier? C'est un ouvrier lui-même, hier émigrant et aujourd'hui stationnaire? Hier, fanatisé par les fausses doctrines du Compagnonnage et aujourd'hui au foyer domestique, souvent plus à plaindre que par le passé. L'armée mobile de l'atelier se fait une guerre acharnée suscitée par l'orgueil, l'ignorance et le fanatisme. Il règne quelquefois parmi les chefs d'atelier une mésintelligence marquée, encore plus coupable, car c'est une guerre d'intérêt désastreuse, qui provoque des concurrences ruineuses, inévitables. De là la baisse des prix des salaires, qu'on obtient le plus souvent en opposant les sociétés les unes aux autres.

Voyant la plus grande partie de mes camarades attendris par les exposés de nos misères communes, un saint amour s'empara de moi, je joignis les mains et élevant mes yeux vers le ciel je m'écriais : mon Dieu, mon Dieu, aide-moi, je t'en supplie, à dessiller les yeux de mes frères égarés. Pour voir s'accomplir tout ce que je viens de proposer en présence de vous tous, Compagnons de la ville de Lyon, et de vous délégués des Compagnons Passants Tailleurs de Pierres, continuai-je, je donnerais mon sang, ma vie et, comme Socrate, s'il en était besoin, je boirais de la Ciguë pour prouver la puissance de mon raisonnement.

Tes vœux et les miens s'accompliront repartit la *Sagesse*, j'en suis sûr, parce que beaucoup d'ouvriers pensent comme nous, quoique la plupart n'osent pas encore se prononcer ouvertement, dans la crainte de se faire des ennemis; mais nous qui sommes au dessus de tous ces préjugés, écrivons nos bonnes pensées, publions-les et si nous ne sommes pas assez heureux pour changer le vieux système, au moins aurons nous la douce consolation d'avoir cherché à apporter dans notre malheureuse classe des améliorations qui nous feront honneur. Que nous importent les cris des fanatiques et des mécontents, le siècle nous jugera.

En terminant cet exposé des réformes à faire dans les ordres du Compagnonnage, la *Sagesse Lyonnais* descendit de l'estrade sur laquelle il était assis pour venir se jeter dans mes bras, laissant dans l'admiration l'auditoire dont l'étonnement paraissait être extrême.

Vers dix heures, l'*Assemblée* se sépara après avoir échangé de cordiales poignées de mains et après s'être réciproquement promis de se revoir le dimanche suivant à la Vogue de la Mouche, petit villlage situé sur la rive gauche du Rhône. Ce dimanche était la veille de notre présentation à l'assemblée générale, qui devait nous reconnaître; cette funeste journée fit tomber toutes les illusions qui dominaient l'assemblée précédente. Vers cinq heures, et, comme nous revenions de a Mouche, aussi tranquillement que peuvent le faire une centaine de jeunes gens, nous fûmes attaqués aux approches du pont de la Guillottière par une armée de Compagnons *Charpentiers* et de *Tailleurs de Pierres de la liberté*, qui avaient été instruits des rapprochements intimes que nous avions eus avec *les Compagnons Passants*, leurs ennemis les plus implacables à qui la ville de Lyon était interdite depuis plus de cent ans. Des paroles grossières furent échangées et entraînèrent une rixe déplorable, qui se livra aux yeux d'une foule considérable de promeneurs qui circulaient sur le pont et qui se grossissait à mesure que la lutte devenait plus opiniâtres. Les paroles de paix que j'essayai de faire entendre à ces insensés ne servirent qu'à me faire remarquer de nos assaillants, comme un homme sans cœur et sans énergie ; il fallut combattre.

Je m'étais trouvé dans plusieurs affaires au moins aussi sauvages, mais jamais dans une boucherie de ce genre ; deux fois nous fûmes repoussés avec force, malgré notre vigoureuse résistance ; nous allions succomber sous les coups de nos fanatiques agresseurs dont le nombre était bien supérieur au nôtre, lorsque survint pour nous un renfort d'ouvriers *Tisseurs Ferrandiniers* qui, comme nous alors, avaient la fantaisie de jouer aux Compagnons, sans en avoir reçu l'autorisation de messieurs des premiers corps de l'ordre. Leur présence ranima nos forces défaillantes, le combat devint des plus terribles, et nos agresseurs vaincus furent obligés de se réfugier vers le village où nous avions passé une partie de la journée. Bientôt la police accourut accompagnée d'un piquet d'infanterie de ligne ; mais hélas ! cette force imposante arriva trop tard malgré sa vigilance, le massacre était achevé. La terre était jonchée de blessés et la plupart des combattants valides avaient évacué la place se dirigeant sur différents points. Quoique combattant dans l'endroit le plus chaud de l'affaire, je ne fus que légèrement blessé ;

la Sagesse Lyonnais avec qui, un quart d'heure avant, bras dessus bras dessous, nous faisions de riants projets d'avenir pour la gloire du Tour de France, moins heureux que moi, gisait baigné dans son sang près d'une charrette où il s'était traîné avec beaucoup de peine. Je l'aperçus au moment où je fuyais devant l'autorité; alors un sentiment d'amour fraternel s'empara de mon cœur, je m'arrêtai, je le pris dans mes bras, il était mourant? une large plaie sur la tête mettait son front à nu. Comme je me disposais à lui bander cette blessure avec ma cravate, dans l'espoir qu'elle n'était pas mortelle, je fus tout à coup brutalement arraché d'auprès de lui par des gendarmes, qui me conduisirent au poste du pont de la Guillottière en compagnie de treize autres ouvriers des différents corps acteurs de cette scène.

Une heure après on nous transférait, sous bonne escorte, dans la prison de Rouane. En traversant la place Bellecour, j'échappai, comme par miracle, aux griffes de mes sbires; deux gendarmes me poursuivirent, mais inutilement. Enfin, après mille détours dans des rues à moi inconnues, ils perdirent mes traces, et quand je m'en aperçus j'étais dans la rue Clermont. La nuit était venue; j'allai me réfugier chez de braves *Canus*, auxquels je portais du pain; je leur racontai le danger que j'avais couru et celui qui me menaçait encore, ils partagèrent mes inquiétudes et eurent pour moi toutes les bontés possibles. Deux heures après mon arrivée sous ce toit hospitalier, je partis affublé d'une vieille casaque et d'un large feutre rond, que ces généreux artisans m'avaient prêtés pour tromper les yeux de la police, ayant à traverser une partie de la ville pour me rendre aux Charpennes, petite commune à six kilomètres de Lyon, sur la rive gauche du Rhône, où j'espérais trouver un sûr refuge chez un collègue qui avait quelque estime pour moi.

Vers dix heures j'arrivai chez *Bressant Sans-Peur*,

vieux Compagnon du Tour de France établi, à qui je racontai l'aventure qui me forçait à battre en retraite jusque chez lui.

Sans-Peur m'accueillit avec amitié et me témoigna le vif plaisir qu'il avait de m'être utile en cette circonstance ; je lui offris mes services, et le lendemain je me mis à la besogne, en attendant de plus heureuses consolations. Huit jours après mon installation aux Charpennes, j'écrivis à *Bordelais l'Enfant-Chéri*, et le même soir j'eus la visite de cet ami sincère. *Bordelais* me raconta la peine que ma disparition lui avait causée, ainsi qu'aux *Montagnards*, lorsqu'ils se furent assurés que je n'étais ni à l'hôpital, ni en prison. Il m'apprit aussi que depuis la lutte fratricide la police n'avait fait aucune nouvelle arrestation.

— Et *La Sagesse Lyonnais*, lui demandai-je avec empressement, qu'est-il devenu ?

— Le soir de la fâcheuse rencontre, il fut porté mourant à l'Hôtel-Dieu, me répondit *Bordelais* ; mais aujourd'hui il est hors de danger.

— Oh ! mon Dieu ! mon Dieu ! m'écriai-je, je pourrai donc encore le presser sur mon cœur !

— Quant à ceux qui sont en prison, continua l'*Enfant-Chéri*, nous avons deux Compagnons et un Aspirant de chez nous ; on dit qu'ils passeront en jugement aux assises prochaines. — A ces mots mes yeux se remplirent de larmes et je fus un instant anéanti sous le poids d'un pareil malheur. Le même soir, entraîné par les sages exhortations de *Bordelais l'Enfant-Chéri*, je pris congé de *Bressant Sans-Peur*, après l'avoir remercié des bontés qu'il avait eues pour moi depuis que je m'étais réfugié sous son toit fraternel.

Quelques jours après j'allai travailler sur le Cours Lafayette, aux Brotteaux, chez M. Morel, Compagnon du Tour de France très-distingué. *Dauphiné-la-Vertu*, c'est ainsi qu'il se nommait de son nom de guerre, était un homme d'une trentaine d'années, à la figure agréable, légèrement affectée par une santé chancelante, il était très-sobre et sortait rarement ; ses promenades, assez restreintes, se bornaient à celles de chez lui au Temple des Réformés ; il avait embrassé la religion protestante depuis plusieurs années, selon lui, c'était le culte qui lui paraissait le plus rempli de bon sens et le moins obscur ; il avait dans un petit cabinet attenant à sa chambre à coucher une superbe bibliothèque composée de livres classiques pour l'école protestante, qui m'ont fait connaître de bien grandes vérités sur les questions religieuses. Alors je connaissais un peu l'histoire de mon pays, j'avais beaucoup lu, beaucoup appris, et j'étais bien convaincu que le Christianisme avait à lui seul fait couler plus de sang que toutes les guerres de peuple à peuple. Dans cette savante bibliothèque je dévorai les livres qui parlaient des folies des Croisades, des massacres de la Saint-Barthélémy, des orgies des Templiers, des crimes de l'inquisition aux tortures ignobles, aux hideux souvenirs. Qui n'a pas ouï parler des inquisiteurs des siècles passés, qui arboraient un drapeau blanc teint de sang, sur lequel étaient représentés la roue fatale, les tenailles, le chevalet et les autres instruments du supplice.

Chaque jour, je passais des heures entières à méditer sur toutes ces choses dans la bibliothèque de *Dauphiné la Vertu*, j'avais alors vingt trois ans, j'étais homme et, par conséquent, assez raisonnable pour me former une opinion.

L'épouse de M. Morel avait une de ces figures avenantes qui plaisent et captivent à la première vue, elle ne voyait point avec plaisir son mari aller au temple des réformés, parce que, sans être dévote, elle aimait sa religion. Souvent, avec sa bonté angélique, elle exhortait son mari à revenir de son erreur, avec cette candeur indicible, qui au lieu de mettre le trouble dans le ménage en resserrait les liens avec plus de force. Tout était réuni dans ce vrai modèle des époux, bonté, sagesse, confiance, en un mot tout ce qui peut convenir à notre caractère pour le rendre parfait. Combien de fois dans mes méditations intimes ai-je envié leur douce félicité ; je faisais alors, comme toujours, de ces beaux rêves de vingt ans que l'on voit rarement se réaliser.

Un soir, étant à table, la conversation tomba sur le chapitre de mes *mémoires* que je commençais alors ; *Dauphiné la Vertu* louait tous mes projets de régénération, me faisait espérer de très-bons résultats. Savez-vous, *Libourne*, me disait-il avec sa bonté ordinaire, que, si vous parvenez un jour à publier vos œuvres, vous aurez rendu un grand service aux ouvriers voyageurs en général ; si, comme vous, j'étais en ce moment sur le Tour-de-France, je joindrais mes bonnes intentions aux vôtres.

— A propos, dit madame Morel, je pense que le régénérateur *Libournais* pourrait nous donner une première preuve de ses dispositions philosophiques.

— Veuillez-vous expliquer, madame, lui répondis-je, et quelle que soit l'importance de la demande, je serai très-heureux de vous être agréable.

— Je vous prends au mot, me dit-elle. Vous nous avez entendu dire quelques fois, depuis que vous êtes chez nous, que l'aîné de nos enfants était décédé depuis environ six mois.

— Oui, madame.

— Vers ce même temps, interrompit M. Morel, pour épargner à son épouse ce douloureux souvenir, nous avons fait déposer une croix sur les restes de ce petit ange, avec une épitaphe qui a été détruite par les fréquentes pluies d'automne, nous voudrions en faire mettre une autre, nous en parlions encore hier au soir, quand l'idée est venue à ma femme de vous en proposer la restauration, et je vous avoue franchement que cela nous ferait plaisir.

— C'est peut-être un travail au-dessus de mes faibles talents, lui répondis-je, mais le désir que j'ai de vous être agréable surmontera, je l'espère, toutes les difficultés.

Le lendemain matin, et quand une partie de la besogne fut terminée à l'atelier, je partis pour le cimetière de la Magdelaine, situé à l'extrémité du faubourg de la Guillotière, accompagné de madame Morel qui triste et rêveuse marchait à mes côtés comme frappée de la sainteté de ce pélerinage. Vers sept heures, nous entrâmes dans cette dernière demeure du riche et du pauvre, dans ce champ de repos où sont confondus les vains préjugés et toutes les fausses présomptions des hommes. Comme mon âme sensible et impressionnable fut en tout temps pénétrée d'un saint respect pour les morts, je ressentis une vive émotion en foulant cette terre de deuil, où vieux j'irai demain. Arrivée au centre du cimetière, madame Morel s'arrêta en cherchant des yeux, et, bientôt après, elle me montra du doigt une croix.

C'était celle de son fils. — Elle se mit à genoux et pria avec ferveur au pied de ce calvaire où je la vis fondre en larmes. — Entraîné par l'exemple de cette bonne mère, je tombai involontairement à genoux, pénétré d'un saint recueillement et, comme elle, j'adressai à Dieu quelques prières. Quand la première émotion de cette tendre mère fut un peu calmée, je me levai; madame Morel en fit autant, et elle me dicta l'épitaphe suivante que j'écrivis :

« *Ici reposent les cendres de Jean Morel, décédé
« le 5 mars 1840, à l'âge de quatre ans, laissant une
« mère et un père inconsolables.*

« *Priez pour lui !* »

Après avoir rempli cette mission avec le recueillement profond des âmes sensibles, nous retournâmes silencieusement sur le Cours Lafayette. Comme les peines du cœur ne durent pas éternellement, peu de jours après ce pélerinage, la gaîté ordinaire à mon excellente patronne revint comme par le passé, et le petit mot pour rire fit place aux noires pensées que font toujours éprouver la présence ou les idées de la mort.

Nous étions alors au mois d'octobre 1840, un cri de guerre retentissait par toute la France ; ce noble cri national venait d'être provoqué par l'Angleterre qui, dans la Méditerrannée, avait insulté notre ancienne gloire d'une manière scandaleuse. Lyon, cette ville manufacturière, où battent continuellement trente-deux mille métiers ; Lyon, qui renferme dans son sein tout un peuple de patriotes, se réveilla et se leva comme un seul homme pour protester contre les actes des hommes du pouvoir qui voulaient la paix à tout prix. Des groupes se formèrent, et bientôt l'hymne immortel de Roujet-de-l'Isle fut chanté avec enthousiasme, mais l'autorité protesta énergiquement contre ces manifestations. Les rues de Lyon si bruyantes jusqu'alors, furent bientôt veuves de toute agitation populaire et il ne fut plus permis de chanter la *Marseillaise* qu'au théâtre. Comme protestation, on organisa un grand banquet patriotique qui se composait de plus de dix mille citoyens devenus frères par la force des évènements. La table du banquet, confectionnée en forme de soleil aux mille rayons, où les convives avaient pris place, étaient dressée dans la commune de Vilheurbane, au milieu d'un vaste pré, situé dans la cité Napoléon, à trois kilomètres de Lyon.

Dauphiné la Vertu me fit avoir un billet de convive et, par ce moyen, j'eus le plaisir de mêler mes chants régénérateurs à ceux des illustres réformateurs qui présidaient le célèbre banquet. Ce repas champêtre, qui n'était qu'une légère collation, fut assaisonné de chaleureux discours et d'admirables improvisations et fut terminé par des chansons de circonstance et d'enthousiastes toasts portés au progrès et à la réforme électorale. Pour terminer dignement cette réunion solennelle, dix principaux convives se placèrent au centre sur une tribune disposée pour recevoir les poètes dont l'enthousiasme venait d'électriser l'assemblée; ces bardes nouveaux entonnèrent la *Marseillaise* et bientôt à leurs voix se mêlèrent dix mille autres voix qui, confondues ensemble, formaient un chœur que l'enthousiasme rendait sublime; ce fut au point que la ville de Lyon retentissait d'allégresse au bruit de ces chants fraternels. Ce banquet, qui, par le grand nombre de ses convives, paraissait être séditieux, avait été proposé par des hommes sages, animés de l'esprit de l'ordre le plus parfait. Néanmoins, le lendemain, le journal le *Censeur* fut saisi pour avoir reproduit les discours de la veille et pour avoir trop chaleureusement écrit en faveur de la réforme électorale.

Les troubles n'étaient pas entièrement apaisés quand une épouvantable catastrophe vint mettre fin, pour un temps, à toutes ces émotions populaires : je veux parler de l'inondation du 30 octobre 1840. Il pouvait être une heure du matin quand je fus éveillé par le mugissement du Rhône, qui passait avec une rapidité alarmante près de la chambre où j'étais couché. A ce bruit effrayant se mêlaient des cris de détresse, que j'entendais venant de toutes parts ; le bas Brotteau était déjà submergé, et les maisons, généralement bâties en pisé, roulaient avec un épouvantable fracas.

Je ne dépeindrai point ici le tableau de cette funeste submersion, qui réduisit un grand nombre de familles à la mendicité. Tout le monde a entendu parler des sublimes horreurs de ce déluge, dont l'histoire fournit peu d'exemples. Je me bornerai à faire connaître les particularités qui se rattachent à ces mémoires.

Saisi de frayeur en entendant le bruit extraordinaire dont je viens de parler, je me levai et je courus éveiller *Dauphiné la Vertu* qui dormait paisiblement auprès de sa jeune épouse. M. Morel se leva avec empressement, et les cris mille fois répétés par les naufragés ne tardèrent pas à le convaincre de la fâcheuse réalité du sinistre. Les éboulements, qui se faisaient entendre fréquemment, nous firent supposer que les Brotteaux si riants ne présenteraient plus, au jour, qu'un vaste champ de deuil. M. Morel était resté dans l'atelier tandis que sa femme épouvantée, assise les coudes appuyés sur le comptoir et la tête dans ses deux mains, semblait pressentir les fâcheux résultats de cette nuit lugubre. A cinq heures du matin, l'eau couvrait déjà le seuil de la porte d'entrée; une heure plus tard, un cri effroyable, un de ces cris déchirants du désespoir qui remuent l'âme jusque dans ses replis les plus secrets se fit entendre; la digue de la rive gauche du Rhône venait de crouler et, semblable à un torrent impétueux, ce fleuve s'étendit en un instant jusqu'au dessus d'Arles. Le village des Charpennes, les Brotteaux, la Guillotière et toutes les campagnes de cette rive ne présentaient qu'un vaste lac.

Dauphiné la Vertu, chargé de son enfant et suivi de son épouse, chassés du rez-de-chaussée par les eaux qui montaient avec une rapidité effrayante, allèrent s'établir dans la chambre haute, j'y montai aussi. C'était de là, que nous devions attendre notre salut, en sautant de la croisée dans une des nombreuses barques qui naviguaient ainsi, pour secourir les familles qui couraient risque de périr au milieu des eaux. Nous n'attendîmes pas longtemps, un batelier qui passait près de là nous prit à son bord et, conduits par de vigoureux rameurs, nous pûmes toucher sans accident la plage du salut. A huit heures, nous traversions le pont Lafayette pour nous rendre à la montée du Gourguillon, de l'autre côté de la Saône, où nous allâmes nous établir chez des ouvriers en soie, proches parents de mes infortunés patrons.

Le lendemain, *Dauphiné la Vertu*, avec qui j'étais couché, se leva de très-bonne heure pour aller voir les nouveaux désastres que le Rhône devait avoir faits dans la nuit précédente, je m'offris à l'accompagner. Arrivés sur le cours Lafayette un bien triste tableau se présenta à ma vue : mon sang se glaça dans mes veines en voyant ces Brotteaux, hier encore si florissants, ne présentant plus qu'un champ de deuil. Çà et là on voyait quelques rares maisons que la furie des courants avait respectées ; celle de M. Morel, quoique bâtie en briques, était semblable à celles bâties en pisé ; pas un vestige ne restait, tout avait disparu emporté par les courants. *Dauphiné la Vertu* contempla d'abord ce triste spectacle avec une impassabilité de Stoïcien, mais, cédant peu à peu à la douleur, il s'écria en levant les mains et les yeux vers le ciel : Mon Dieu ! mon Dieu ! je suis ruiné !... Que va dire ma chère Claudine (c'était le nom de son épouse), que va-t-elle devenir en apprenant ce grand malheur ? Et se tournant vers moi ; venez, mon cher *Libourne*, me dit-il, venez, fuyons ces lieux d'horreurs.

Arrivés au Gourguillon, M. Morel annonça cette fatale nouvelle à sa famille, avec un calme digne de sa grande âme. Son récit fit l'effet d'un coup de foudre ;

son épouse s'évanouit et resta longtemps sans connaissance, et quand elle revint à la vie réelle, ce fut pour joindre ses pleurs à celles bien amères, bien attendrissantes de toute la famille. Cette scène déchirante m'affecta tellement, en raison de l'estime et de l'amitié que j'avais conçues pour ces bons patrons, qu'une larme de douleur sillonna ma paupière avec toute la naïveté d'un enfant qui pleure en voyant pleurer sa mère.

Deux jours après, les habitants de la ville de Lyon éprouvaient des pertes bien plus considérables encore, car le Rhône et la Saône faisaient jonction dans le milieu de la ville, et une population immense et éplorée était témoin de cette fatale alliance, inconnue à la génération actuelle. Dans les quartiers les moins élevés l'eau montait à plusieurs mètres; une grande quantité de bateaux circulaient dans ces quartiers pour transporter les habitants d'un lieu à un autre et pourvoir aux besoins de ceux qui ne pouvaient quitter le foyer domestique : tels que les vieillards, les femmes et les petits enfants. Le faubourg de Vaise, sur la rive droite de la Saône, fut presque entièrement détruit, et les habitants éperdus n'eurent que le temps de se réfugier à Saint-Just, petite commune au-dessus de Vaise, sur un coteau très-élevé. Villefranche, Châlons et Macon éprouvèrent aussi des pertes incalculables.

Depuis cette déplorable catastrophe, je prenais mes repas au Gourguillon chez la famille Morel, toujours dans la consternation. Il y avait environ huit jours que je vivais ainsi; malgré le vif désir que j'avais de m'éloigner d'eux dans la crainte de leur être à charge dans un moment où ils avaient à s'occuper sérieusement de leurs propres affaires; ils ne voulurent rien entendre, et je me vis forcé d'employer un expédient pour me séparer d'eux sans leur causer de nouvelles peines. Le jour où je quittai la famille Morel, j'allai m'établir dans la rue Boucharnin, chez *la Mère Brossette* ; là, mes camarades réunis me firent les promesses les plus séduisantes pour me retenir auprès d'eux ; mais leurs franches sollicitations ne purent faire changer la ferme résolution que j'avais prise de m'éloigner de cette ville aux grands événements, aussitôt que la route de Marseille, qui avait été interceptée jusqu'alors par les eaux, serait praticable pour les piétons.

A Lyon, sur la rive droite de la Saône, et sur un coteau très-élevé est située la petite commune de St-Just, remarquable par sa position pittoresque. Le touriste va aussi visiter, comme curiosité, Fourvière, église dédiée à une sainte du même nom, à qui le vulgaire attribue un pouvoir semblable à celui des prophètes des premiers âges. Quoique croyant peu aux miracles si vantés du bon vieux temps, je fus frappé à l'aspect imposant de ce temple du Seigneur, la première fois que j'allai le voir ; lorsqu'une particularité assez remarquable, vint détruire le peu de foi que j'avais eue jusqu'alors concernant les innombrables miracles attribués à cette Vierge. Un jour, c'était le troisième de la déplorable crûe du Rhône, l'archevêque de la ville de Lyon fit un appel aux fidèles et, bientôt, sept à huit mille âmes pieuses, à la tête desquelles était le prélat, formèrent une imposante procession dans le but d'implorer la clémence de Dieu, contre les désastres qui désolaient la ville et les campagnes. — Comme si Dieu, infiniment bon, pouvait-être le Dieu méchant qui couvrait la terre de désolation ! — Il y avait pourtant, à cette époque, peu reculée cependant, des gens assez naïfs pour croire que ce fléau avait été envoyé dans un moment de colère du Tout-Puissant contre les hommes pervers ! Comme si Dieu, dans un moment de mécontentement, pouvait changer l'ordre de la nature ? Il fallait donc supposer que l'Être-Suprême avait en lui toutes les imperfections des hommes. Supposons, un instant, que cela soit possible : Je ne vois pas pourquoi, en cette circonstance, les bons auraient souffert pour les méchants.

La procession monta donc à Fourvière, implora la miséricorde divine ; l'on fit brûler un nombre considérable de cierges, et l'encens fut prodigué sur un somptueux autel. Arrivés à l'église des miracles, les fidèles réunis demandèrent avec instance à la bonne sainte Fourvière le retour du Rhône dans son lit naturel.

Je veux bien croire que les vœux que ces braves gens adressaient au Tout-Puissant étaient sincères ; mais, dans le fond, cette solennité avait quelque chose des croyances du paganisme. — Le lendemain, nouveaux désastres, nouvelle catastrophe, la Saône faisait jonction avec le Rhône au milieu de la ville en deuil, et pendant tout le mois de novembre cette rivière, dans sa course effrénée, fit des dégâts incalculables.

Croyez donc aux miracles !

Je reproduis ici quelques chansons composées pendant mon séjour à Lyon.

La Concorde.

Air : Bons habitants de la Bretagne.

Je viens pour prêcher la concorde,
Et les devoirs d'un compagnon ;
Non, désormais, plus de discorde,
Vivons au sein de l'union !
Vieux Compagnons du Tour de France,
Avec plaisir je vous revois ;
Adieu, Blois (1), vieille connaissance,
Adieu, vieux siége de nos lois !

Enfants du pays des lumières,
Hâtons nos pas vers le progrès ;
A Dieu faisons des vœux sincères,
Pour abolir les préjugés !
Vieux Compagnons du Tour de France,
Avec plaisir je vous revois ;
Adieu, Blois, vieille connaissance,
Adieu, vieux siége de nos lois !

Mettons un terme à l'anarchie,
Seule cause de nos malheurs,

---

(1) Blois est une ville très-révérée par les Compagnons Boulangers, parce que c'est le lieu où furent reçus leurs premiers Compagnons.

Tendons nous une main amie :
Toutes sociétés sont sœurs !
Vieux Compagnons du Tour de France,
Avec plaisir je vous revois ;
Adieu, Blois, vieille connaissance,
Adieu, vieux siége de nos lois !

Frères, plus de prépondérance !
Plus d'absurdes dissensions !
Embellissons le Tour de France,
De gais refrains et de chansons !
Vieux Compagnons du Tour de France,
Avec plaisir je vous revois ;
Adieu, Blois, vieille connaissance,
Adieu, vieux siége de nos lois !

Heureux enfants de l'industrie,
L'alliance peut nous servir,
Si l'ennemi de la patrie,
Vient, un jour, nous assujétir !
Vieux Compagnons du Tour de France,
Avec plaisir je vous revois ;
Adieu, Blois, vieille connaissance,
Où sont les foudres de nos lois ?

Gaîment, je me voue aux voyages,
Pour chanter la fraternité ;
O ! vous, donnez moi du courage,
Déesse de la Liberté !
Vieux Compagnons du Tour de France,
Avec plaisir je vous revois ;
Adieu, Blois, vieille connaissance,
Où sont les foudres de nos lois !

Le Prolétaire dans un joyeux délire.

Air : des Bohémiens parisiens.

Du beau Tour de France,
Goûtons l'aimable et doux plaisir !
Aimons la science,
Sans soucis pour notre avenir !
Passons notre vie,
Au sein des enfants de Momus !
Aimons la folie,
Et le jus divin de Bacchus !
Vive les voyages,
Le bonheur, les impressions
Du pélerinage,
Que font nos joyeux Compagnons !

Rien de plus sublime,
Que de visiter son pays ;
Heureux on s'estime,
De posséder beaucoup d'amis.
Nos lois sont communes,
Et nos plaisirs sont partagés ;
Loin des infortunes,
Nous vivons sans aucun regrets.
Vive les voyages,
Le bonheur, les impressions
Du pélerinage,
Que font nos joyeux Compagnons !

Heureux prolétaires,
Nous vivons de notre labeur ;

Unis comme frères,
Nous bravons le destin trompeur;
Le travail est rude,
Mais nous avons des bras nerveux ;
Sans inquiétude,
Nous sommes pauvres, mais heureux !
Vive le voyage,
Le bonheur, les impressions
Du pélerinage,
Que font nos joyeux Compagnons !

L'ingrate fortune,
Qui se plaît à nous tourmenter,
Peu nous importune.
Quand nous sommes à l'atelier,
Notre indépendance,
Nous rend plus heureux que des Rois,
Sur le Tour de France,
Régis par de communes lois.
Vive le voyage,
Le bonheur, les impressions
Du pélerinage,
Que font nos joyeux Compagnons !

L'or, belle matière,
Que le riche étale à nos yeux,
N'est qu'une chimère,
Qu'un vil métal pernicieux.
A nous, prolétaires,
Notre or c'est notre liberté !
Notre amour de frère !
Nos gais refrains, notre unité !
Vive les voyages,
Le bonheur, les impressions
Du pélerinage,
Que font nos joyeux Compagnons !

Le Retour.

Air : du retour du petit savoyard.

 Me voici de retour,
 Chers compagnons, chers frères ;
 A vos transports sincères,
 Je penserai toujours.
Accueillez l'amitié d'un délirant amour,
 Vous l'âme de ma vie !
 Oh ! je vous en suplie.
 Salut, joyeux enfants,
 Du riant Tour de France,
 Par vos accueils charmants,
 Comblez mon espérance.

 Je viens prophétiser
 Un bonheur indicible,
 Qui vous sera sensible,
 Enfants de l'atelier.
Que mon vaste projet par vous soit couronné !
 Suivez avec courage,
 Les préceptes d'un sage.
 Salut, joyeux enfants,
 Du riant Tour de France,
 Par vos accueils charmants,
 Comblez mon espérance !

 Je veux vivre et mourir,
 En penseur prolétaire ;

Enfant de la lumière,
Je prédis l'avenir.
Un beau jour, vous verrez le néant s'entr'ouvrir ;
Et, sur le Tour de France,
Naîtra l'intelligence !
Salut, joyeux enfants,
Du riant Tour de France,
Par vos accueils charmants,
Comblez mon espérance !

J'ai vu, dans mon printemps,
L'impassible misère,
De la classe ouvrière,
Tourmenter les enfants ;
Lorsque pour l'apaiser surgit, il y a vingt ans,
Un poète (1) sublime,
Du prolétaire intime.
Salut, joyeux enfants,
Du riant Tour de France,
Par vos accueils bruyants,
Comblez mon espérance !

Nous pouvons être heureux,
J'ose vous le prédire ;
Dans mon joyeux délire,
Je suis ambitieux.
Trop longtemps désunis nous fûmes malheureux ;
Mais bientôt, je l'espère,
Le peuple sera frère.
Salut, joyeux enfants,
Du riant Tour de France,
Par vos accueils charmants,
Comblez mon espérance !

(1) L'illustre Béranger.

Nouveau Retour.

Air : du soleil de la Bretagne.

Joyeux enfants, me voici de retour,
Je quitte encor les lieux de ma naissance,
Pour revenir au riant de Tour de France,
Que malgré moi je chérirai toujours.
      Auprès de vous que j'aime,
      Mon bonheur est extrême.
      Gloire de l'atelier,
      Je viens vous raviver !
Narguons, enfants, l'incertain avenir !
Vivons toujours dans notre indépendance,
En voyageant avec zèle et constance ;
      Et du beau tour de France,
      Savourons le plaisir !

C'est un bien grand plaisir de voyager :
Ici-bas, rien ne me plaît d'avantage ;
J'aurai voulu consacrer au voyage,
Toute ma vie, enfants, pour vous aimer !
      Votre amitié si chère,
      Qu'en tout je considère,
      Fait palpiter mon cœur
      D'un énivrant bonheur !
Narguons, enfants, l'incertain avenir !

Vivons toujours dans notre indépendance,
En voyageant avec zèle et constance ;
  Et du beau Tour de France,
  Savourons le plaisir.

Dans vos concerts, où brille la gaîté,
Je chanterai toujours des beaux voyages
Les agréments et surtout les lois sages
Qui régissent notre Société !
  A l'amitié, chers frères,
  Soyons toujours sincères ;
  De l'atelier, l'amour
  Renaîtra chaque jour !
Narguons, enfants, l'incertain avenir !
Vivons toujours dans notre indépendance,
En voyageant avec zèle et constance ;
  Et sur le Tour de France,
  Savourons le plaisir !

Quand, un beau jour, les Parques couperont
Le fil qui tient si faiblement ma vie,
Mes derniers vœux seront pour ma patrie,
Et mes adieux, pour vous mes compagnons ;
  Décidé de Libourne,
  Qui parmi vous retourne,
  Vient encore vous prêcher,
  L'amour à l'atelier.
Joignez vos vœux à ceux du Troubadour,
Qui parmi vous passe son existence,
C'est tout ce qu'il veut, pour sa récompense ;
  Et sur le Tour de France,
  Vous le verrez toujours !

Aux Prolétaires l'Enfant de l'Atelier.

Air : de l'honnête brocanteur.

Frères, plus de dispute,
Plus de combats sanglants,
Car l'homme se rend brute,
Par ces excès flagrants.
Enfants du même père,
Nés sous le même ciel,
Aimons-nous comme frère,
En ce jour solennel !

(PARLÉ.) Voilà bien ce que nous devrions faire et ce que nous ne faisons pas malheureusement : écoutez, mes chers amis, mon opinion à ce sujet. A mesure que je m'éclaire sur la véritable histoire des sociétés secrètes, les sentiments d'une destinée commune à tous les travailleurs se révèlent en moi. Ce barbare usage de créer des castes, des distinctions et des camps ennemis, entre nous tous, me paraît de plus en plus sauvage et funeste.

Avouez qu'en agissant ainsi, nous nous rendons indignes de porter le nom d'homme.

Allons, voyageons en France,
Quel plaisir, quel agrément ;
Ouvriers de toute science,
Ensemble chantons gaîment !

L'instruction féconde,
Du temps où nous vivons,

Doit éclairer le monde,
Des grandes nations !
De sa manne céleste,
Ne cédons pas nos parts,
Frères, je vous l'atteste,
C'est la mère des arts !

(Parlé.) Mais non, au lieu de profiter de l'instruction précieuse de l'époque, nous conservons toujours cette ignorance brutale qui nous abaisse au niveau des sauvages des mers du Sud. Car, voyez, sur tous les points de la France nous nous provoquons, nous nous égorgeons pour le droit de porter exclusivement l'équerre et le compas ; comme si tout homme qui travaille à la sueur de son front n'a pas le droit de revêtir les insignes de sa profession? La couleur d'un ruban, placé plus haut ou plus bas, l'ornement d'un anneau d'oreille, voilà les graves questions qui font fomenter la haine et font couler le sang des pauvres ouvriers ! Insensés que nous sommes !

Allons ! voyageons en France,
Quel plaisir, quel agrément ;
Ouvriers de toute science,
Ensemble chantons gaîment !

Plus de prépondérance,
Entre nous, désormais ;
Illustrons, de la France
Les nombreux ateliers ;
Fuyons le fanatisme
Et ses hideux dangers ;
Chez nous, plus d'égoïsme,
Généreux ouvriers !

(Parlé.) Mais quand donc verrons-nous s'évanouir et disparaître à jamais cette anarchie si condamnable, que le bon sens ne peut voir sans rougir? Que peut-on voir, en effet, de plus absurde et de plus déplorable que toutes ces rixes et ces haines sanguinaires qui séparent les crédules et simples ouvriers en des camps irréconciliables pour de futiles questions de compagnonnage? — Espérons que ces temps orageux seront bientôt remplacés par l'esprit de tolérance, et que la fange, où se vautre encore l'ignorance des travailleurs, deviendra, aux jours de la prospérité, un sentier tout couvert de roses.

Deux grands hommes, J.-J. Rousseau dans son *Contrat social*, et Lamennais dans son *Livre du peuple*, ont prédit que cette grande œuvre s'accomplirait, lorsque l'instruction, cette manne céleste de la régénération, nous aura dégagés de l'enveloppe grossière qui, depuis tant de siècles, nous cache les beautés et les félicités ineffables du progrès ; alors nous verrons briller à l'horizon cet astre d'égalité dont l'éclat sera si resplendissant ! — Alors nous serons tous frères, tous égaux, tous heureux et, par conséquent, tous riches en travaillant ! — Car Dieu nous a mis sur la terre pour cela. — Le bon sens a une immense influence sur les âmes bien nées, mais pour détruire les nombreux abus qui se commettent, chaque jour, au sein de cette malheureuse classe de travailleurs, il n'y a que le temps, ce souverain maître, et quelques rares ouvriers que la nature a doués d'une large part d'intelligence, qu'ils consacrent au bonheur de leurs camarades, et qui, à force de persévérance et en prêchant la concorde aux ateliers, parviendront à réaliser le but de l'alliance fraternelle que la plupart d'entre nous ne croient jamais atteindre.

> Allons, voyageons en France,
> Quel bonheur, quel agrément ;
> Ouvriers de toute science,
> Ensemble chantons gaîment !

> J'ai vu, dans mes voyages,
> De pauvres ouvriers,
> Pour les compagnonnages,
> En prison, renfermés !
> Ces rixes lamentables,
> Evitons-les, amis !
> Soyons plus raisonnables,
> Etonnons le pays !

(PARLÉ). Et puis, je vous prie de réfléchir un peu mieux que par le passé avant de vous faire incarcérer, car soyez bien convaincus que les prisons d'aujourd'hui ne ressemblent en rien à celles d'autrefois. — Imaginez-vous une cellule de cinq à six pieds carrés dont l'aspect seul fait frémir d'horreur ! Vous n'y verrez, ni promenoirs, ni ateliers, ni réfectoires que jadis vous appeliez si gentiment *pistole*, et où se commettaient toutes les orgies des détenus ; vous n'y verrez rien de ce qui sert en commun à la vie physique, morale et industrielle ; rien, en un mot, qui donne quelque signe de vie dans ces lieux de désolation. De plus, continuité de travail sédentaire, fastidieux, monotone, et, pour tout loisir, vous aurez, dans un étroit préau, quelques moments de promenade, une ou deux fois par semaine seulement, au soleil, à la pluie, au froid, selon les circonstances. Sauf cela, privation entière de grand air et de mouvement.

Convenez, mes chers frères, qu'en voilà plus qu'il ne faut pour détruire la santé corporelle et altérer les facultés mentales du plus robuste détenu.

> Allons, voyageons en France,
> Quel plaisir, quel agrément ;
> Ouvriers de toute science,
> Ensemble chantons gaîment !

Si je prêche Morale,
N'en soyez point fâchés :
La cause est générale,
Pour la Société.
Libourne, à son jeune âge,
Illustra l'atelier ;
Au doyen du voyage,
Amis, il faut chanter.

(Parlé). — Et après avoir entonné les gais refrains qui nous rappellent ce vieux Barde, donnons un souvenir fraternel à cet enthousiaste Compagnon du Tour-de-France qui sacrifie les plus belles années de sa vie pour l'embellissement de notre société. Donnons un souvenir à celui qui, soutenu par le siècle des lumières, veut détruire toutes les vieilles rancunes du Tour-de-France ; pour celui, en un mot, qui vous a sans cesse prédit un avenir rationnel, aussi riche que les premiers beaux jours du printemps, celui, enfin, qui ne cesse d'adresser encore, chaque jour, des vœux à l'Eternel pour qu'il vous dessille les yeux, et qu'il répande sur vous tous, ses profondes lumières.

Allons, voyageons en France,
Quel plaisir, quel agrément ;
Ouvriers de toute science,
Ensemble chantons gaîment !

Nota. — La morale du premier et du deuxième couplet est extraite de Georges-Sand (Compagnon du Tour-de-France).

L'Espérance.

Air : du Souvenir du Peuple.

 Espérance, prolétaires !
 L'espoir calme les douleurs ;
 Que le courage, en vos cœurs,
Adoucisse aussi vos misères.
 Le temps viendra, j'en suis sûr,
 Où l'enfant du Tour de France
 Ne sera pas tant obscur,
 Alors que l'intelligence
 Aura déssillé ses yeux,
 Qui pourront voir les lumières,
  Les lumières !
 Nous serons heureux, chers frères ;
  Nous serons heureux !

 Mes chers amis, en voyage,
 J'ai souvent étudié ;
 Et les mœurs de l'ouvrier,
Et celles du Compagnonnage :
 Longtemps je fus affecté,
 De la discorde incessante,
 Dans chaque Société,
 Que le fanatisme enfante ;
 L'espoir me sourit au cœur,

Et sur le beau Tour de France,
Beau Tour de France !
Naîtra le bonheur, je pense,
Naîtra le bonheur !

Le souvenir du jeune âge,
Bien longtemps me sourira ;
J'aimais tant ce plaisir là,
Aux beaux jours si chers du jeune âge !
Pour nous l'aimable sentier !
Lors de notre adolescence,
Quand au sein de l'amitié,
Nous faisions le Tour de France,
En chantant refrain joyeux.
Le soir, chez nos bonnes Mères,
Nos bonnes Mères !
Nous étions heureux, chers frères,
Nous étions heureux !

J'ai vu l'affreuse discorde,
Fléau de la liberté ;
Mais ce temps d'hostilité
Fut remplacé par la concorde.
Et, depuis cet heureux jour,
Sur le riant Tour de France,
Disparaissent tour-à-tour,
Les excès de l'ignorance.
L'avenir sourit au cœur
Des enfants des prolétaires,
Des prolétaires !
Oh ! quel grand bonheur, chers frères,
Oh ! quel grand bonheur !

Partez, partez au jeune âge,
Gais enfants des ateliers :

Tisserands ou *Boulangers*,
Mettez-vous, sans crainte, en voyage.
Là vous verrez l'union,
Vous tendre une main sincère
Loin de la dissension,
Hydre affreuse de misère,
En tout lieu, fraternité,
Déployant douce bannière,
  Douce bannière !
Partout amitié de frère,
  Partout amitié !

À la mère Jacob pour le jour de sa fête.

Air : de Bagnères.

Le jour si cher de votre anniversaire,
Ici, ce soir, nous retrouve joyeux !
Bonne maman, votre gai caractère,
Offre pour nous des attraits merveilleux ;
Un jour viendra, que le destin prospère
Réunira dans les divins séjours,
Nos *Devoirants* et notre bonne *Mère* ;
Enfants, prions pour conserver ses jours !

  Touraine, Touraine,
   Encor
  Riche de ce trésor,
Oh ! cité fortunée, accueillez mon transport !
Tra, la, la, la, la, la, la, la, la, la, la, la.

Lorsque le Ciel vous plaça sur la terre,
En vous douant d'un cœur si généreux,
Des Compagnons, vous deviez être *Mère*,
Et du *Devoir* un trésor précieux !
Conservez-nous votre amitié sincère ;
Inimitable, vous serez toujours,
Du riant Tour la meilleure des *Mères*,
Enfant prions pour conserver ses jours !

  Touraine, Touraine,
   Encor
  Riche de ce trésor,
Oh ! cité fortunée, accueillez mon transport !
Tra, la, la, la, la, la, la, la, la, la, la, la.

Conseil aux Prolétaires.

Air : du Conseil aux Belges.

Finissons-en, enfant du Tour de France,
Que les abus tombent dans le néant ;
De l'atelier, ranimons l'espérance
Et la gaîté par un fraternel chant !
Plus de prisons, plus de soucis, qu'enfante
Et la discorde et les vieux préjugés !
Du riant Tour, jeunesse frétillante,
Peine et plaisir par tous soient partagés !

Que l'ouvrier, au milieu du voyage,
Puisse trouver quelques jours de bonheur ;
Que, désormais, ne gronde plus l'orage,
Qui lui portait le trouble dans le cœur.
Tristes effets d'un odieux fanatisme,
Du pauvre peuple entravent le progrès,
Disparaissez, vous et votre égoïsme,
Assez longtemps vous fûtes conservés !

Aux ateliers vous qui taillez la pierre,
Que vous ont fait vos frères, Boulangers ?
N'êtes-vous pas, comme eux, sur cette terre,
Marqués du stigmate des opprimés ?
Faut-il encor que d'aveugles chimères (1)
Viennent s'unir à nos égarements,
Nous nous battons, et nous sommes tous frères,
Instruisons-nous, nous serons moins méchants !

Tous les états sont, je crois admirables ;
Pour le bonheur de la Société,
Ne sont-ils pas utiles, agréables ?
Voyons, pourquoi cette inégalité ?
Un fol orgueil disperse notre classe,
Il la condamne à d'éternels soucis !
Chers ouvriers, que tout cela s'efface ;
Soutenons-nous, et soyons tous amis !

Fraternité, paix, amour et constance !
Soient le *Devoir* par nous tous adopté ;
Et nous verrons le riant Tour-de-France,
Pour l'artisan, un voyage enchanté.

(1) L'expérience m'a prouvé que mes pauvres camarades, Compagnons ou autres, étaient eux-mêmes la cause de toutes les misères de l'atelier ; et cela par un funeste égarement qui, j'ose l'espérer, finira bientôt.

Allons, buvons tous au même calice ;
Doleurs, Couvreurs, Serruriers, Tisserands,
De l'amitié savourons le délice,
Et les plaisirs sans cesse renaissants.

L'Ouvrier philosophe.

Air : Voilà Paris la nuit.

Mettez-vous en voyage,
Enfants de l'atelier ;
Le printemps vous engage,
Venez vous raviver.
Le riant Tour-de-France,
Et ses joyeux enfants,
Vous donneront, je pense,
D'aimables agréments.
Ouvriers voyageurs,
Voilà le vrai bonheur,
Le séduisant bonheur,
 Qui vous sourit au cœur.
  Toujours, toujours,
 Qui vous sourit au cœur.

Le travail, qui couronne,
Nos efforts généreux,
Fait que l'on s'abandonne,
Au goût délicieux.

Arrière, les misères
Et leurs tristes ennuis :
Rions, chantons, chers frères,
Endormons les soucis.
Ouvriers voyageurs,
Voilà le vrai bonheur,
Le séduisant bonheur,
Qui vous sourit au cœur.
  Toujours, toujours,
Qui vous sourit au cœur !

Passons notre jeunesse,
Mes joyeux Compagnons,
Au sein de l'allégresse,
Dans nos réunions.
Puisons, chez les grands hommes
Des principes nouveaux,
Et prouvons que nous sommes
Tous frères, tous égaux.
Ouvriers voyageurs,
Voilà le vrai bonheur,
Le séduisant bonheur,
Qui vous sourit au cœur.
  Toujours, toujours,
Qui vous sourit au cœur !

En passant sur la terre,
Pauvre déshérité,
L'enfant du Prolétaire,
Pour l'infortune est né.
En tous lieux l'on exploite,
Son esprit, son labeur,
Et de plus, on convoite,
Son unique bonheur.

Ouvriers voyageurs,
Voilà le vrai bonheur,
Le séduisant bonheur,
Qui vous sourit au cœur.
　　Toujours, toujours,
Qui vous sourit au cœur !

Que la philosophie,
Nous fasse mépriser
Les revers de la vie,
Enfants de l'ouvrier.
L'union très-sincère,
D'amour, de charité,
Sera toujours la mère,
De la fraternité.
Ouvriers voyageurs,
Voilà le vrai bonheur,
Le séduisant bonheur,
Qui vous sourit au cœur.
　　Toujours, toujours,
Qui vous sourit au cœur !

Le Génie et l'Enfant de l'Atelier.

Air : du Dieu des bonnes gens.

A l'atelier je vis un jour paraître,
Un bon vieillard dont la mise annonçait
Du tout-puissant, le fidèle interprète,
Tout doucement alors il me disait :
« Quitte ces lieux si chers à ton enfance,
« Je te destine à devenir, un jour,
« Législateur du riant Tour-de-France ;
« Pars, en tous lieux te suivra mon amour !

Quelle sera ma mission, mon père?
Dans cette lice où je dois, à vingt ans,
Suivre le cours d'une noble carrière ;
Elle est sublime, en mon cœur, je le sens.
« Oui, reprit-il, tu seras mon prophète,
« Sur le beau Tour, prêchant l'égalité,
« La liberté sera ton interprète,
« Au tribunal de la fraternité.

« Par la douceur, établis la concorde
« Sur les autels dressés pour l'union ;
« Pardonne à ceux qui souffrent la discorde,
« Et les horreurs de la dissension ;
« A l'ouvrier porte l'intelligence,
« L'amour, la paix, l'indicible bonheur,
« Qui règnera sur le beau Tour-de-France,
« Lorsque, d'amour, aura battu son cœur !

« Tu lui diras que l'homme parasite,
« Ne vivra plus du fruit de vos travaux ;
« Que par les lois, cette caste proscrite
« Pourra trouver un remède à ses maux.
« En travaillant, à la cause commune,
« Soumis aux lois d'un sage souverain,
« Aux ateliers, ils verront, sans rancune,
« Les ouvriers qui leur tendront la main ! »

Il dit, et pour accomplir le message,
Le sac au dos, je partis, un beau jour ;
L'esprit rempli des préceptes du sage,
Prêchant partout la concorde et l'amour.
Des ateliers, moi le pauvre poète,
Dans mes couplets chantant l'intimité,
Je suis conduit, par la main du prophète,
Sous l'étendard de la fraternité !

Le vieux Chansonnier.

Air : du Grenier.

Frères, ce soir, sur ma lyre légère,
Je vais chanter quelques refrains joyeux,
Que le Bordeaux emplisse chaque verre,
Buvons gaîment, comme nos bons aïeux.
Buvons, aussi, au riant Tour-de-France,
Et au bonheur des fils de l'atelier ;
Joyeux enfants, prenez cette licence,
Pour égayer votre vieux chansonnier !

Dans vos concerts et vos banquets sublimes,
Que l'amitié sait rendre si bruyants,
Du temps passé, les souvenirs intimes,
Offrent au cœur des plaisirs enivrants.
Frères, videz, videz à tasse pleine,
Ce doux nectar, ami de l'ouvrier ;
Trinquez, buvez la liqueur souveraine,
En souvenir de votre chansonnier !

Si la fortune envers vous fut ingrate,
Il ne faut point, amis, s'en alarmer ;
Méfiez-vous de tout homme qui flatte
L'ambition, chez le pauvre ouvrier.
Chantez, buvez à votre indépendance ;
Disparaissez, soucis de l'atelier ;
Buvez souvent au riant Tour-de-France,
En souvenir de votre chansonnier !

Votre amitié, qu'en tout je considère,
Plus d'une fois raviva mon espoir ;
Le Tour-de-France, au choc de la misère,
Etait livré, je voulus le revoir.
Ma lyre en main, en troubadour moderne,
Je reparus au sein de l'atelier ;
La loi commune, aujourd'hui, vous gouverne :
Le cœur sourit au pauvre chansonnier !

Et maintenant, du riant Tour-de-France,
Par votre amour, mes couplets annoblis,
Dans vos concerts, revivront, je le pense,
Pour consoler de généreux amis.
Buvez, chantez, pour bannir vos misères ;
Plus de discorde, enfin, chez l'ouvrier ;
Fêtez l'amour, l'union, mes chers frères,
Comblez les vœux du pauvre chansonnier !

Prière aux Ouvriers.

Air : Depuis la Noël, fête du Seigneur.

Venez ouvriers, venez mes amis,
    Goûter les préceptes d'un sage ;
Abolissons désormais l'esclavage,
    Seule cause de nos soucis.
    Ecoutez-moi, mes chers frères,
    Ecoutez donc mes prières ;

Ecoutez-moi, mes chers frères,
Plus de haine parmi nous,
Je vous en prie à genoux.
Pauvres ouvriers, pauvres ouvriers,
Soyons donc, sur terre, tous frères;
Joyeux enfants des ateliers,
Chérissons-nous en frères, désormais,
En frères, pour jamais!

Depuis bien longtemps nous portons des fers;
Pourtant Dieu créa l'homme libre :
Unissons-nous pour en liberté vivre!
Nous étonnerons l'univers.
Que notre odieux fanatisme,
L'ignorance et l'égoïsme,
Que notre odieux fanatisme
Disparaisse de chez nous,
Je vous en prie à genoux.
Pauvres ouvriers, pauvres ouvriers,
Soyons donc, sur terre, tous frères;
Joyeux enfants des ateliers,
Chérissons nous en frères, désormais,
En frères, pour jamais!

Qu'importe l'état, soyons tous égaux;
Vivons au jour le jour, chers frères,
Les préjugés fomentent nos misères,
Et suscitent aussi nos maux.
La haine nous éparpille,
Ne formons plus qu'une famille;
La haine nous éparpille,
A l'avenir, de bon cœur,
Savourons le vrai bonheur.
Pauvres ouvriers, pauvres ouvriers,
Soyons donc, sur terre, tous frères;

Joyeux enfants des ateliers,
Aimons-nous en frères, désormais,
En frères, pour jamais !

Lorsque Jésus-Christ, ce docte étonnant,
　Polissait les peuples, sur terre,
Au monde entier, sa sublime lumière
　Versait son baume bienfaisant.
　Suivons alors ses maximes,
　Nous serons bientôt intimes ;
　Suivons alors ses maximes,
　Et à longs traits, dans nos cœurs,
　Coulera le vrai bonheur.
Pauvres ouvriers, pauvres ouvriers,
　Soyons donc, sur terre, tous frères ;
　Joyeux enfants des ateliers,
Aimons-nous en frères, désormais,
　En frères, pour jamais !

Joyeux Compagnons, suivez d'un ami,
　Les conseils si simples, si sages ;
Comblez les vœux du doyen des voyages,
　Que votre amour retient ici.
　Ecoutez-moi, mes chers frères,
　Ecoutez donc mes prières ;
　Ecoutez-moi, mes chers frères,
　Et nous reverrons encor
　Reparaître l'âge d'or.
Pauvres ouvriers, pauvres ouvriers,
　Soyons donc, sur terre, tous frères ;
　Joyeux enfants des ateliers,
Aimons-nous en frères, désormais,
　En frères, pour jamais !

L'ineffable regret.

Air : du grenier.

De l'atelier, je vais chanter les charmes ;
De l'ouvrier, la grande mission.
Accourez tous, mes vieux compagnons d'armes,
D'un prolétaire, écoutez la chanson !
Je nourrissais d'illusoires chimères ;
J'étais bien jeune, en quittant mes parents,
Je voyageais au milieu de mes frères,
Gai troubadour, je n'avais que vingt ans !

Jour fortuné, pour moi plein d'allégresse,
J'étais heureux, alors qu'auprès de vous,
Vif, emporté par l'ardente jeunesse,
Devant le Tour je fléchis les genoux.
D'un œil ardent j'embrassais le voyage ;
J'y fus poussé par des charmes puissants ;
Oh ! mes amis, que je regrette l'âge
Où, parmi vous, je n'avais que vingt ans !

Mais je suis vieux, et ma lyre brisée
Ne chante plus les rêves d'autrefois ;
Les souvenirs de ces belles années
Viennent encor me sourire parfois.
Adieu, mes vieux compagnons de voyage,
Que de chagrin j'éprouve en vous quittant ;
Hélas ! grand Dieu ! je regrette l'âge
Où, parmi vous, je n'avais que vingt ans !

D'un pas tremblant, sur le beau Tour de France,
Le sac au dos, visitant mon pays;
Quel doux plaisir j'éprouve, quand je pense
A ces beaux jours où j'avais tant d'amis.
De votre amour, l'unanime suffrage
Que provoquaient mes couplets bienfaisants,
Me fait encor regretter le bel âge
Où, parmi vous, je n'avais que vingt ans !

Enfants, le vieux chansonnier de LIBOURNE,
Qui, parmi vous, passa ses plus beaux jours,
Dans vos concerts, si par cas, il retourne,
Espère voir les fraternels amours,
Qu'il vous prêchait, jadis, à son jeune âge,
Pour applanir les sentiers attrayants
Du Tour de France, agréable voyage,
Qu'il parcourait, il n'avait que vingt ans !

CHAPITRE XIII.

Je quittai Lyon le 21 novembre 1840 pour aller visiter la Provence au ciel bleu, ayant pour compagnons de voyage *Manceau la Bonne-Conduite* et *Angoumois le Courageux* (Bellanger), je fus bien contrarié de ne pouvoir presser la main de *la Sagesse Lyonnais*. — Cet ami avait quitté Lyon en sortant de l'Hôtel-Dieu, pour aller passer quelques jours à Condrieux auprès de sa famille. — Le même soir nous allâmes coucher dans un petit village dont j'ai oublié le nom, et le lendemain nous arrivâmes, de bonne heure, à Vienne. Nous traversâmes cette ville dès le matin, et, comme au gîte où nous avions couché la pitance avait été détestable, nous eûmes le bon esprit, en entrant à Vienne, de descendre chez un maître Boulanger qui, par parenthèse, cumulait le métier d'aubergiste, afin de nous rafraîchir et d'avoir plus de courage à faire l'étape avant le déjeûner. L'hôte chez lequel nous étions entrés avait une de ces figures avenantes qui inspirent la confiance du voyageur; aussi ne tardai-je pas à l'interroger sur un point qui avait pour nous un intérêt personnel.

— Pourriez-vous me dire, monsieur, lui demandai-je, si la ville de Vienne occupe beaucoup d'ouvriers étrangers.

— C'est selon, répondit notre hôte. De qu'elle profession voulez-vous parler?

— De celle de Boulanger.

— Seriez-vous du *Pétrin*, par hasard, fit-il avec un air de bienveillance qui me charma?

A ma réponse affirmative il reprit :

— En ce cas, mes chers amis, avant de répondre à votre première question, permettez-moi de trinquer avec vous.

— Comment donc!

Alors il se fit apporter un verre et bientôt nous portâmes un toast à l'amitié. Après cette ovation, notre hôte nous demanda si nous étions *Compagnons* ou *Sociétaires*?

— Nous sommes *Compagnons*, lui répondis-je.

— Je vous fais cette question, dit notre hôte, parce que je sais que dans notre corporation il existe deux sectes bien distinctes, qui entre elles se font une guerre barbare et cruelle ; je n'ai jamais su pour quel véritable motif, mais ce que j'ai toujours regretté c'est que ces malheureux jeunes gens, déjà bien maltraités par les exigences du métier, ne se soient pas intimement unis pour former une grande société de secours mutuels.

— Je suis parfaitement de votre avis, monsieur, lui répondis-je en l'examinant avec une respectueuse curiosité, et je crois pouvoir vous assurer que l'atelier est en grand travail en ce moment, et que ces hostilités dégradantes feront bientôt place à la plus admirable concorde.

— Que Dieu vous entende, mon fils! Assez longtemps les lois naturelles ont été négligées, il serait bien temps que l'harmonie régnât parmi les hommes. Tenez, mes chers enfants, continua notre hôte, je n'ai jamais connu les horreurs de vos dissensions, mais ce que je crois, c'est que *Compagnons* et *Sociétaires* vous n'êtes pas plus raisonnables les uns que les autres ; vous vous querellez, vous vous battez pour des niaiseries qui n'en valent pas la peine. Si j'eusse fait mon Tour de France, j'aurais été assurément l'ami d'*Avignonnais-la-Vertu*, Compagnon Menuisier que vous connaissez sans doute, et j'aurais, avec lui, prêché les réformes pour le bien de tous. Je n'ai cependant pas toujours croupi dans cette caduque ville que l'on dit être contemporaine de Ponce-Pilate; car j'ai habité Paris pendant dix années ; mais vous savez que dans cette grande cité, centre du progrès et de la civilisation, on ne se cherche point dispute à propos de cannes et et de couleurs, de sorte que je n'avais pas à m'occuper de tout cela. Maintenant, mes amis, que vous savez ce que je pense des prérogatives des uns et de la naïveté des autres, vidons un verre et revenons à la question que vous m'avez faite en entrant ici. Après une seconde libation il continua ainsi :

— Vous me demandiez, je crois, si Vienne occupait beaucoup d'ouvriers étrangers, n'est-ce pas ? Je suis forcé de répondre oui et non. Oui, en parlant des Chamoiseurs qui ont ici des ateliers considérables qui rivalisent avec ceux de Paris ; et non, en parlant des ouvriers Boulangers, attendu que les patrons n'ont chez eux que des jeunes gens du pays n'ayant jamais émigré. Ah ! mais attendez donc, fit-il en portant la main à son front, il y en a peut-être un chez M. Touchereau, sur la route de Grenoble ? Oui je crois ne point me tromper.

Pour mieux m'assurer de ce renseignement, j'envoyai *Angoumois-le-Courageux* à la découverte et bientôt il revint nous apporter une bonne nouvelle. Le compagnon qui travaillait chez M. Touchereau était *Poite-*

vin-*l'Ami-du-Devoir* que nous connaissions particulièrement.

— Combien vous devons nous, dis-je à l'aubergiste collègue, en quittant la table où nous venions de nous rafraîchir.

— Ma foi ! mes amis, vous me devez le plaisir de remplir vos gourdes à votre retour.

— Plaisantez-vous, dis-je, très étonné de cette largesse.

— Non, répliqua notre hôte en nous serrant affectueusement la main.

— Nous n'insistons plus, monsieur, il sera fait selon votre désir. Et nous quittâmes cet estimable collègue pour nous diriger sur la route de Grenoble, où nous fûmes enchantés de voir que l'enseigne de l'atelier où travaillait l'ami *Poitevin* annonçait une bonne cuisine. Son patron, tout en faisant le métier de Boulanger, tenait également l'*hôtel des Deux-Cerfs*. L'*Ami du Devoir* nous accueillit avec joie, et la journée que nous passâmes près de lui fut une journée délicieuse.

Nous quittâmes l'*hôtel des Deux-Cerfs*, enchantés de la fraternelle réception qu'on nous y avait faite, et en repassant à Vienne nous allâmes souhaiter le bonjour à notre vieux collègue, qui remplit nos gourdes avec le meilleur vin de sa cave. La route de Lyon à Marseille nous offrit d'assez tristes tableaux ; l'inondation avait, de ses flots destructeurs, ravagé ces riantes contrées. De toutes part, on ne voyait que champs couverts de cailloux et de limon, que le fleuve avait charriés ; je me souviens avoir vu plusieurs villages presque entièrement détruits par la force du torrent, l'eau paraissait avoir atteint une hauteur de plusieurs mètres dans les endroits les plus éloignés du rivage. — Vers midi nous traversions Saint-Vaillier. Le pont en fil de fer de cette petite ville avait aussi disparu, emporté par les courants.

Le même soir, nous couchâmes dans une auberge isolée.

Le lendemain, nous prîmes place dans une voiture qui nous transporta à Montellimart. Je perdis dans cette ville la jolie petite gourde, gage de souvenir dont *la Mère Jacob* m'avait fait cadeau, lors de mon dernier voyage à Tours. Le même soir, fort tard, nous arrivâmes au village de Pierre-Latte où nous passâmes la nuit, et, le jour suivant, avant le déclin du jour, nous pûmes contempler le magnifique arc de de Triomphe de la ville d'Orange. — C'est dans cette ville, que, pour la première fois, j'allai chanter dans les cafés pour garnir notre bourse qui commençait à perdre beaucoup de sa rotondité, mais un peu pour ce motif je l'avoue, et beaucoup par originalité ; nous fûmes assez heureux dans notre premier essai. Notre séjour à Lyon et le récit des malheurs de ses infortunés habitants dont nous avions fait partie, contribua beaucoup à notre succès ; les jeunes gens enthousiastes de cette ville nous traitèrent avec la plus grande générosité. Deux jours après nous saluions l'ancienne résidence des papes et ses antiques monuments.

Avignon et ses fertiles campagnes avaient beaucoup souffert de l'inondation ; le cimetière, sur le côté gauche de la route que nous parcourions, était dans un état de dévastation complète ; plusieurs mausolés étaient détruits, les croix qui indiquaient la place des derniers restes des artisans étaient dispersées çà et là ; ce cruel tableau m'affecta douloureusement car désormais le père ne pouvait plus dire : Ici reposent les cendres de mon fils, de ma fille ; ni ceux-ci : là sont les restes de mon père, de ma mère. En arrivant à Avignon, nous descendîmes chez *la Mère Fouché*, place du Château, en face de l'ancien palais papal. Dans la nuit de mon arrivée en cette ville, une douleur à la jambe m'obligea de prendre la voiture jusqu'à Marseille, mes deux compagnons de voyage firent la route à pied pour éviter des frais que nous n'étions pas en mesure de couvrir. La voiture où j'étais s'étant arrêtée à Aix une heure environ, j'en profitai, malgré ma douleur, pour visiter cette jolie et coquette petite ville ; son magnifique cours et sa fontaine d'eau thermale fixèrent mon attention. A la tombée de la nuit, je faisais mon arrivée dans l'opulente ville de Marseille, par l'admirable rue de Rome. En arrivant chez *la Mère des Compagnons Boulangers*, qui n'était pas fort éloignée du lieu où j'étais descendu de voiture, la société me fit un accueil fraternel que je n'oublierai jamais.

Marseille est la ville du Tour-de-France où notre société est établie le plus paisiblement, non parce qu'elle est degagée de tous les abus que nous lui connaissons, mais parce qu'elle ne forme aucune adjonction ; l'union fait toute sa force. Il faut dire aussi qu'à Marseille, aucune société rivale ne trouble la douce harmonie des *Compagnons Boulangers*, et cela parce que cette société est très-nombreuse. Dans les premiers temps, cette ville avait été le théâtre de plusieurs sauvages rencontres qui firent couler beaucoup de sang, et assurèrent la tranquillité pour l'avenir.

La confection du pain, en Provence, n'a rien de particulier si ce n'est que la pâte, qui partout ailleurs se pétrit avec les bras, se fabrique là avec les pieds ; ce qui est cause que les Boulangers provençaux ne voyagent guère. Quelques-uns, cependant, poussés par le désir de faire le Tour-de-France, se décident à quitter le village, alors ils vont à Paris où leur talent est très-apprécié ; le goût exquis donné au pain par le travail à la provençale est une de ses qualités incontestables.

Lorsque les Ouvriers des provinces du nord de la France passent à Marseille, ils savent fort bien qu'ils ne pourront pas travailler sans faire un nouvel apprentissage ; mais ils passent malgré cela, pour avoir le plaisir de visiter cette superbe ville, bien sûrs d'avance que la société les accueillera avec la cordialité la plus franche. Le voisinage de *Sainte-Baûme*, où selon la légende se sont accomplis les principaux mystères des ordres Compagnonniques, attire, chaque jour, de nombreux pèlerins de toutes les sectes ; je parle ici des ouvriers seulemeut. C'est un pèlerinage que tout bon Compagnon doit faire au moins une fois dans sa vie, et c'est, en quelque sorte, cette obligation qui fait que nous, Compagnons du nord, comme nous appellent les provençaux, nous sommes obligés de traverser cette partie de la France, pour accomplir ce devoir qui est une des conditions importantes de nos statuts.

Quand j'arrivai à Marseille, les Compagnons de cette ville comptaient parmi eux un véritable barde dont les couplets ne manquaient pas d'imagination, quoique remplis d'absurdités sur les mystères de l'ordre ; un banquet fut donné en l'honneur des deux nourrissons des Muses ; le barde Provençal, qui se nommait *l'Ami du Devoir*, eut sa part des bravos qui accueillirent mes chansons régénératrices. Mes deux Compagnons de voyage *Manceau la Bonne-Conduite*, et *Angoumois le Courageux*, que j'avais laissés à Avignon, arrivèrent ce même soir et assistèrent à ce banquet.

Après quelques jours de repos, nous quittâmes l'Athènes Phocéenne pour aller visiter Toulon. La route de Marseille à Toulon a quelque chose de remarquable, qui n'échappe pas à un œil observateur, en plusieurs endroits elle se trouve placée entre de hautes montagnes stériles, sur lesquelles croissent le pin rabougri et une infinité de plantes odoriférantes et aromatiques. Quand le voyageur se trouve dans ces profondes vallées, des sites pittoresques s'offrent à sa vue frappée de ce contraste bizarre de la nature. Nous étions religieusement en extase devant ces imposantes beautés lorsque, tout-à-coup, nous rencontrâmes trois ouvriers portant chacun une canne en bandouillière, je les abordai familièrement, malgré les interpellations que l'un d'eux me faisait suivant les vieilles coutumes *du Topage* ; ma tranquillité les surprit : Le plus ancien s'approcha de moi sa canne en *conciliation* (1) et me demanda qu'elle était ma profession ?

— Boulanger, lui répondis-je.

— Compagnons ? demanda mon interlocuteur.

— Voyez plutôt l'inscription qui est sur mon feutre.

— *Libourne-le-Décidé* ; ce nom ne m'est pas inconnu ; c'est vous, dit-il, qui composez ces chansons qui commencent à faire tant de bruit sur le Tour-de-France par leurs fraternelles exhortations ?

— C'est moi-même.

— Touchez-là, me dit le jeune voyageur en me tendant la main ; nous sommes *Pays*, je suis de Blaye, et je me nomme *Bordelais l'Humanité*.

— Quelle est votre profession ?

— Cordier.

En voyant les marques d'amitié que nous venions d'échanger, mes deux Compagnons de voyage s'avancèrent, les amis du cordier en firent autant, et bientôt s'établit entre nous l'entretien le plus fraternel.

— Croyez-vous, mon cher *Libourne*, me dit *Bor-*

---

(1) Quand, sur une route, un Compagnon veut en accoster un autre d'une manière toute pacifique, il s'avance vers lui en lui présentant la pomme de sa canne au lieu de lui présenter le bout garni de cuivre, qui, dans ce dernier cas, veut dire guerre à mort.

delais l'Humanité, qu'il n'est pas préférable de s'accoster comme nous venons de le faire, plutôt que de nous être réciproquement insultés pour en venir ensuite aux coups?

— Si je le crois? pouvez-vous, lui répondis-je, me faire une semblable question? à moi, le barde régénérateur, à moi, qui parcours la ligne du Tour de France, pour prêcher à nos frères la fusion de toutes les sectes compagnonniques?

— Je ne doute point de vos bonnes intentions, je vous l'ai déjà dit, j'ai beaucoup entendu parler de vous; vous avez de très-belles pensées, mon cher *Libourne*; mais permettez-moi de vous dire, que cette fusion se fera d'elle-même, j'en ai la conviction, malgré nous et malgré l'ignorance où nous sommes plongés; nous marchons forcément à l'union générale, c'est l'époque qui le veut, c'est l'instruction qui nous y conduit, je m'en aperçois tous les jours.

— C'est très-vrai ce que vous dites là, mon cher frère, mais nous marchons lentement; c'est à nous, ouvriers, l'élite de l'atelier, c'est à nous, dis-je, de trancher préalablement la grande question; la bonne intelligence entre tous les corps d'états n'aura lieu qu'après de grandes réformes; il faut donc préparer nos camarades du Tour de France à cette réconciliation par tous les moyens possibles; et je crois avoir pour cela un puissant auxiliaire à ma disposition, c'est la muse qui inspire mes chansons, très-incorrectes, il est vrai, mais cela ne fait rien à la chose.

— J'espère, répondit *l'Humanité*, que d'ici à quelques années les Compagnons se rencontrant en voyageant comme nous le faisons aujourd'hui, boiront à la gourde de l'amitié comme nous allons le faire nous-mêmes, au lieu de s'assassiner comme des *brigands* de grands chemins.

En disant cela, il prit la gourde qu'il portait à son côté et nous bûmes, tous, les uns après les autres, à cette coupe. Après cette attendrissante communion, nous nous séparâmes regrettant de ne pas nous être rencontrés dans un lieu où nous eussions pu nous rafraîchir plus commodément en causant ensemble de l'avenir du Tour de France.

En quittant ces trois bons camarades, je donnai un coup d'épaule à mon sac qui m'embarrassait toujours un peu, et je m'écriai, charmé de cette rencontre : Allons, allons encore dix ans et nous verrons le Tour de France, aujourd'hui si épineux, devenir un sentier couvert des plus belles fleurs de l'intelligence. Dans la même soirée, mais bien tard, nous arrivâmes à Toulon.

Les Compagnons de cette ville nous firent une bonne réception, nous en avions grand besoin car nous étions sans le sou, ce qui est une très-mauvaise recommandation en voyage. J'avais entendu dire, à Marseille, que l'escadre du Levant était rentrée, aussi mettais-je toutes mes espérances dans le bonheur de rencontrer mon frère que je croyais toujours sur le brig le *Bouguainville*, où en entrant au service il avait été embarqué en qualité de matelot ; les dernières nouvelles que j'avais eues de lui semblaient confirmer cette agréable rencontre. Aussi, dès les premiers jours de mon arrivée, me mis-je à la recherche de ce jeune marin.

C'était plaisir de voir et de parcourir les quais de Toulon fourmillant de matelots de tous grades, à la face réjouie et buvant à longs traits dans la coupe des jouissances terrestres. Ce fut en vain que je cherchai mon frère. Le *Bouguainville* était resté dans le Levant. Quel aspect riant présentait cette préfecture maritime depuis l'arrivée de cette Division venant hiverner sur cette vaste rade, comme la joie brillait sur tous les visages caractérisés de tous ces enfants de la mer ; le cœur plein du bonheur de fouler une fois encore la terre de France, après plusieurs années d'absence et de réclusion dans le ventre d'un monstre marin, et sous l'influence alors, d'une grossière discipline (les coups de cordes n'ont été supprimés qu'en 1848).

Il y avait environ huit jours que je cherchais mon frère à Toulon sans aucuns bons résultats, quand je fus mis sur ses traces par le plus grand des hasards.

Un matin que je me promenais pensif, contrarié du peu de succès de mes démarches, mes yeux s'arrêtèrent sur un jeune ouvrier Menuisier qui, une scie sous le bras, un rabot, un ciseau et un maillet à la main, passait en me croisant et en me regardant avec un air de surprise singulière. Enfin il s'arrêta, toujours en me considérant comme un homme qui cherche à rappeler ses souvenirs, et, au moment où je me disposais à demander raison à ce jeune ouvrier de cette espèce d'impertinence, il se précipita dans mes bras et je pressai sur mon cœur un compagnon d'enfance, le jeune Ferdinand Lavancier. Ferdinand, plus jeune que moi de quelques années, faisait aussi son tour de France.

— Parbleu, m'écriai-je après les premiers transports d'amitié causés par le plaisir de nous rencontrer aussi loin du pays, je te trouve fort à-propos.

— Voyons, parle, répondit Ferdinand, à quoi puis-je t'être utile ?

— D'abord, depuis quand habites-tu Toulon ?
— Depuis deux mois environ.
— Peut-être pourras-tu me donner des nouvelles de mon frère ?
— Rien n'est plus facile, car je l'ai vu encore hier soir.
— Tu plaisantes ?

— Non, aussi vrai que nous sommes de vieux camarades d'enfance.

— Où pourrai-je le trouver?

— A bord du vaisseau *Le Trident*, où il est embarqué en qualité d'Aspirant auxiliaire.

— Qui, Henri (1)?

— Je n'ai pas dit que c'était Henri, mais bien Alexandre qui a quitté les bancs de la bazoche pour se faire marin, vocation pour laquelle il paraît avoir beaucoup de goût.

— C'est pour moi le sujet d'un profond étonnement, car je n'en savais rien. Ils sont si négligents, à Libourne. Ainsi, mon cher Ferdinand, continuai-je, tu ne peux pas me donner des nouvelles d'Henri?

— Non, pas précisément; je sais, comme toi, qu'il est sur *Le Bouguainville*, et que, selon l'opinion d'Alexandre, qui m'en parlait ces jours derniers, il ne rentrera que l'année prochaine.

— Cela me contrarie beaucoup.

— Pourquoi?

— Pour des motifs que tu connaîtras.

J'allai voir mon frère Alexandre à bord du *Trident*, mais il lui fut impossible de me donner le moindre pécule, à peine avait-il le nécessaire pour ses menus plaisir. Cependant il descendit à terre et nous soupâmes ensemble; c'est tout ce qu'il pu faire pour m'être agréable. Je fus plus heureux les jours suivants. Pendant que je passais des jours pleins de tristesse, *Angoumois le Courageux* avait rencontré un de ses frères, matelot à bord de l'*Océan*, qui lui faisait passer gaiement la vie. Quant à *Manceau la Bonne-Conduite* il était tellement ennuyé

---

(1) Mort de la fièvre jaune à Santiago de Cuba dans le mois de septembre 1858.

de vivre sans travailler et sans argent, que je crus un moment qu'il allait se laisser mourir de chagrin; heureusement que notre position changea au moment où nous nous y attendions le moins.

Un matin que je m'étais décidé à aller travailler aux subsistances de la marine en attendant mieux, je sortis de chez *la Mère* prenant le chemin des écoliers, je côtoyais le quai en flânant et en enviant le bonheur des mille matelots, qui encombraient le cours, quand, tout-à-coup, j'entends distinctement prononcer mon prénom, substantif qui, de tout temps, a sensiblement flatté mon oreille; je me retourne... Oh! bonheur! J'étais au milieu de quatre matelots compagnons d'enfance, qui m'embrassaient tour-à-tour avec cette joie bruyante qui n'appartient qu'à cette classe d'hommes, passant les trois quarts de leur vie sur le gouffre béant de l'immensité des mers... Au nombre de ces joyeux marins, se trouvait un nommé Lacroix, Antonin, que j'estimais beaucoup.

— Où vas-tu si bon matin, me demanda Antonin?

— Je vais, lui répondis-je en souriant avec tristesse, endosser le harnais de la brute, au magasin des subsistances de la marine.

Comment cela?

— Je vais, mon cher, travailler à porter des sacs de blé et de farine, ni plus ni moins qu'un crocheteur.

— Pourquoi ne travailles-tu pas en ville?

— C'est impossible, mon cher, ces B..... de provençaux travaillent la pâte avec les pieds, travail que nous, *Francillaux*, comme ils nous appellent, ne pouvons exécuter sans faire un nouvel apprentissage.

— Veux-tu que je te donne un bon conseil, me dit Lacroix?

— Je ne demande pas mieux, lui répondis-je.

— Eh bien, mon cher, je t'engage à retourner à Libourne.

— Tu en parles à ton aise; et de l'argent pour faire le voyage !

— Est-ce la seule chose qui te retienne à Toulon ?

— Oh ! mon Dieu, oui.

— Alors tu peux être tranquille, nous tâcherons de lever cette difficulté. En attendant tu es invité à commencer gaîment cette journée, ainsi laisse là tes sacs et tes subsistances jusqu'à nouvel ordre.

— Je suis heureux de vous avoir rencontrés, lui répondis-je, disposez donc de mon temps comme vous l'entendrez, je suis tout à votre disposition.

Ferdinand, que nous allâmes chercher à son atelier, se joignit à nous et vint déjeûner avec nous à l'hôtel de l'Étoile, rue Larmardieu. De là nous partîmes pour la Valette, petit village à quatre kilomètres environ de Toulon, où nous passâmes le reste de la journée. Deux jours se passèrent ainsi dans la plus vive allégresse ; le troisième, qui était celui où expirait la permission de mes quatre compatriotes, Lacroix détacha sa ceinture qu'il portait autour des reins et en sortit cent francs qu'il déposa sur la table de l'hôtel où nous venions de dîner.

— Prends cet argent, me dit-il, et pars pour Libourne ; tu me l'as promis ! Je voulus refuser cette grosse somme, mais il insista en me disant :

Je connais la route que tu as à faire, et je suis persuadé, que tu as juste ce qu'il te faut pour voyager convenablement.

— Mais, mon cher Antonin, il me semble.....

— Il te semble, il te semble, dit-il en m'interrompant, à ma place n'en ferais-tu pas autant que moi ?

— C'est à n'en pas douter.

— Eh bien, alors ?

— Eh bien, mon cher, j'accepte, c'est je crois ce que j'ai de mieux à faire pour concilier tout.

Vers neuf heures, j'accompagnai mes quatre compatriotes jusqu'au bord du quai, où, après les plus sincères embrassements, nous nous séparâmes. Ferdinand alla faire acte de présence chez son hôtesse qui devait probablement s'inquiéter de son absence, tandis que moi je m'éloignai, bénissant Dieu de m'avoir fait rencontrer d'aussi bons camarades, qui venaient de me rendre un signalé service. Quel changement venait de s'opérer en moi ! — Comme j'étais fier, les deux mains dans mes poches me balançant en marchant le nez au vent et le jarret tendu.

Avec ce petit trésor j'aurai pu partir seul et me rendre à Libourne fort aisément, mais, en conscience, je ne pouvais pas laisser ainsi mes deux Compagnons de voyage dans une ville comme Toulon, sans argent et sans ouvrage. C'eût été un acte de la plus condamnable ingratitude, je courus donc chez *la Mère*, où les Compagnons commençaient à s'inquiéter de mon absence.

— Où est *Manceau la Bonne-Conduite*, dis-je en entrant à mes camarades, après leur avoir raconté la cause de mon absence.

— Il est au lit, me fut-il répondu.

— Déjà !

— Il s'est couché de bonne heure, parce qu'il est malade ; c'est du moins ce qu'il nous a dit.

— Oh ! si ce n'est que cela, je vais promptement le guérir. Je pris une lumière et je montai dans la chambre dans laquelle était couché ce cher Compagnon de voyage. Je m'approchai de son lit, il dormait paisiblement et semblait bercé par un aimable songe, car un léger sourire errait sur ses lèvres entr'ouvertes. Je déposai ma fortune sur un petit guéridon qui se trouvait dans la chambre, je mis la chandelle au milieu et j'éveillai *Manceau*. Il ouvrit les yeux et les referma aussitôt en grondant quelques paroles que je ne pus comprendre. Je le remuai de nouveau, il se frotta les yeux et me dit de le laisser tranquille. J'insistai pour qu'il s'habillât.

— Je suis malade, me dit-il avec humeur, je n'ai pas envie de jouer, ainsi laisse-moi tranquille.

— Je sais que tu es malade, lui répondis-je, c'est pour cela que je suis accouru t'apporter quelques secours; j'ai à cet effet un remède infaillible. — *Manceau* ne répondit pas, mais il fit un geste d'impatience en s'entortillant dans sa couverture et il me tourna le dos. — Alors je le pris par une jambe et je le sortis du lit malgré de lui; il resta un instant étonné de mon audace, et finit par m'accabler des reproches les plus amers.

Je me mis à rire, il devint furieux; je l'impatientai si cruellement qu'il courut vers moi pour en venir aux mains, mais, voyant que l'affaire prenait un caractère sérieux, je me retranchai derrière le petit guéridon en tournant autour à mesure qu'il tournait lui-même; tout-à-coup il s'arrêta, ses yeux venaient de voir briller le riche métal que j'avais éparpillé sur le guéridon. Alors il comprit mon insistance à le faire descendre du lit; la réaction fut si grande chez ce pauvre malade que sa colère se changea en une joie des plus grotesques, il me prit à bras le corps en m'embrassant et en me demandant pardon de son emportement, puis il se mit à sauter sur les chaises, sur la table et sur la commode; je le crus fou. Mon remède appliqué convenablement avait obtenu les résultats les plus satisfaisants. Joignant mes transports joyeux à ceux de mon ami, nous nous mîmes à danser autour de notre fortune avec une gaîté impossible à décrire, et ce cher *Manceau* fut pour toujours guéri de sa nostalgie.

Le lendemain, *Angoumois le Courageux*, qui partait pour Alger avec son frère, vint nous faire ses adieux, et nous fîmes nos préparatifs pour entreprendre le voyage de la *Sainte-Baûme*.

CHAPITRE XIV.

Nous quittâmes Toulon le 12 décembre, avec cent francs en poche ; en traversant le petit village du Bosset nous fîmes une copieuse provision de vivres de campagne, qui nous furent très-utiles pour nous restaurer dans le désert que nous avions projeté de traverser. Vers midi nous rentrâmes dans une auberge pour nous rafraîchir ; l'hôte, à qui nous demandâmes des renseignements pour aller à Sainte-Baûme, nous exhorta à ne pas entreprendre ce pèlerinage aussi tard que cela, nous faisant entrevoir que nous nous exposerions à passer une mauvaise nuit, au milieu des montagnes, où, probablement, nous ne serions pas en sûreté. « Croyez-moi, nous disait-il, couchez ici et, demain, au petit jour, j'irai vous conduire jusqu'au haut de la côte ; là, avant de vous quitter, je vous donnerai mes instructions.

Nous goûtâmes ce sage conseil et nous passâmes la nuit chez cet honnête provençal.

Le lendemain matin après avoir légèrement déjeûné et rempli nos gourdes d'excellent vin cuit, nous nous mîmes en route en compagnie de notre hôte qui nous servit de guide, jusqu'à l'extrémité d'une côte dont il nous avait parlé. Là, il s'arrêta en nous montrant un sentier pratiqué dans l'épaisseur d'un bois : Voici votre route, mes enfants, nous dit le provençal en nous faisant signe de la main, quand vous aurez marché une heure environ vous serez en plein désert ; vous ne verrez aucun sentier battu accusant le passage des piétons ; vous aurez plusieurs montagnes à traverser, sur lesquelles vous n'apercevrez aucun signe de végétation, et, au milieu de ces aspérités de la nature, vous verrez, contraste bizarre, de magnifiques vallées où règne un printemps éternel. Voyez-vous, continua-t-il, là, au bout de mon doigt, cette petite éminence au sommet de la plus haute montagne ?

— Parfaitement, lui répondis-je en fixant le point qu'il nous montrait.

— Eh bien ! c'est le Saint-Pilon, petite chapelle consacrée à sainte Magdeleine, dont vous connaissez, sans doute, la légende. Ce point de mire vous sera d'un grand secours pour atteindre le but de votre voyage. L'on compte environ quatre lieues d'ici-là, mais, la route vous étant inconnue, il est probable que vous mettrez une demi-journée à la parcourir ; ne vous découragez pas, l'ermite du désert vous donnera de nouvelles instructions relativement à la route que vous aurez à suivre pour vous rendre à Marseille. — Je vous souhaite donc un bon voyage, et que Dieu soit avec vous.

Après ces précieuses instructions, nous pressâmes cordialement la main de notre guide et nous nous séparâmes.

— Voilà, par ma foi, un provençal comme on n'en voit guère, dis-je en voyant s'éloigner celui qui venait de si bien nous renseigner.

— C'est vrai, répondit *Manceau*, c'est un cas très-exceptionnel, car la plupart des habitants de cette province sont peu complaisants. Mais ne parlons pas ainsi des descendants des anciens Phocéens, car, si, par malheur, ils nous entendaient médire sur leur compte, nous serions lapidés.

Après huit heures de fatigues, ayant les pieds meurtris par l'inégalité du terrain, nous arrivâmes enfin au sommet de la montagne où était situé le saint Pilon, le froid y était excessif, nous nous abritâmes quelques instants sous ce toît hospitalier, le temps de faire honneur aux provisions que nous avions dans nos sacs, et de boire, jusqu'à la lie, le nectar que contenaient nos gourdes. Après ce copieux déjeûner qui devait nous servir de dîner, nous visitâmes avec soin la chapelle isolée où nous étions; elle se composait de deux pièces bien distinctes; la première, où nous avions dressé le couvert et dans laquelle nous nous assîmes à la mode des Musulmans, n'avait absolument que les quatre murs, sur lesquels étaient gravés des noms d'ouvriers qui, comme nous, avaient visité ces lieux; l'autre, qui faisait face au nord, était fermée par une petite grille au travers de laquelle on voyait une chapelle qui tombait de vétusté. — Après une demi-heure de repos dans ce saint lieu, nous nous dirigeâmes vers le monastère. — Quoiqu'il fut déjà tard, je ne pus m'empêcher de m'arrêter un instant pour jouir de l'admirable coup d'œil que nous avions de la montagne élevée où nous étions. Du côté sud, apparaissait la Méditerranée comme une plaine argentée, se mariant à l'horizon d'un ciel d'azur, et, au-dessous de ce tableau pittoresque, les montagnes et les vallons que nous avions traversés pour arriver à ce point culminant.

Du côté nord, j'admirais de fertiles campagnes où paissaient de nombreux troupeaux, et, chose bizarre, la montagne, au lieu de former la pente douce, comme du côté opposé, était occupée perpendiculairement, et formait un pic présentant à l'œil un affreux précipice au bas duquel demeurait l'ermite que nous désirions si ardemment saluer. Après cet instant de contemplation, nous entrâmes dans un sentier construit en spirale entre deux rochers, chef d'œuvre de la nature, qui nous conduisit au milieu d'une grande allée, partageant un bois fort épais qui nous amena au monastère. En arrivant auprès de l'ermitage, un contraste admirable s'offrit à nos yeux, la chapelle du Saint-Pilon que nous avions quittée depuis environ une heure, était au-dessus de nos têtes à perte de vue, et semblait un promontoire sur cette cîme pittoresque. Enfin, après une journée de marche, et accablés de lassitude, nous arrivâmes sur l'esplanade qu'habitait le cénobite ; nous déposâmes nos sacs à la porte de sa demeure et je frappai deux légers coups.

— Entrez, répondit une voix qui partait de l'intérieur.

A cette invitation, je pénétrai dans une petite chambre d'une admirable propreté, personne n'occupait cette première pièce, je la traversai et je pénétrai dans la deuxième où j'aperçus l'ermite tranquillement assis auprès d'un feu pétillant. C'était un vieillard à la barbe longue, blanchie par de longues années ; un de ces types patriarchals des premiers âges.

— Je vous salue, bon ermite, dis-je en entrant et en me découvrant avec un profond respect.

Le vieillard me fit un léger signe de tête et attendit que je m'expliquasse sur le sujet de ma visite.

— Mon père, continuai-je après un instant de silence frappé d'admiration à l'aspect d'une figure aussi vénérable, je traverse le désert de *Sainte-Baûme* avec un de mes frères, et, en passant, je viens vous demander l'autorisation de visiter la grotte souterraine qui attire en ces lieux tant d'étrangers.

— Je vous l'accorde avec plaisir, mon fils, répondit l'ermite; faîtes donc entrer votre frère et venez vous reposer un instant, vous devez être fatigués?

— Je sortis aussitôt, et *Manceau-la-Bonne-Conduite*, qui attendait à la porte, entra avec moi.

— D'où venez-vous, mes enfants, demanda le Cénobite en nous couvrant d'un regard paternel?

— De Toulon, lui répondis-je.

— Vous êtes ouvriers?

— Oui, mon père, et, tous deux, Compagnons du Tour de France.

— Ah! ah! fit-il, et quel est votre profession?

— Nous sommes Boulangers.

— Très-bien. Ah çà! dites-moi, êtes-vous toujours en guerre avec les autres corps d'états?

— Hélas! oui mon père.

— Vous ne voulez donc pas devenir raisonnables, observa l'ermite avec un ton de reproche?

— Pardonnez-moi, mon père, lui répondis-je, mais ce sont les intelligences qui se développent lentement.

— Vous avez raison, mon enfant, continua le vieillard, je crois cependant que plus nous avançons dans ce siècle, plus les ouvriers deviennent bons, plus ils se rapprochent, par leur mutuel amour, de l'Etre qui les a si noblement créés. Je ne les ai point suivis dans leurs courses vagabondes et aventureuses au milieu de ces barbares et sauvages rencontres causées par l'ignorance des uns et le fanatisme des autres, mais, au milieu de ce désert, sous cette humble demeure où depuis de longues années ils viennent tour à tour me visiter, j'ai scrupuleusement étudié leur mœurs bizarres et sauvages; je dis sauvages, parce que j'ai été témoin de plusieurs meurtres qui se sont commis dans ce désert, et il n'y a pas encore bien longtemps que des Compagnons, dont je tairai la profession pour ne pas la déshonorer, sont venus s'embusquer près d'ici pour voler les cannes et les couleurs que d'autres venaient de faire bénir à Sainte-Baûme. Ce guet-à-pens a donné lieu à un combat meurtrier qui a fait, un instant, de cette solitude sainte, une terre de crimes fratricides ; trois des vaincus ont été receuillis par moi, et n'ont pu se mettre en route pour Marseille que quelques jours après. Pourquoi ces haines et ces rivalités puériles, me suis-je dit bien souvent? Pourquoi ces hostilités qui flétrissent et déshonorent la dignité de l'artisan? — C'est ce que je n'ai pu d'abord m'expliquer ni me faire expliquer par les têtes exaltées qui venaient ici en pélerinage, et qui dans leur fanatisme furieux, ne rêvaient qu'extermination entière des *Soi-Disants*, des *Loups*, des *Gavots* des *Espontons* et d'une infinité d'autres que je ne connais pas. Alors, comme aujourdui, j'avais un registre pour recueillir les signatures des voyageurs qui visitent le désert, sur quarante ouvriers des divers professions qui passaient ici à l'époque dont je parle, il y a dix ans de cela, trente ouvriers au moins ne pouvaient signer leur nom ; ce qui me porta à croire que toutes ces dissensions, toutes ces guerres de frère à frère et toutes ces ridicules prépondérances, n'étaient que les tristes et fâcheux résultats de l'ignorance. — Le Compagnonnage qui m'avait paru suspect sous le rapport de ses mystères me fut expliqué, l'année passée, par un ouvrier Serrurier fort érudit qui vint me faire une visite, comme vous le faîtes vous-mêmes aujourd'hui. Ce jeune voyageur me parla longuement du Compagnonnage, il m'en démontra toutes les absurdités, et je fus convaincu que le fond de cette société n'était qu'une grossière fable. Je la trouvai tellement ridicule, que je fus très-étonné qu'elle ait survécu jusqu'à ce jour. Je ne comprends même pas, continua l'ermite en nous regardant avec un œil clair et intelligent, comment il se fait qu'à une époque où l'atelier s'honore d'avoir sur ses bancs des ouvriers érudits; je ne comprends pas, dis-je, qu'il ne s'en trouve pas d'assez fermes, d'assez convaincus pour protester ouvertement contre tous ces ridicules.

Ces paroles du Cénobite se trouvaient si bien en rapport avec mes idées, que j'en fus enchanté et émerveillé même.

— Mon père, lui répondis-je en lui serrant la main avec un plaisir indéfinissable, j'admire en vous cette bonté naturelle qui vous porte à vous intéresser au sort des pauvres prolétaires, et, comme vous, je suis étonné que d'intelligents ouvriers soient encore entichés d'une institution aussi contraire au bon ordre de l'humanité. Je crois, cependant, que le Compagnonnage tombera du haut de sa grandeur fabuleuse pour ne plus se relever. — Oui, mon père, je crois pouvoir prédire qu'avant vingt ans d'ici, les ouvriers ne se battront plus que pour défendre leur patrie en cas de danger, et dix ans plus tard, ils ne formeront plus qu'un Compagnonnage, celui de la fraternité des peuples, que je rêve depuis longtemps!

— Très-bien! mon enfant, très-bien, s'écria le Cénobite, je vois avec plaisir que vous n'êtes pas un de ces fanatiques qui, pour soutenir leurs *idoles*, égorgeraient père et mère, s'ils l'osaient.

Comme le soleil baissait sensiblement, le vieillard cessa de parler des sociétés ouvrières, pour nous faire visiter la grotte souterraine située sur l'esplanade. Cette grotte, chef-d'œuvre de la nature, se composait de deux pièces; on descendait ensuite dans une autre qui se trouvait à gauche, et à laquelle on arrivait par un escalier naturel.

Derrière un des autels, qui étaient au nombre de trois,

je vis la statue de Sainte-Magdeleine, de grandeur naturelle et très-bien exécutée dans une pose horizontale et nonchalante. Le silence religieux de cette admirable grotte n'est troublé que par le bruit léger que font, en tombant, les gouttes d'eau qui filtrent entre les rochers et qui vont se perdre dans une espèce de gouffre qui sert de ceinture à ce lieu vraiment remarquable. Je me rappelle y avoir jeté, suivant le rite du vieux Compagnonnage, quelques pièces de menue monnaie. Le même soir, vers quatre heures, nous prîmes congé du vénérable ermite qui, après nous avoir donné de bonnes instructions sur la route que nous devions suivre pour aller coucher à Orioule, nous souhaita un bon voyage.

En traversant le bois de Sainte'Baûme, nous nous arrêtâmes quelques instants pour couper des branches d'un arbre qu'on nous avait dit être du cèdre, et nous nous en fîmes des couronnes. La nuit nous surprit, nous nous écartâmes et nous fûmes obligés de la passer toute entière dans une de ces cases en pierre que le voyageur rencontre sur différents points de la forêt. Je battis le briquet et, rassemblant un tas de feuilles et de branches sèches, j'allumai un bon feu ; la dent creuse, la tête appuyée sur nos sacs, nous passâmes, là, la nuit passablement mal à notre aise. Le lendemain matin nous entrâmes dans une bergerie où nous fîmes un frugal déjeuner à la suite duquel nous nous aventurâmes de nouveau au milieu des montagnes. Enfin, après deux jours de fatigues, et ayant traversé un pays sauvage et aride, nous éprouvâmes une grande joie, quoique le temps fut froid et pluvieux, à rejoindre la route de Marseille, qui traverse Roquevert.

A un kilomètre de ce bourg, le mauvais temps nous obligea à entrer dans une auberge pour faire sécher nos effets ; le cercle était déjà nombreux autour du foyer, un chef cantonnier qui, à notre exemple, avait gagné ce toit hospitalier pour s'abriter avec son escouade qui travaillait à la restauration de la route, parut nous regarder avec un de ces airs scrutateurs qui décèlent le désir d'entrer en conversation; et cédant au besoin qu'il avait sans doute de causer avec nous, il se prit à dire en nous interrogeant : Je vois avec plaisir, mes amis, que vous venez de visiter Sainte-Baûme, les couronnes que vous portez sur vos sacs me rappellent de bien doux souvenirs.

Sur ma réponse affirmative, il reprit en souriant : Vous appartenez sans doute à la *Bâtisse*, vos joncs à pommes blanches me font croire que vous êtes *Tailleurs de Pierres* ou *Plâtriers*; je pousse peut-être la curiosité un peu loin, nous dit-il, mais n'ayez aucune crainte, ce n'est pas dans un mauvais dessein que je vous demande cela ; j'aime tant à causer avec les ouvriers qui font le Tour de France !

— Monsieur, lui répondis-je, votre demande n'a rien qui puisse nous offenser ; je dois vous dire seulement que nous ne sommes ni *Tailleurs de Pierres* ni *Plâtriers*, quoique portant comme eux des cannes à pommes blanches, et je vais vous apprendre, si vous l'ignorez, que ces Compagnons ne sont pas les seuls qui en portent de pareilles.

— Je le sais, reprit notre interlocuteur, nous avons les Boulangers, les Ferblantiers et d'autres encore dont les noms ne me viennent pas à la mémoire.

— A ces mots, je le regardai avec surprise ?

— Vous paraissez étonné, n'est-ce pas, dit-il, de voir un paysan parler ainsi du Compagnonnage? C'est que, tel que vous me voyez, j'ai, comme vous, mis le sac sur le dos pendant plusieurs années.

— Vous avez donc fait le Tour de France, lui demandai-je, marchant de surprise en surprise?

— Oui, mes amis, avec honneur et probité.

— Sans indiscrétion, pourrait-on savoir la profession que vous exerciez alors que vous voyagiez ?

— J'étais ouvrier Boulanger.

— Boulanger, m'écriai-je en lui faisant quelques signes d'intelligence de l'ordre ? Mais nous sommes frères ?

Une joie indicible se peignit tout à coup sur le visage mâle du cantonnier ; il me tendit la main et nous volâmes dans les bras l'un de l'autre. — Je pressais sur mon cœur *Provençal le Bien-Aimé*.

— Comment se fait-il, frère, lui demandai-je après cette énivrante accolade fraternelle, comment se fait-il que tu aies abandonné le Tour de France et ta première vocation.

— Né sans fortune, me répondit-il, et voyant l'impossibilité de m'établir selon mes idées, j'abandonnai le *Pétrin* sans regret.

— As-tu voyagé longtemps comme Compagnon ?

— Oui, mon ami, quatre années environ, au milieu d'une guerre fratricide qui m'a beaucoup dégoûté des voyages ; toutes ces affreuses dissensions d'ouvriers furent, en quelque sorte, cause que j'abandonnai très-jeune le Tour de France.

— As-tu remarqué, puisque tu me parles si sagement, d'où venaient toutes ces déplorables hostilités ?

— L'homme intelligent ne s'y trompe jamais, dit *Provençal le Bien-Aimé* en rappelant de douloureux souvenirs ; il en est du Compagnonnage comme des religions autrefois, ce sont les préjugés et les prérogatives qui ont perdu les hommes ; de même que l'ignorance et le fanatisme leur ont fait perdre la liberté. Aussi, mon opinion est, aujourd'hui, que tant que les ouvriers s'entoureront de mystères, pour des futilités semblables à celles qui les occupent encore, ils seront toujours malheureux; et je suis persuadé que la meilleure des Sociétés est infailliblement la plus raisonnable et celle dont on connaît la pensée et le but; mais celui qui charge de mystères et de contradictions le culte qu'il enseigne apprend, par cela seul, à s'en défier.

— Je vois avec plaisir, mon cher *Bien-Aimé*, que tu lis quelquefois Jean-Jacques Rousseau, notre maître à tous.

— Oui, mon ami, je connais ses œuvres; et je suis un apôtre de sa doctrine : plût à Dieu ! que j'eusse connu plus tôt ce philosophe; par ses bons conseils, il m'aurait aidé à dessiller les yeux de mes frères égarés dans le labyrinthe du Compagnonnage.

— Comment, *Bien-Aimé*, tu connaissais les vices qui sont cause de la misère de nos frères, et tu n'as pas cherché à y apporter quelques remèdes ?

— J'étais trop jeune pour cela, mon cher *Libourne*, les vieux fanatiques d'alors m'auraient imposé leurs vieux arguments : à leurs yeux, j'aurais passé pour un écervelé; il faut que je l'avoue aussi, je n'étais pas assez raisonnable, assez courageux, pour remplir une mission aussi importante : je laisse à d'autres l'honneur de déchirer le voile qui cache toutes les félicités que nous sommes susceptibles d'acquérir par notre sagesse, et si, quelque jour, les ouvriers instruits parviennent à le faire, ils forceront les Compagnons du Tour-de-France de toutes les sectes, mêmes les plus arriérées et les plus fanatiques, à payer le tribut de la fraternité au tribunal de la raison.

J'admirais avec un délicieux bonheur les belles pensées de ce frère que de fâcheuses circonstances avaient éloigné du Tour-de-France, à une époque où son concours eut été si utile pour le bien de tous; je le complimentai sur tout ce qu'il venait de me dire, regrettant beaucoup ne pas l'avoir connu plutôt.

— Lorsque ta réputation de chansonnier parvint jusqu'à moi, me dit *Provençal le Bien-Aimé*, je compris que tu cherchais à ramener progressivement la paix à l'atelier ; j'éprouvai, je te l'assure, un très-grand plaisir à voir que dans notre corporation, si méprisée par les sots, il surgissait tout-à-coup un homme qui pouvait balancer la réputation d'Agricol Perdriguier dont j'admire le talent. Que Dieu bénisse tes projets de régénération ! continua-t-il, je t'assure que je regrette beaucoup de ne plus voyager afin de pouvoir, comme toi, être l'apôtre de la vérité.

Provençal le Bien-Aimé nous retint à déjeûner et nous passâmes une journée délicieuse avec ce cher ami. Le lendemain nous arrivâmes à Marseille, d'où nous partîmes, à pied, pour visiter en flânant les beautés admirables de la Provence et du Languedoc.
— Port-Royal et Saint-Remy fixèrent mon attention par leur riante position au milieu des champs d'oliviers. — Tarascon et Beaucaire étaient encore en deuil des désastres du Rhône. De cette ville, nous prîmes le chemin de fer jusqu'à Nîmes ; en traversant quelques quartiers de cette ancienne capitale de la Gaule, je sentis en mon cœur une émotion indicible. — Qu'ils étaient grands ces Romains ! m'écriai-je, frappé d'admiration, en voyant la beauté de ces belles Arènes ; comme ils savaient joindre le génie de l'art au génie de la guerre ; et le génie des grands artistes au courage des conquérants ! — Ces beautés architecturales d'un autre âge me donnèrent l'idée de me détourner de la ligne du Tour-de-France pour aller, en passant, saluer le pont du Gard. Comme Jean Jacques, je restai muet d'admiration devant cet aqueduc ; ce sublime et imposant monument au milieu d'une campagne pres-

que déserte, que l'on croirait transporté là par la main des Fées, a quelque chose de vraiment religieux qui invite le voyageur à se découvrir. — Comme je me trouvais petit, en présence de ce remarquable travail que le temps semble respecter, depuis des siècles, lui qui pourtant, de sa main impassible, anéantit tout ce qui est de ce monde !

Après soixante-douze heures de séjour à Nîmes ou dans ses environs, nous reprîmes le cours de notre voyage ; nous visitâmes successivement Lunel, Montpellier et Toulouse, partout je trouvais des fleurs sur mon passage. A Castel-Sarrazin, un Compagnon de nos amis, nommé Manille, que nous allâmes voir en passant, nous joua un vilain tour auquel nous ne nous attendions guère : Nous étions décidés à aller coucher à Valence, après lui avoir fraternellement pressé la main, mais il nous pria avec tant d'instance de rester à dîner avec lui, que nous ne pûmes refuser. En sorte que notre départ fut remis au lendemain. Ne pouvant nous éberger chez son père qui n'aimait pas les Compagnons, il nous donna rendez-vous à l'auberge de l'Etoile, située à l'extrémité de la ville, où il devait commander le dîner et venir nous rejoindre. Après avoir déposé nos sacs et nos cannes au gîte indiqué, nous fîmes un très-léger déjeûner et nous allâmes passer le reste de la journée à parcourir les campagnes environnantes. Vers six heures, comme il était convenu, nous étions de retour à l'Etoile, apportant avec nous un excellent appétit qui devait faire honneur à notre amphitryon. Mais notre ami n'avait point encore paru, même pour commander le succulent repas que nous convoitions. Lorsque l'hôtesse nous apprit cela, je regardai *Manceau*, d'autant plus contrarié que nous n'avions plus qu'une douzaine de francs pour nous rendre à Bordeaux, et nous venions de perdre une fort belle journée qui devait nous être onéreuse.

Des ouvriers Tailleurs de Pierres, qui travaillaient au canal de Toulouse à Bordeaux, et qui en ce moment étaient à souper dans la salle où l'on venait de nous apprendre cette fâcheuse nouvelle, se mirent à parler patois et, comme je connaissais parfaitement leur idiôme, je fus bientôt convaincu que nous faisions le sujet de leur conversation et de leurs lazzis.

— Savez-vous quels sont ces deux jeunes gens, disait un plaisant, en s'adressant à ses camarades?

— Non, répondirent plusieurs voix.

— Eh bien! je vais vous l'apprendre. — Ce sont deux pauvres *Soi-Disants*, sans le sou, qui se sont vus dans l'obligation de mendier un souper au fils Manille, le Boulanger de notre hôtesse ; et, pour se débarrasser d'eux, il les a envoyés l'attendre ici, tandis qu'il est parti à la campagne depuis ce matin pour ne revenir que demain soir.

— La farce n'est pas mauvaise, fut le cri unanime.

— Comment sais-tu cela, demanda l'un d'eux?

— C'est le père Manille, dit le *loustic*, qui, ce soir, m'a raconté cela.

A ces mots, toute la tablée se mit à rire, d'un rire homérique, qui, intérieurement, me faisait beaucoup de mal ; cependant, ne pouvant mieux faire, je soutins bravement toutes ces plaisanteries sans en rien dire à *Manceau*, qui ne comprenait rien au patois Languedocien. Sans paraître le moins du monde contrarié de tout ce que je venais d'apprendre, je m'adressai à l'hôtesse : Madame, lui dis-je, quoique M. Manille n'ait pas commandé le dîner, comme il nous l'avait promis, je ne crois pas que ce soit une raison pour que nous nous passions de manger?

— Je suis parfaitement de votre avis, messieurs, nous répondit-elle.

— Qu'avez-vous à nous présenter?

— Une bonne soupe d'abord, du bœuf en daube et un rôti de volaille avec une salade, si vous le désirez?

— Vous pouvez servir, madame; tout cela nous convient parfaitement, et, si vous désirez être payée d'avance, dis-je en faisant sonner avec un air de suffisance les deux dernières pièces de cinq francs que nous possédions, nous allons le faire à l'instant.

— Non, messieurs, dit l'hôtesse en nous souriant agréablement, ce n'est pas l'usage de la maison de traiter ainsi les étrangers.

Les plaisanteries cessèrent comme par enchantement. Je me mis à table, *Manceau La Bonne Conduite* en fit autant et nous dînâmes copieusement. Cette fanfaronnade nous coûta six francs, mais je ne les regrettais pas, ayant pu, sans discussion aucune, me venger noblement des hommes grossiers qui avaient voulu rire de notre apparente misère.

Le lendemain, nous quittâmes Castel-Sarrazin en souhaitant toutes sortes de malédictions à M. Manille fils, que, par erreur, sans doute, on avait surnommé sur le Tour de France *Sarrazin Le Bien-Aimé*. En nous jouant ce vilain tour il fut cause d'un accroc à notre bourse, dont nous sentîmes bientôt les fâcheux inconvénients. A Valence où nous couchâmes, le soir, nos dépenses furent payées par un ouvrier Boulanger qui, autrefois, avait travaillé chez mon père. Nous visitâmes Agen où nous dépensâmes nos derniers vingt sous et, de là, nous nous rendîmes au Port-Sainte-Marie, où nous prîmes le bateau à vapeur qui nous conduisit jusqu'à Bordeaux, où nous fûmes reçus avec enthousiasme par nos nombreux camarades. *Manceau La Bonne-Conduite* resta dans cette ville pour y travailler, et moi, je courus à Libourne embrasser ma famille après une absence de deux années.

CHAPITRE XV.

Mon arrivée à Libourne produisit la plus grande joie au sein de ma famille ; ce dernier voyage avait beaucoup muri mon expérience ; j'étais parti avec toutes les imperfections d'un enfant, et j'arrivais avec le jugement sain de l'homme raisonnable. Les leçons de sagesse que j'avais puisées dans ces deux années, avait retrempé mon âme aux plus nobles sentiments. Je venais de faire mon Tour de France pour la 2e fois en totalité ou en partie, et, quoique l'imagination toujours remplie de mes projets de régénération, l'âge me faisait un devoir de m'établir afin de remplir dignement le but de la nature, celui de me chercher une compagne et de vivre au sein de la félicité que mon cœur aimant et enthousiaste avait rêvé dans une de ses illusions de vingt ans. Le mariage, selon moi, était l'acte le plus beau et en même temps le plus sublime que pouvait accomplir l'homme; mais j'y voyais aussi de très-grandes difficultés de bonheur pour les classes pauvres, soit dans les premiers jours du mariage, soit plus tard pour élever dignement des enfants, fruits de ces doux liens.

Dans les divers ateliers où j'avais travaillé, dans le cours de mes voyages, j'avais remarqué que, chez l'artisan aisé, le bien-être et le contentement régnaient presque toujours ; tandis que, chez le pauvre, la misère et l'inquiétude sont sans-cesse renaissantes. C'est l'Eglise de Fénélon d'une part ; et, de l'autre, l'enfer du Dante avec ses affreuses réalités . . . .
. . . . . .

Dix mois s'étaient déjà écoulés depuis mon arrivée à Libourne, quand le besoin de revoir le Tour de France pour prêcher l'amour et la concorde à mes camarades me revint encore à l'esprit. Oh ! que cette mission avait pour moi d'attraits ; comme j'étais fier de me faire l'apôtre de la vérité ! Comme j'étais fier d'avoir reçu du ciel cette large part d'intelligence qui me mettait à même de révéler à mes frères égarés toutes les felicités futures, qui devaient élever l'atelier. La Touraine, qui avait toujours été mon pays de prédilection, fut celui que je choisis pour cette nouvelle émigration.

Trois jours après mon arrivée à Tours, j'allai travailler chez M. Barat, riche boulanger de la rue Colbert. C'est le seul patron que j'aie connu, dans mes voyages, payant l'ouvrier selon son talent. M. Barat aimait beaucoup à parler de la vie privée des enfants de l'atelier, il comprenait combien était pénible la tâche qu'ils avaient à remplir ; et, pour maintenir, dans un sage équilibre, l'harmonie qui régnait dans son établissement, il s'efforçait de bien traiter les Compagnons qu'il avait à son service. Il se plaisait beaucoup en ma société, parce que nos idées sympathisaient parfaitement ensemble, quoique cependant elles différassent un peu. Néanmoins, et malgré le plaisir que j'avais à travailler chez cet estimable patron, après quatre ou cinq mois de séjour chez lui, je le quittai avec quelques regrets pour aller m'établir à l'Hôpital général, où le peu de travail que l'on faisait à la boulangerie me procurait plus de loisir que partout ailleurs. — Je pouvais alors me livrer à mes méditations régénératrices. Le contre-maître de l'atelier, M. XX, sous les ordres duquel je travaillais, était un homme approchant de la quarantaine, d'un caractère sournois, et dont la conduite avait quelque chose de mystérieux qui n'échappa point à ma perspicacité........

Dans cet atelier, j'avais sous mes ordres deux ouvriers assez mal favorisés de la nature : l'un, âgé de vingt ans, était sourd et muet, d'une constitution robuste, mais ayant une mauvaise tête comme la plupart de ces malheureux. Il était, du reste, d'une originalité remarquable et d'une gaîté folle qui faisait oublier ses infirmités. L'autre était un jeune fou, âgé de vingt-quatre ans, patelin et sournois dans ses moments de lucidité ; toujours enclin au larcin, fainéant et gourmand au-delà de toute expression. Ces deux pauvres êtres, d'une nature si opposée, se faisaient une guerre continuelle qui parfois m'égayait beaucoup dans ma paisible retraite. Je passai dix mois fort agréablement dans ce refuge de l'infortune.

Pendant que je travaillais à l'hospice général de Tours, je me liai d'une étroite amitié avec un nommé Henry Dumoulin, dit *Tourangeau Fleur-d'Amour ;* à cet ami se joignit le jeune Augustin Perromat, compatriote qui avait fait son apprentissage chez mon père, c'était moi qui lui avais donné le goût des voyages, son caractère jovial et sa gaîté, d'une originalité intarissable, me procuraient bien souvent d'agréables plaisirs. *Fleur-d'Amour* et Augustin venaient souvent me visiter dans ce séjour à la fois triste et paisible ; j'abandonnais, pour un instant, mes méditations et nous allions sur les bords du Cher, chez *la Mère l'Equipé*, guinguette fort renommée alors et située sur les bords de cette paisible rivière.

J'ai dit que, pendant le temps que je travaillais chez M. Barat, cet excellent patron avait pour moi le plus grand attachement ; souvent, dans les morales toutes paternelles qu'il me faisait et que j'écoutais avec plaisir, il m'exhortait au mariage, acte sublime que je regrette toujours de ne pas avoir religieusement accompli. M. Barat me parlait alors d'une jeune fille pour laquelle j'avais beaucoup d'affection quoique je ne lui eusse jamais parlé. Deux ou trois mois s'étaient écoulés depuis le dernier entretien que j'avais eu avec lui à ce sujet, je travaillais alors à l'hospice général, quand il me prit tout-à-coup envie de faire cette demande en mariage. J'en parlai à M. Barat qui en fut enchanté, et ce fut lui qui fit toutes les démarches et qui me présenta.

Que d'agréables souvenirs se rattachent à cette époque de ma vie ! Comme je respirais avec plaisir et à pleins poumons l'air pur et enchanteur de cette riante cité ! Oh ! merci, mon Dieu ! merci, m'écriai-je, emporté par la joie inexprimable que j'éprouvai en songeant que j'étais à la veille de faire un bon mariage avec la fille d'un riche boulanger de Tours, ma ville de prédilection.

Je vois encore cette maison, située dans la rue Monfumier (aujourd'hui rue de Constantine), dont les aimables habitants firent battre mon cœur avec tant d'amour. Quoiqu'il y ait quinze ans de cela, je vais essayer de la dépeindre en partie, telle qu'elle était alors : Pour entrer dans ce temple ou s'est, pendant deux mois, jouée ma destinée, il fallait monter trois marches de quatorze à quinze centimètres chaque, environ ; au rez-de-chaussée existait une fenêtre, la seule qu'il y eût sur cette façade, et sur laquelle était un grillage en fer qui servait à mettre en montre le plus beau pain fendu qui se fabriquait à la boulangerie. Je me rappelle que M. S..... faisait cet étalage avec un soin tout particulier. A droite, en entrant, était le comptoir où siégeait madame S..... avec une aimable coquetterie, et, quoiqu'elle eût quarante ans bien sonnés, elle était encore très-fraîche et très-appétissante. Un peu plus loin était une cloison qui séparait la boutique de la salle à manger et, sur la gauche un petit salon où je fus introduit.

— Je vois encore ce petit boudoir où, pour la première fois, je baisai la main de la belle E.....! Six chaises, deux fauteuils, une pendule sur la cheminée, des vases toujours garnis de fleurs parfumées qu'elle aimait beaucoup, et, enfin, un petit tabouret spécialement destiné à suppoter les petits pieds mignons de la Déesse de ce sanctuaire, étaient les principaux ornements.

Un soir que je partais pour Libourne, pour une cause que je tairai ici, j'allai faire mes adieux à la famille S..... qui ne parut pas satisfaite de ce départ, cependant devenu inévitable. J'étais d'une pâleur désespérante car j'avais un pressentiment que ce soir-là tout finissait entre nous. En tendant la main à mademoiselle E....., une pression bien douce répondit à la mienne, ses yeux, après avoir brillé comme un éclair en se mirant dans les miens, se remplirent de larmes. Hélas! ce tendre regard que nous échangeâmes fut un adieu éternel, nous ne devions plus nous revoir..... En descendant les trois marches de ce sanctuaire qui ne devait plus s'ouvrir pour moi, et au moment où je mettais le pied dans la rue, une sueur froide me sortit par tous les pores, je marchais quelques instants; puis je me retournai involontairement pour contempler, une fois encore, cette maison dont l'ange qui l'habitait avait si souvent fait battre mon cœur.

Que n'ai-je assez de talent pour dépeindre ici toute la peine que j'éprouvai, en quittant la Touraine, peut-être pour toujours ! Tours et les bords de la Loire que j'aimais tant et que j'aime encore ! Tours, où je fus inspiré de pensées régénératrices et qui avait fait de moi le chantre de l'atelier !

. . . .
. . . .

CHAPITRE XVI.

Avant de repartir de Libourne, entraîné par de nouveaux désirs de voyages, je voulus consacrer quelques jours à l'amitié. Aux environs de Bordeaux, dans un gros bourg nommé Sauveterre, au milieu d'une des plus riches campagnes du département, vivait paisiblement, depuis une année environ, un de mes bons et intimes Compagnons du Tour-de-France, surnommé *Vivarais Va-Sans-Crainte*, (Bonnefoux), que son heureuse étoile avait conduit dans ce pays enchanté, où il trouva de l'ouvrage et où, avec le temps, il parvint à captiver le cœur d'une jeune personne de la localité qu'il épousa et qui lui apporta, en mariage, une dot assez ronde pour le mettre en mesure de se créer un bel établissement de Boulangerie. *Vivarais* me reçut avec la plus grande joie et me donna des marques si vraies de son amitié, que le souvenir de cette première visite me sourit au cœur chaque fois que j'y pense.

— Que je suis content de te revoir, me dit-il en me pressant sur son cœur; ta présence en ces lieux, au moment où je m'y attendais le moins, me procure le plus agréable plaisir.

— Je t'assure, mon ami, que le plaisir est sincèrement partagé.

— Pourquoi n'es-tu pas venu me voir plus tôt, reprit *Va-Sans-Crainte* avec un air de reproche ?

— Cela m'était impossible, mon ami, car il n'y a qu'un mois à peine que je suis de retour à Libourne.

— Tu dois avoir des nouvelles fraîches du Tour de France alors, puisque tu en arrives ; il doit s'y être passé bien des choses depuis plus d'une année que je suis retiré dans cette campagne.

— Oui, mon cher *Vivarais*, le progrès, ce précieux résultat de l'intelligence, a depuis ta retraite posé son sceau régénérateur sur les classes ouvrières, et je peux t'assurer qu'aujourd'hui nous marchons rapidement vers les félicités du Tour de France.

— Bah! fit *Vivarais-Va-Sans-Crainte*, en me regardant avec étonnement, j'espère que tu me conteras tout cela en déjeûnant. Voici ma femme qui revient fort à propos du marché, et qui va être très contente de faire ta connaissance. — En ce moment une jeune et blonde femme de dix-huit à vingt ans, à la figure très-avenante, entra dans la Boulangerie.

— Clarisse, dit *Vivarais*, prépare vite un copieux déjeûner, car nous avons un convive de plus; ce chansonnier du Tour de France, dont je t'ai si souvent parlé? Le voici, je te le présente.

— A cette flatteuse présentation, je m'inclinai profondément.

— Monsieur, dit-elle agréablement, est *Libourne le Décidé*?

— Oui, madame, lui répondis-je.

— Soyez le bien venu, monsieur, les amis de mon mari seront toujours très-bien accueillis chez nous.

— Je n'en doute pas, madame.

Bientôt le déjeûner fut servi, chacun se mit à table et la plus franche gaîté présida a ce repas qui nous rappelait ces beaux et fraternels banquets du Tour de France, où nous nous étions trouvés quelquefois. Ce délicieux déjeûner fut assaisonné de la narration des amours de ce cher *Vivarais* et du bonheur qu'il avait eu, lui, né ne possédant rien, en épousant une femme jeune, jolie, aimable et fort à son aise, et cela, dans une contrée aussi éloignée de son pays. La conversation changea ensuite de sujet et tomba naturellement sur les particularités relatives au Tour de France.

— Nous y voilà donc enfin, s'écria *Va-Sans-Crainte*, voyons, mon cher *Libourne*, raconte-moi ce qu'il y a de nouveau; tu me l'as promis.

— Je vais t'apprendre, mon cher ami, une chose qui te fera, je l'espère, le plus sensible plaisir: Il s'est fait depuis ta retraite un grand changement dans les mœurs ouvrières, les Compagnons, quelle que soit leur société, ne se battent plus comme autrefois, les vieilles rancunes commencent à s'éteindre en même temps que les vieux préjugés ; des sentiments plus nobles que ceux d'autrefois germent dans le cœur des enfants du peuple, l'enveloppe de la brute tombe peu à peu, et le jour est proche où toutes ces jeunes intelligences vont être régénérées.

— Quoi ! dit *Va-Sans-Crainte* avec un grand sérieux, les ouvriers sont devenus aussi sages, et en si peu de temps ?

— Oui, mon ami ; mais que vois-tu là de si extraordinaire ?

— Ce que je trouve d'extraordinaire ? Mais, mon cher, c'est d'apprendre que les Compagnons ne se livrent plus de ces cruels combats dans lesquels je brillais si bien autrefois ; tu te le rappelles, hein ? J'avais acquis, tout de même, une fameuse réputation sur le Tour de France.

— Trêve à tes souvenirs, *Vivarais* ; j'ai vécu assez longtemps avec toi pour savoir apprécier ton zèle et ton dévouement à la Société, tu fus toujours un excellent camarade, mais alors, comme bien d'autres, tu marchais à contre sens du progrès. Toutes ces puérilités n'ont qu'un temps, mon cher ami, parce que les ouvriers même les plus niais finissent par se fatiguer de vivre continuellement en guerre ; et j'ai parfaitement remarqué que ceux qui sont désunis par les préjugés de castes évitent, autant que possible, les hostilités barbares d'où dérivent toutes leurs misères.

— Comment, mon cher *Libourne*, tu voudrais me faire croire que les Compagnons Charpentiers, Couvreurs, Maréchaux, Doleurs, etc., vivent actuellement avec les Boulangers, les Cordonniers et les Tisserands.

Qu'ils vivent comme des frères, quand, il y a à peine une année, la haine la plus implacable régnait parmi eux et provoquait des rixes sans cesse renaissantes? Autant vaudrait me faire croire que les flèches de Saint André de Bordeaux sont en sucre candi.

— Mais, mon cher, je ne t'ai pas dit cela ; je ne t'ai pas dit que, bras dessus bras dessous, ils se promenassent comme des frères ; du reste, cela se verra bientôt ; mais ils évitent toutes fâcheuses rencontres et, s'ils se trouvent quelquefois dans les lieux publics, ils ne se lancent plus de ces regards furibonds qui précèdent les luttes en provoquant toujours un tressaillement de mauvais augure.

— C'est impossible.

— Pourquoi cela ?

— Parce que les ouvriers sont trop nombreux pour être parfaitement unis.

— Tu veux dire trop ignorants, trop égoïstes, s'amusant encore, et très-sérieusement, à des fables futiles et grossières, pour laisser dans l'oubli la vérité et tous les moyens progressifs qui tendent à aplanir le rude sentier de la vie.

— Bon ? fit *Vivarais*, te voilà lancé dans tes arguments sans réplique.

— Donc, j'ai raison.

— Mais explique-moi alors, répliqua-t-il, pourquoi l'on nous conteste notre rang de compagnon ; dis-moi pourquoi les autres corps d'états ne veulent pas nous reconnaître ?

— Et qu'importe que nous soyons ou que nous ne soyons pas reconnus ; est-ce donc là une grande affaire (1) ? Soyons bons sujets, bons ouvriers, bons

---

(1) Depuis 1810, époque à laquelle les Boulangers ont été faits

camarades ; soyons les amis fervents du progrès, et

Compagnons par les Doleurs, ces pauvres orphelins du Compagnonnage ont fait toutes les soumissions, toutes les avances et tous les sacrifices qu'il est humainement possible de faire pour avoir l'honneur (si tant est qu'il y en ait) d'être légitimement reconnus par les autres corps d'états, mais cela sans aucun bon résultat. Des cotisations ont eu lieu à ce sujet à diverses époques, et des dépenses énormes ont été faites en dîners et en rafraîchissements de toutes sortes. Les Compagnons de Blois, notre ville fondamentale, avec l'autorisation et le secours des autres chambres qui sont sous sa juridiction, ont fait voyager à grands frais plusieurs Compagnons, à des époques différentes ; ces Compagnons faisaient le Tour de France, stimulés par de menteuses promesses ; mais lorsqu'arrivait la grande question, celle d'être reconnus, tous les acteurs qui faisaient jouer cette onéreuse comédie disparaissaient de la scène et les pauvres Compagnons Boulangers restaient encore quelques années dans la plus complète incertitude, ne s'apercevant probablement pas qu'ils servaient de risée à ceux qui s'amusaient ainsi de leur crédulité, après s'être fait bien éberger.

Aujourd'hui encore, je parle de 1859, les Compagnons des *Quatre Corps*, dans un but de louable philanthropie que j'admire, se proposent de nous présenter comme *sortant d'eux*, afin de faire cesser cette humiliante pasquinade ; mais *les ignorants*, et malheureusement il y en a encore beaucoup trop dans notre classe, s'y opposent formellement. Pourquoi cet éloignement, après nous avoir fait faire pour cela d'inutiles et folles dépenses ? Les ouvriers du progrès sont, j'en suis sûr, froissés de voir une aussi absurde répulsion, mais les fanatiques, et c'est principalement à eux que je m'adresse, je leur défie de me donner une raison plausible qui soit à eur avantage. — Quand les Compagnons Bottiers furent reconnus, il y a quelques années de cela, il m'a été dit que, dans l'assemblée générale qui eut lieu pour cette solennité, plusieurs Compagnons *Maréchaux-Ferrants* s'y opposèrent chaleureusement, alléguant le peu de talent de la profession. Un Compagnon d'un Corps d'Etat plus en harmonie avec les arts et les sciences que celui que je viens de citer, un homme de bon sens enfin, leur posa cette question :

Quel est l'ouvrier qui a le plus de mérite et dont le travail est le plus noble, de celui qui chausse le pied fin, mignon et cambré d'une jeune et jolie femme ou de celui qui *chausse* (voilà son expression) la race *chevaline* et la race *bovine* ?

nous aurons suivi les fins de la nature et les devoirs de l'Humanité. Je ne trouve rien de plus absurde que les distinctions que les ouvriers créent entr'eux ; mais j'ai l'espérance qu'avant la fin de ce siècle, si fécond en belles choses, ils deviendront meilleurs, alors ils mettront de côté tous leurs insignes, tous leurs vieux oripeaux, et la canne et les couleurs, comme emblêmes de l'ordre, seront généralement abandonnées.

— Je ne partage pas tes utopies, et je crois fermement que le Compagnonnage est trop ancien, ses maximes sont trop belles pour qu'il disparaisse comme tu sembles le croire.

— Ses maximes sont belles, dis-tu? — Mais cite-moi donc une preuve en faveur de cette institution. — Est-ce de *gagner* (1) des villes, des ateliers, ou bien de s'arroger le droit exclusif de porter tels ou tels insignes et de couvrir le Tour de France de *Brigandages* et de crimes ? Sont-ce ces maximes qui obligent à se battre et à laisser son frère sur une grande route, mourant de ses blessures, après l'avoir lâchement assassiné ? Est-ce une belle société, celle qui fanatise de bons et généreux jeunes gens au point de les pousser les uns contre les autres à se haïr au lieu de s'aimer et de se secourir mutuellement ? Vraiment, mon cher, ce n'est pas la peine que tu fasses son éloge.

— Mais l'esprit de cotisation, dont tu ne parles pas, dit *Vivarais*, prends-tu cela pour rien ? Et la

---

A cette question, nettement posée, on dit que les Maréchaux-Ferrants, confus, se perdirent dans l'assemblée; de sorte que leur réponse est encore attendue aujourd'hui avec la plus vive impatience.

(1) Défi sur le talent que se font deux sociétés du même corps d'état, dans lequel il est convenu que la société la moins habile sera exclue de telle ou telle ville pour un nombre limité d'années.

manière d'employer cet argent pour secourir ses frères? — Voyons, parle, y a-t-il des exemples d'amour et de charité comparables à celui-là !

— Soulager ses frères, lui répondis-je, est une admirable vertu, quand ces secours sont donnés à propos. Mais venir en aide à des cerveaux brûlés qui, non contents d'avoir troublé l'ordre de la société, la ruinent, la dégradent et la déshonorent par leurs honteuses dissensions ; assurément, en le faisant l'on encourage le vice et l'on entrave le progrès.

— C'est donc un grand crime que de se battre avec les autres corps d'états, répliqua *Vivarais?*

— Oui, quand il n'y a pas lieu à une résistance légale.

— Quel moyen faut-il donc employer, selon toi, pour désarmer la haine de nos nombreux ennemis?

— Le temps se chargera de tout cela, parce que toutes ces haines implacables n'ont aucun fondement plausible. Tous les ouvriers conviendront bientôt que les bonnes lectures, qui nourrissent l'esprit, sont de beaucoup préférables à toutes ces puérilités qui les désunissent ; au lieu de perdre leur temps et leur jeunesse à fréquenter les cafés et les maisons de débauche, ils les consacreront à l'étude. Tous deviendront bons et généreux par ce moyen, et conséquemment tous frères, pour s'aimer mutuellement comme de bons camarades. Alors l'enfant de l'atelier deviendra digne des hommes les plus remarquables, lui qu'on considère, avec quelque raison, comme un être inférieur au reste de la société. Tu me parles des nombreux ennemis des Boulangers, mais tous ces ennemis ont aussi entre eux des haines implacables, tu le sais aussi bien que moi. Jette un regard sur le Tour-de-France et tu verras de toutes parts la grande misère de l'ouvrier, causée par l'affreuse discorde. Vois les Menuisiers, divisés en quatre castes distinctes, ennemies les unes des autres, formant autant de camps irréconciliables qu'il y a de branches séparées dans leur profession. Regarde aussi les Tailleurs de Pierres, également désunis et malheureux par la même cause : vois le *Compagnon passant*, livrant combat au *Compagnon de la Liberté*, celui-ci aux *Sociétaires*, et enfin tous les trois aux *Indépendants*. Mais les sauvages, qui n'ont jamais eu que les instincts de la brute, sont bien meilleurs que nous.

— Crois-tu, mon cher *Libourne*, répartit *Vivarais Va-Sans-Crainte*, que les Boulangers ne font pas exception à la règle, eux qu'on traque de toutes parts, il faut bien qu'ils se défendent ?

— Tu as ma foi raison de parler des Boulangers, ces autres fanatiques qui, non contents d'être en hostilité avec presque toutes les autres corporations compagnonniques, forment encore entr'eux deux castes qui se livrent de cruels combats et portent un tort considérable à la corporation.

— Oh! les lâches de *Rendurcis!* s'écria *Vivarais* en faisant un bond sur sa chaise et en prenant une grotesque attitude de boxeur ; la haine que j'ai conçue pour eux, ne s'effacera qu'avec ma vie.

— Tu as tort, mon cher ami, il vaut mieux les plaindre que les repousser ; crois bien qu'en nourrissant la haine dans nos cœurs nous entretenons le germe de la misère ; un bon Compagnon, tu le sais, doit tout oublier, tout pardonner. Rien n'est aussi beau que la réconciliation. Le temps est proche, mon ami, où les *Compagnons* et les *Sociétaires* ne formeront plus qu'une seule et même famille ; toutes les sectes se réuniront à la voix du progrès, et alors nous nous aimerons

tous, comme doivent s'aimer des frères, de cet amour
ineffable, indicible, qu'aucun de nous n'a encore jamais éprouvé et que je ne puis même exprimer. Alors
le Compagnon du Tour-de-France, sans perdre toutefois ce nom synonyme de celui de frère, d'ami, de
camarade, foulera aux pieds les mystères d'une institution caduque qui si longtemps l'avait égaré, pour
reconnaître et aimer l'humanité toute entière. Alors le
Boulanger et le Doleur, le Charpentier et le Bottier,
le Compagnon et le Sociétaire et, en un mot, toutes
les sectes distinctes de tous les ordres, pourront
voyager avec sécurité, parce qu'alors ils ne seront
plus exposés à ces rencontres préméditées, à ces *fausses-conduites*, à ces affreuses cruautés du *topage*, où
l'on s'égorge sans se connaître. Au lieu de cela, vois-tu, ces rencontres si communes du Tour-de-France
se feront avec délices et se passeront au milieu de
plaisirs sans cesse renaissants. Le Serrurier et le Maréchal, le Bourrelier et le Forgeron se désaltéreront à la
même gourde ; souvent les voyageurs s'arrêteront, poseront leurs sacs sur le chemin et s'assoieront sur un
banc de pierre ou sur le bord d'un fossé et là, en amis,
en frères, ils se désaltéreront en causant familièrement
des charmes du voyage, si poétiquement appelé le
Tour-de-France. Quoique sans fortune, ils seront tous
heureux parce qu'ils n'auront plus de sujet de discorde. Et alors les chefs d'ateliers étonnés, surpris
d'une alliance aussi admirable, pour que cette fusion
leur soit avantageuse à eux aussi, feront un pacte social avec nous, et cette fusion des prolétaires avec la
bourgeoisie sera le plus beau triomphe de l'atelier. Et
puis, après avoir vidé la coupe de l'amitié, les voyageurs se quitteront avec la plus grande confiance et le
plus grand bonheur, après s'être pressés fortement la
main. L'aurore intellectuelle et fraternelle que je préconise verra aussi disparaître toute concurrence, toute

exploitation de labeur tendant à porter la ruine et la misère au sein des familles ouvrières.

— Tu as, je l'avoue, de très-belles pensées, mon cher *Libourne*, dit *Vivarais* presque convaincu ; tes projets sont admirables, mais permets-moi de te dire que tu veux employer des moyens trop énergiques pour arriver aux réformes dont tu viens de parler. Diable, comme tu y vas, enlever aux Compagnons la canne et les couleurs, autant vaudrait leur crever les yeux. Oh! pour cela, mon ami, je t'assure que tu n'y réussiras pas.

— C'est ton avis, n'est-ce pas ?

— C'est le mien et celui de bien d'autres.

— A ton aise, mon cher *Vivarais*, et quoique je sois un ardent réformateur des abus du Compagnonnage, je respecte, malgré cela, toutes les opinions parce que, selon moi, chacun a le droit de penser à sa manière, seulement je crois que toutes ne sont pas bonnes ; il est donc du devoir des ouvriers intelligents de les combattre pour le bien de tous. Quoi de plus beau que de prêcher l'amour et la concorde à des hommes égarés, rien n'est plus profitable à l'Humanité !

— Ainsi tu voudrais faire du Tour-de-France un voyage de délices ?

— Oui, et cela se verra, j'en ai la conviction.

— Chimère ! mon ami, chimère !

— C'est possible, *Vivarais*, mais, comme je ne suis pas venu ici pour te prêcher une ennuyeuse morale, mais bien pour avoir le plaisir de te voir et de passer quelques instants avec toi, je conclus donc, qu'en dépit de tes vieux préjugés, l'amélioration sociale que je viens de te prédire s'accomplira sous les plus heureux auspices.

— Voilà qui est parlé, soyons tout à l'amitié et au plaisir de nous revoir après une aussi longue séparation et laissons là toutes ces pensées de régénération qui ne sont que folies et casse-têtes.

— Aussitôt, les verres s'emplirent de vieux Bordeaux ; *Vivarais-Va-Sans-Crainte* éleva le sien à la hauteur du front et je l'imitai.

— A la gloire du Tour de France et à sa régénération, m'écriai-je !

— Et à ses joyeux enfants, répondit *Vivarais* avec enthousiasme ! Mais en parlant de ses joyeux enfants, je pense, dit *Vivarais* en rappelant ses souvenirs, que tu possèdes ici un frère de plus, que tu dois avoir connu à Bordeaux.

— Un Compagnon ?

— Oui, mon ancien patron.

— Quel est son nom de guerre ?

— *Bordelais La Couronne* (Auguste Boudin).

— Je n'ai pas souvenance d'avoir connu un Compagnon portant ce nom là, quand j'habitais Bordeaux.

— C'est que probablement il n'était pas encore reçu.

— Qu'importe où nous nous soyons connus, je ne quitterai certainement pas Sauveterre sans lui rendre visite.

La conversation changea de sujet et le reste de la journée se passa très-agréablement. Le lendemain, je me levai de bonne heure pour aller visiter les antiquités assez remarquables de cette ancienne ville, laissant l'ami *Vivarais* tout à sa besogne. En sortant de chez cet ami, le hasard fit que je me rencontrai nez à nez avec *Bordelais La Couronne* que je reconnus au portrait que m'en avait fait *Va-Sans-Crainte*, et qui connaissait déjà mon arrivée.

— Je suis sûr, dit *La Couronne* en souriant, après m'avoir donné l'accolade, que tu ne te rappelles pas très-bien de moi?

— Ma foi non, lui répondis-je, où nous sommes nous donc rencontrés?

— A Bordeaux.

— A quelle époque?

— Il y a sept ou huit ans de cela. J'arrivais de mon village, tu venais d'être reçu Compagnon. Il est vrai qu'alors je ne faisais pas partie de la société. Je ne te distinguais des autres *Flâneurs* qu'à cause de ton heureux caractère. Tu partis un jour de Bordeaux avec un aspirant de Condom (1), et je ne te revis plus; j'ai depuis beaucoup entendu parler de toi et de tes chansons, et j'étais sûr de te reconnaître si le hasard me procurait le plaisir de te rencontrer un jour; la preuve, c'est qu'en te revoyant je ne me suis pas trompé.

— C'est vrai, tu as la mémoire heureuse; mais dis-moi, lui demandais-je, à quelle époque et en quel lieu as-tu été reçu Compagnon?

— A Paris, en 1838, le jour de la Saint-Honoré, répondit *La Couronne*.

— Tu n'es, par conséquent, pas resté longtemps sur le Tour-de-France après cela?

— Non, je suis revenu ici pour des affaires de famille, et j'y suis resté. Mais toi, l'infatigable voyageur, quel est donc l'heureux hasard qui t'a conduit en ces lieux?

— Le plaisir seul de revoir le frère *Vivarais Va-Sans-Crainte*, avant de m'aventurer, de nouveau, sur le Tour-de-France.

---

(1) Condom-Le-Solide.

— Tu ne penses donc pas à t'établir ?

— Non, mon cher ami, lui répondis-je avec un singulier sourire qu'il prit pour un sentiment antipathique aux douceurs du mariage ; je veux auparavant voir une partie de mes espérances se réaliser.

— Je trouve, mon cher *Libourne*, que tu choisis une mauvaise saison pour repartir.

— Je n'en connais pas de mauvaise, quand il s'agit d'aller prêcher de bonnes maximes.

— Je comprends parfaitement, mais permets-moi de te donner un bon conseil.

— Comment donc !

— As-tu un jour ou une époque fixe pour ton départ ?

— Pas précisément.

— Eh bien, fais-moi l'amitié de passer l'hiver à Sauveterre, tu y trouveras de l'agrément.

— Chez toi probablement ?

— Oui, chez moi, où tu gagneras un bon prix, et où tu seras considéré comme mon véritable frère ; je ne fais du reste qu'une fournée par jour, ce qui te procurera l'avantage, dans tes moments de loisirs, de continuer tes œuvres, dans une jolie petite chambre que je te destine, chambre qu'envierait certainement notre collègue le poëte Reboul.

J'acceptai cette aimable proposition que je trouvais infiniment de mon goût.

Quelques mois de séjour à Sauveterre me suffirent pour mettre au net une partie de mes Mémoires qui commençaient déjà à faire un assez gros volume; souvent, les amis que je m'étais créés dans ce bourg venaient me rendre visite et appréciaient fort mon goût pour l'étude. Vous avez une bien grande patience, me disait, un jour, un de ces jeunes gens nommé Pascal, beau-frère de mon patron, et que j'estimais beaucoup. Vous devez énormément vous fatiguer à écrire constamment comme vous le faites?

— Mais non, lui répondis-je, c'est au contraire pour moi un plaisir, en même temps qu'un délassement.

— Quel est donc le but de ce travail?

— De chercher à détruire, par sa publication, les erreurs qui divisent les corporations ouvrières.

— Vous avez de grandes espérances!

— Oui, mon cher ami, l'espérance sera toujours l'âme de ma vie.

— Quel est le titre de votre ouvrage?

— Les Mémoires d'un Compagnon du Tour de France.

— Qu'entendez-vous par Tour-de-France.

— Nous appelons ainsi cette espèce d'émigration que font la plupart des ouvriers de toutes les professions ; c'est un tribut que l'enfant de l'atelier doit en quelque sorte à la gloire de son pays, c'est un pèlerinage aussi sacré pour lui que celui que tout bon Musulman doit faire à la Mèque, au moins une fois dans sa vie ; c'est un voyage où, dans de certaines professions, l'ouvrier acquiert souvent beaucoup de talent.

— Combien pensez-vous que le Tour-de-France ait de circonférence?

— Six cents lieues, environ.

— Comment faites-vous alors, en parcourant cette ligne, quand, par exemple, l'ouvrage vient à manquer et que vous vous trouvez sans argent?

— L'ouvrage manque quelquefois, c'est inévitable ; mais l'amour fraternel veille toujours et ne fait jamais défaut. Tenez, pour bien vous faire comprendre l'importance de ce que je viens d'avancer, je dois vous dire que, depuis des temps très-reculés, les ouvriers ont formé des sociétés de secours mutuels ; or c'est au moyen de ces fraternelles cotisations hebdomadaires ou mensuelles que chacun d'eux peut se mettre en voyage avec la plus grande sécurité, sans craindre les mauvais jours.

— Ces institutions sont admirables, s'écria le jeune Sauveterrois, et je vous avoue franchement que je ne croyais pas les ouvriers voyageurs aussi heureux. Ils sont, ma foi, bien ingrats envers leur pays ceux qui ne paient pas le tribut au Tour-de-France, puisque ces essaims de joyeux jeunes gens, quoique éloignés de leurs familles, se soutiennent avec tant de véritable fraternité.

— Hélas ! mon cher Pascal, fis-je tristement, la médaille a aussi son revers ; ces ouvriers sont, au contraire, bien malheureux, bien à plaindre.

— Bah ! et comment cela ?

— En ce que, au lieu de s'occuper exclusivement de s'instruire et d'acquérir des talents qui honorent, ils s'occupent et passent une partie de leur jeunesse à adorer des Fétiches, pour le maintien desquels ils renieraient Dieu, s'il le fallait. Vous devez avoir entendu parler des affreuses batailles que les ouvriers voyageurs se livrent entr'eux, lorsqu'ils ne sont pas de la même secte, du même *Devoir* ; lorsque l'un croit à *Maître Jacques* et l'autre à *Maître Soubise*, ou lorsque ceux-ci ne veulent rien croire du tout.

— J'ignore entièrement ces faits.

— Alors vous ignorez une grande plaie de notre pays.

— Comment, ces ouvriers dont vous venez de me faire le plus bel éloge, répondit Pascal, ne vivent pas en parfaite intelligence ?

— Non, malheureusement !

— Vous m'étonnez, car ici tous vivent comme de bons camarades ; vous devez vous même le remarquer.

— Certainement, parce qu'à Sauveterre les compagnons étrangers à la localité ne font pas parade de leurs insignes ; la vie douce que tout le monde y mène exclut toutes sortes de prérogatives de ce genre ; la preuve, c'est qu'ici le Poëlier, le Maréchal, le Bourrelier, le Corroyeur et le Charpentier vivent comme de bons camarades avec les Boulangers et les Cordonniers, et sont toujours ensemble, tandis que, si ces mêmes ouvriers habitaient la ville, ils seraient tous divisés et ennemis à cause des ridicules préjugés des diverses institutions.

— S'il en est ainsi, continua le Sauveterrois, vous avez parfaitement raison de me dire que le compagnonnage a son vilain côté. Mais enfin le XIXe siècle, avec son large progrès, a dû donner l'essor à une révision quelconque ?

— Certainement, car, depuis une dizaine d'années, les bienfaits de l'instruction ont dessillé bien des yeux, et ouvert bien des oreilles sourdes aux bons conseils ; malheureusement ce n'est encore qu'une faible amélioration, mais j'espère de meilleurs résultats. Je ne suis pas le seul apôtre qui prêche la régénération du Compagnonnage, j'ai avec moi d'autres ouvriers qui me secondent de tous leurs efforts, et j'ai la conviction que, d'ici à quelques années, le Tour de France sera le centre et le rendez-vous de tous les prolétaires qui, en travaillant, auront le désir de passer les cinq ou six années de leur jeunesse au sein des plus aimables et des plus agréables plaisirs.

—Si vos écrits tendent à cette réconciliation évangélique, dit Pascal, je vous admire. Votre entreprise est grande et généreuse, et, si vos espérances se réalisent, ce que je crois probable, vous aurez rendu un véritable service à la société.

Je restai dix mois à Sauveterre. Je quittai ce paisible séjour pour reparaître sur le Tour-de-France, et j'avoue que ce fut avec quelques regrets que je quittai *Bordelais la Couronne*, *Vivarais-Va-Sans-Crainte* et les nombreux camarades avec lesquels j'avais passé des heures si délicieuses.

Revoir mes compagnons d'armes, leur prêcher encore une fois mes idées d'amour fraternel et puis mourir, était mon seul et dernier désir. C'était la seule et dernière grâce que je demandais à Dieu. Missionnaire de la vérité, j'allais, pour la troisième fois, annoncer et prêcher le progrès, l'union et la concorde, et j'avais une si grande confiance dans l'avenir, que rien n'eût pu m'arrêter dans ma marche à travers tant de préjugés et de fanatisme. Ma persévérance et ma volonté étaient à toute épreuve.

Avant de rentrer en campagne, dans ce vaste champ où je devais rencontrer tant d'opposition à mes nouveaux projets, je composai quelques chansons de circonstance que je reproduis ici.

La Transmission.

Air : Soldat français, il n'est qu'une victoire.

Un chansonnier a chanté les victoires,
Et les hauts-faits du grand Napoléon ;
En ce beau jour, j'évoque les mémoires
D'un ouvrier, d'un ancien Compagnon.
Ma lyre en main, je veux plaider la cause
Des *Devoirants*, qu'on dit être bâtards :
En avocat, auprès d'eux, je me pose,
En me moquant des furibonds regards !

Voyons, d'abord, la généalogie
Dont est sorti votre étonnant devoir !
Ecoutez-bien, oh ! je vous en supplie !
Vous qui voulez avoir tant de pouvoir.
Aux premiers corps (1), sans façon, je m'adresse,
Eux qui toujours nous défient en vain :
Si le *Devoir* vous prescrit la sagesse,
En frère, amis, tendez-nous donc la main !

Les serruriers, enfants du premier père,
Fiers des secrets de leur riche savoir,
Au bon vieux temps, propageant la lumière,
Aux vitriers donnèrent le devoir ;

---

(1) *Corps*, en terme d'atelier, est une abréviation de corps d'état.

Et ces derniers, pour suivre leur exemple,
Ont reconnu les Compagnons Doleurs,
En leur donnant les archives du temple
Et le pouvoir de porter des couleurs !

Un vieux Doleur des rives de la Loire,
Voulant aussi ses pères imiter,
Pour que son nom soit gravé dans l'histoire,
Des Boulangers illustra l'atelier.
On l'accusa, bientôt, de perfidie,
Car il venait de trahir ses serments.
Il a eu tort, comme vous je m'écrie;
Mais nous n'en sommes pas moins vos enfants!

Vieux Compagnons de l'antique Syrie,
Vous qui jetâtes les beaux fondements
Du riche temple où le *Devoir* prit vie,
Pourquoi ne pas être plus indulgents ?
Si vous n'eussiez répandu vos lumières
Qu'aux bons sujets, au retour de l'Orient,
Vous n'auriez pas eus autant de faux frères,
Qui vous vendirent pour un peu d'argent!

Maître Jacquin et le papa Soubise,
Ces fondateurs parmi nous révérés,
N'ont-ils pas fait une grande sottise
Quand, en Provence, ils se sont séparés.
Bientôt après survint l'indifférence,
Et la discorde entra chez l'ouvrier ;
Alors on vit, sur le beau Tour-de-France,
De grands malheurs appauvrir l'atelier!

Printemps du jeune âge.

DÉDIÉE A MADEMOISELLE LOUISE JACOB.

Air : Au souffle du zéphyr.

Oh ! que de jolis songes
J'ai fait dans mon printemps,
Que de jolis mensonges
Aux attraits énivrants.
Sensible, dès l'enfance,
Je sentis en mon cœur
Une douce espérance,
Présage de bonheur.
Consacrant le bel âge
Aux muses des chansons,
J'ai fait plus d'un naufrage,
Mes joyeux compagnons !

A mon adolescence,
Je voulus visiter
Les beautés de la France.
Enfant de l'ouvrier,

Délices du jeune âge,
Par la fougue emporté,
J'embrassai du voyage,
L'Elysée enchanté.
Consacrant le bel âge
Aux muses des chansons,
J'ai fait plus d'un naufrage,
Mes joyeux compagnons !

Je rentrai dans la lice
Du Tour aventureux,
Parsemé de délice
Et d'amis généreux ;
Partageant de mes frères
La belle mission,
Des classes ouvrières
Je chantai l'union.
Consacrant le bel âge
Aux muses des chansons,
J'ai fait plus d'un naufrage,
Mes joyeux compagnons !

Admirant l'opulence
De nos belles cités,
J'ai visité la France,
Reine des libertés !
Prêchant la tolérance
Et la fraternité,
L'amour de la science,
Sœur de l'égalité !
Consacrant le bel âge
Aux muses des chansons,
J'ai fait plus d'un naufrage,
Mes joyeux compagnons !

A mes Amis les Chantres de l'Atelier.

Air : Un vieux berger loin du hameau.

Souvent on vous entend chanter
De Toulonnais le beau génie ;
Les riches vers du chansonnier,
Et sa muse douce et jolie.
Honneur à tous ces ouvriers
Des dieux ainsi favorisés ;
Amis, nous devons déférence
A ces troubadours distingués.
Ennoblissant le Tour de France
Par leurs vertus et leurs couplets.

Des chastes muses ils sont choyés
Et du Permesse révérés,
Pour avoir chanté l'espérance
A leurs frères infortunés.

Salut, enfants du gai savoir,
Qui parcourez le Tour de France ;

Salut, *Ami du beau Devoir*,
Natif de la belle Provence.
Accours vers nous ta lyre en main,
Dans nos concerts reviens soudain,
Pour embellir le Tour de France
Par tes immortelles chansons.
Ta muse comble d'espérance
Le cœur de tous nos compagnons !

Viens parmi nous, mon vieil ami,
Ta présence est utile ici ;
Accours prêcher notre croyance
Au pauvre atelier désuni.

Mon cher *Lyonnais-l'Amitié*,
Vieux chansonnier plein de clémence,
Ton nom à l'immortalité
Vivra sur le beau Tour de France.
Accours vers nous ta lyre en main,
Dans nos concerts reviens soudain,
Pour embellir le tour de France
De tes immortelles chansons.
Ta muse comble d'espérance
Le cœur de tous nos compagnons !

Viens raviver ton vieil ami,
Ta présence est utile ici ;
Accours prêcher notre croyance
Au pauvre atelier désuni.

Jetons un regard en passant
Sur l'ami *Suisse inviolable*,
Et sur le poëme étonnant
De ce compagnon respectacle ;
Suisse, vers nous reviens soudain,
Accours, accours ta lyre en main,
Pour ennoblir le tour de France
De tes immortelles chansons.
Ta muse comble d'espérance
Le cœurs de tous nos compagnons !

Viens parmi nous, mon vieil ami,
Ta présence est utile ici ;
Accours prêcher notre croyance
Au pauvre atelier désuni.

Amis, soyez reconnaissants
Envers le talent de nos frères,
Envers ces chantres étonnants,
Révérés par les prolétaires.
Donnons une fleur d'immortelle
Au poëte de La Rochelle,
Pour avoir, sur le tour de France,
Chanté l'amour et l'union:
Sa muse comble d'espérance
Le cœur de chaque compagnon !

Reviens, mon cher *Enfant Chéri*,
Viens raviver ton vieil ami;
Accours prêcher notre croyance
Au pauvre atelier désuni.

Composant ces faibles couplets
En la mémoire des poëtes
Surgis du sein des ateliers,
Où les destins les firent maîtres,
Libourne veut, dans sa chanson,
Immortaliser leur renom,
Afin que, sur le Tour de France,
Par nous à jamais révérés,
L'atelier garde souvenance
De ces prodiges ouvriers !

Et qu'au sein de nos réunions
Souvent on chante leurs chansons,
Pour couronner l'intelligence
De ces fortunés Compagnons !

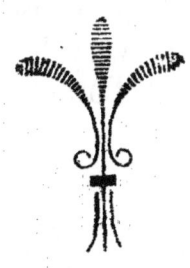

Le Troubadour de l'Atelier.

Air : Voilà pourquoi je suis républicain.

Pour l'atelier ma verve se ranime,
Pour lui, je sens mon cœur se dilater ;
A l'humble toit, qui pour moi fut intime,
Je dûs aussi ma muse consacrer.
J'ai tant aimé les enfants prolétaires,
En voyageant, où ma franche gaîté
A bien souvent adouci leurs misères,
Quand je chantais, l'amour, l'égalité !

A l'atelier, ma première jeunesse,
Sans nul souci, se passa gentiment ;
Je me berçais d'une bien douce ivresse,
Des jeux, des ris, j'étais le cher enfant.
Bien dorloté, j'ignorais les misères
Des ouvriers que je croyais heureux ;
Me figurant qu'ils vivaient tous en frères,
Dans le bonheur, sans chagrin, tous joyeux !

J'avais vingt ans lorsque, du beau voyage,
Mon cœur comprit le bonheur énivrant ;
L'esprit inquiet, je quittai mon village,
Sans protecteur, sans appui, pauvre enfant !
Sous les drapeaux du riant Tour de France,
Je vins m'offrir à votre intimité,
Dans mes couplets prêchant la tolérance,
La paix, l'amour, avec sincérité !

Puis, j'ai chanté le bonheur indicible,
Qui doit, un jour, illustrer l'atelier ;
Et j'ai forcé, l'enfant le moins sensible,
A l'ennoblir et le régénérer.
Tous isolés, ils vivaient, pauvres frères
En voyageant, presque tous désunis ;
Par mes couplets, j'ai calmé leurs misères
En en faisant de sincères amis !

Je fus choyé, sur les bords de la Loire,
De Compagnons que j'aimais tendrement ;
Ces souvenirs sont chers à ma mémoire,
C'était, Messieurs, pour nous, un temps charmant.
Sans nul souci, je passai ma jeunesse,
Le sac au dos, parcourant mon pays ;
J'étais heureux, dans ma vive allégresse,
D'être estimé de ces joyeux amis !

Appel à la Fraternité.

Air : Oh ! Pâtres, quittez vos bruyères.

Vous qui portez sur cette terre
Le fardeau de la pauvreté,
Joyeux enfants du prolétaire,
Vivez loin de l'iniquité.
Enfants, quittez votre village,
Plus de discorde à l'atelier !
Venez, au printemps du jeune âge,
Parmi nous pour fraterniser !

Venez, l'esprit de tolérance
Et les bien sincères amis,
Dont est peuplé le Tour-de-France,
Vous exempteront de soucis.
Enfants, quittez votre village,
Plus de discorde à l'atelier !
Venez, au printemps du jeune âge,
Parmi nous pour fraterniser !

Plus ne verrez, dans les voyages,
Nos anciennes dissensions;
Sous de communes lois bien sages,
Nous vivons sans distinctions.
Enfants, quittez votre village,
Plus de discorde à l'atelier !
Venez, au printemps du jeune âge,
Parmi nous pour fraterniser !

De notre liberté si chère,
Savourons les plaisirs encor,
C'est un bien qui, sur cette terre,
Du riche efface le trésor.
Enfants, quittez votre village,
Plus de discorde à l'atelier !
Venez, au printemps du jeune âge,
Parmi nous pour fraterniser !

Vive, à jamais, le Tour-de-France !
Ses joyeux et gais Compagnons !
Et puis leur noble indépendance,
Leurs gais refrains et leurs chansons !
Enfants, quittez votre village,
Plus de discorde à l'atelier !
Venez, au printemps du jeune âge,
Sur le Tour pour fraterniser !

Mon Tour de France.

Air : Désir des hirondelles.

En parcourant notre belle patrie,
Dieu des beaux arts, guide mes pas tremblants !
Quel doux plaisir, au printemps de la vie,
De parcourir des pays si charmants !

    Vive le Tour de France,
    Rien n'est plus attrayant
    A notre adolescence,
    Voyageur diligent !

Quand j'ai quitté les lieux de ma naissance,
Le cœur content j'arrivais à Bordeaux ;
Les souvenirs de ce lieu de plaisance
Me seront chers, jusqu'aux bords du tombeau !

Vive le Tour de France,
Rien n'est plus attrayant
A notre adolescence,
Voyageur diligent!

Electrisé par l'espoir des voyages,
Des *Devoirants* j'embrassai la tribu ;
Je me berçais de leurs maximes sages,
Et du Devoir j'ai chanté la vertu !

Vive le Tour de France,
Rien n'est plus attrayant
A notre adolescence,
Voyageur diligent!

En visitant les bords de la Charente,
De Rochefort j'admirai le séjour ;
Adieu beau fleuve et toi, cité riante,
Où j'ai chanté, moi, l'obscur Troubadour !

Vive le Tour de France,
Rien n'est plus attrayant
A notre adolescence,
Voyageur diligent!

J'ai visité le sein de la Rochelle,
Pauvre débris d'une ancienne splendeur;
Luçon, Bourbon et Nantes, ville belle,
Bâtie au bord d'un rivage enchanteur.

Vive le Tour de France,
Rien n'est plus attrayant
A notre adolescence,
Voyageur diligent !

En traversant Angers, la ville noire,
Saumur, Chinon et ses charmants coteaux,
Bords fortunés des rives de la Loire,
Je me troublai en vous voyant si beaux.

Vive le Tour de France,
Rien n'est plus attrayant
A notre adolescence,
Voyageur diligent !

J'ai vu Paris, cité tant renommée,
Berceau des lettres et des plus beaux arts !
Séjour charmant, véritable Elysée,
Où vit en paix le plus grand des Césars.

Vive le Tour de France,
Rien n'est plus attrayant
A notre adolescence,
Voyageur diligent!

J'ai vu Lyon et ses manufactures
Qui font mouvoir trente mille métiers;
Et son Brotteau tout couvert de verdures,
Séjour charmant, Eden des ouvriers.

Vive le Tour de France,
Rien n'est plus attrayant
A notre adolescence,
Voyageur diligent!

Et puis j'ai vu les ravages du Rhône
Couvrir de deuil cette grande cité,
Quand, une nuit, il épousa la Saône,
Aux cris affreux d'un peuple épouvanté.

Vive le Tour de France,
Rien n'est plus attrayant
A notre adolescence,
Voyageur diligent!

J'ai visité notre belle Provence,
Marseille et puis Sainte-Baûme et Toulon,
Beau ciel, jardin si riche de la France,
Et le sommet désert du Saint-Pilon.

Vive le Tour de France,
Rien n'est plus attrayant
A notre adolescence,
Voyageur diligent !

Du Languedoc j'ai contemplé l'arène,
Beau monument du sublime Romain ;
En visitant Nîmes, la souveraine,
Des gladiateurs, authentique témoin.

Vive le Tour de France,
Rien n'est plus attrayant
A notre adolescence ;
Voyageur diligent !

De Montpellier la salubre atmosphère
J'ai respirée, sous un ciel enchanteur ;
Sous son ciel bleu, le plus doux de la terre,
J'ai tressailli de joie et de bonheur.

Vive le Tour de France,
Rien n'est plus attrayant
A notre adolescence,
Voyageur diligent !

En terminant le riant Tour de France,
J'ai visité le canal du Midi,
Toulouse aussi, pays de réjouissance,
Où j'ai laissé plus d'un sincère ami.

Vive le Tour de France,
Rien n'est plus attrayant
A notre adolescence,
Voyageur diligent !

LIBOURNE, après avoir, avec confiance,
En voyageant, prêché l'égalité,
Espère voir la sublime alliance
Des résultats de la fraternité.

Vive le Tour de France,
Rien n'est plus attrayant
A notre adolescence,
Voyageur diligent !

Ode à la Liberté.

Air : Bons habitants de la Bretagne.

Fille du Ciel, viens, je t'en prie ;
Descends ici pour raviver
L'amour, l'espoir et l'insdustrie,
Du pauvre enfant de l'atelier.
O Liberté ! toi que j'implore,
Comble mes vœux par tes bienfaits ;
Envoie l'intelligente aurore,
Qui doit nous rendre tous parfaits !

Que faire, enfin, sur cette terre ?
Sans ton appui si généreux,
La servitude et la misère
Seraient nos Compagnons hideux.
O liberté ! toi que j'implore,
Comble mes vœux par tes bienfaits ;
Envoie l'intelligente aurore,
Qui doit nous rendre tous parfaits !

Que ta volonté souveraine,
Refonde la société ;
Des discordes brise la chaîne,
Envoie-nous la fraternité.
O liberté ! toi que j'implore,
Comble mes vœux par tes bienfaits ;
Envoie l'intelligente aurore,
Qui doit nous rendre tous parfaits.

Sans toi, ma Déesse chérie,
Mon âme, toujours en langueur,
Ne peut, dans cette triste vie,
Coûter un seul jour de bonheur.
O liberté ! toi que j'implore,
Comble mes vœux par tes bienfaits ;
Envoie l'intelligente aurore,
Qui doit nous rendre tous parfaits !

La Philosophie d'un Compagnon.

Air : Amis du vin, de la gloire.

Gais Compagnons que l'amitié rassemble,
Soyons unis malgré notre abandon,
Que le Bordeaux bouillonne sur la table,
Le cœur joyeux chantons à l'unisson.
Peut-être, un jour, tous les destins prospères,
Nous enverrons de plus heureux printemps ;
En attendant, vidons, vidons nos verres,
A la santé des premiers Devoirants ! (1)

Chantons, amis, et narguons la tristesse,
Servons d'exemple à tous nos ennemis, (2)
Et prouvons-leur que l'amour, la sagesse,
Sont ici-bas de précieux amis.
Dieu Tout-Puissant, dessille leurs paupières,
Et qu'avec nous ils viennent plus souvent
Boire et chanter, vivre comme des frères,
Voilà la loi d'un parfait Devoirant !

(1) *Devoir-Devoirant*, ce mot équivaut au nom de Compagnon et veut dire aussi mystère.

(2) Tous les Compagnons en général sont les ennemis des *Boulangers* parce qu'ils prétendent qu'ils n'ont pas le droit de porter les insignes de l'ordre.

Vieux Compagnons, quelle que soit la devise,
Chassez bien loin vos airs ambitieux,
Accueillez-nous toujours avec franchise,
Et désormais nous serons tous heureux.
Qu'à l'avenir, sous la même tutelle,
En voyageant, on nous voit tour à tour,
Chanter en cœur l'amitié fraternelle,
Et le bonheur renaîtra chaque jour !

Quel doux plaisir de voyager en France,
En arborant tous le même drapeau ;
Là, sur le Toür, (1) s'acquiert l'expérience ;
Que peut-on voir, mes amis, de plus beau.
Dans le malheur, nous partageons en frères
Le lourd fardeau de notre pauvreté ;
Pour tempérer nos soucis, nos misères,
N'avons-nous pas notre aimable gaité !

J'ai consacré ma plus tendre jeunesse,
A voyager, à faire des chansons ;
Votre amitié toujours enchanteresse,
Me procura beaucoup d'émotions.
Si, quelque jour, au pays je retourne,
Frères, pensez à notre intimité ;
En souvenir de *Décidé-Libourne*,
Mes vieux amis, trinquez à ma santé !

(1) *Tour* veut dire Tour de France, c'est pour abréger cette dénomination qu'on l'emploie dans le langage d'atelier.

Apologie du mérite.

Air : Un vieux soldat ayant perdu la vue.

En parcourant le riant Tour de France,
Voyez sortir du sein des ateliers
Ce noble essaim rempli d'intelligence,
Ils sont, ainsi que nous, tous ouvriers,
Voyez Reboul, (1) le poëte de Nîmes,
Et Perdiguier, (2) l'orateur d'Avignon,
Bardes fameux dont les couplets sublimes
Ont inspiré de nobles fusions !

Imitez-les, le progrès vous contemple,
Abolissez les grossiers préjugés ;
Moreau, (3) Poncy (4) vous en donnent l'exemple
Venez vers eux embrasser leurs projets.
Dans le berceau sont encor d'autres frères,
Qui grandiront pour établir, un jour,
Par la vertu, des nouvelles lumières :
La liberté, compagne de l'amour !

(1) Maître Boulanger de Nîmes.
(2) Dit *Avignonais La Vertu*, Compagnon Menuisier de la Liberté.
(3) Ouvrier Serrurier très-distingué, natif de Château-Renaud.
(4) Ouvrier maçon très-distingué, natif de Toulon.

De Béranger (1), les couplets admirables,
J'ai bien souvent consulté la beauté ;
Je m'enivrais de ses vers délectables,
Qui l'ont conduit à l'immortalité.
Oh ! sois béni, vieux chantre populaire,
Dont parlera le monde bien-longtemps ;
Le tout-puissant t'envoya sur la terre,
Pour concilier, du peuple, les enfants !

Dans un grenier il passa sa jeunesse,
Pauvre de biens, mais opulent d'amis ;
Il fut choyé sur les bords du Permesse,
Son beau talent partout portait ses fruits.
Son luth, toujours, aux classes ouvrières,
Portait au cœur des germes de gaîté,
Et proclamait, par ses sages lumières,
La paix, la joie et la fraternité !

Gais Compagnons du Tour-de-France,
Unissons-nous, au nom de Béranger,
Et que chacun, dans sa libre croyance,
A son autel, vienne fraterniser.
Que les *Doleurs* et les *Tailleurs de Pierres*,
Les *Boulangers* et tous les corps d'états,
En ce beau jour, fassent pacte de frères,
Pour vivre, enfin, sous de communes lois !

---

(1) Notre immortel Chansonnier.

Ode à l'Eternel.

Air : du Soleil de la Bretagne.

Dieu tout-puissant, je t'invoque à genoux,
Fais de mes vœux s'accomplir les prières !
Je viens prêcher la concorde à mes frères :
Prêcher l'amour, c'est un plaisir si doux.

  Cette mission chérie,
  Protège-la, mon père,
  L'enfant de l'atelier
  Grandira pour t'aimer.

Nourrir mon cœur d'espérance et d'amour,
Envoie, soudain, aux classes ouvrières,
Pour les unir, tes sublimes lumières ;
  Dessille les paupières
  Du peuple, pour toujours !

Depuis longtemps j'éprouve, dans mon cœur,
Des sentiments d'amitié fraternelle ;
En moi, je sens une vie nouvelle,
Présage heureux d'un énivrant bonheur.

  Ma croyance chérie,
  Remplit toute ma vie ;
  O mon Dieu tout-puissant !
  Inspire ton enfant.

Nourris mon cœur d'espérance et d'amour,
Envoie, soudain, aux classes ouvrières,
Pour les unir, tes divines lumières ;
  Dessille les paupières
  Du peuple, pour toujours.

Dieu de bonté, qu'un regard généreux
Vienne ennoblir le riant Tour-de-France ;
Nos ateliers sont encore dans l'enfance,
Et le progrès n'a rien laissé pour eux.

  Oh ! par pitié, mon père,
  Exauce ma prière ;
  Pour t'aimer, te bénir,
  Tes enfants vont s'unir !

Nourris mon cœur d'espérance et d'amour !
Envoie, soudain, aux classes ouvrières,
Pour les unir, tes divines lumières ;
  Dessille les paupières
  Du peuple, pour toujours !

De ton amour, réchauffe mon amour,
Le seul trésor, le seul bien de ma vie ;
Du haut des cieux, ta céleste patrie,
Inspire, enfin, le pauvre troubadour,

  J'implore ta clémence,
  Pour le beau Tour-de-France,
  O mon Dieu tout-puissant !
  Inspire ton enfant.

Nourris mon cœur d'espérance et d'amour,
Envoie, soudain, aux classes ouvrières,
Pour les unir, tes sublimes lumières ;
  Desille les paupières,
  Du peuple, pour toujours.

Mon pélerinage au désert de Sainte-Baume.

Air : Quel aimable délire dans l'enfer.

Vous, qui faites l'aimable Tour
De notre belle France,
A votre adolescence,
Allez voir le riant séjour,
Et l'opulence,
De la Provence,
Pays charmant par sa vive élégance.
Puis, entre Marseille et Toulon,
Vous pourrez voir le Saint-Pilon, (1)
Lieu consacré, si cher au Compagnon;
Et puis la Sainte-Baume,
Où mourut le grand homme,
Qu'à l'atelier, le Devoirant renomme.

---

(1) Saint-Pilon est le nom d'une chapelle consacrée à Sainte-Magdeleine sur une des plus hautes montagnes du désert de Sainte-Baume.

Ce saint lieu par nous consacré,
Au milieu des montagnes,
N'offre que des campagnes
De deuil et de stérilité.
Dans le voyage,
Au paysage.
Qu'on voit, tout près, du charmant ermitage,
Et le grand caveau souterrain,
Aussi vieux que le genre humain,
Qui servit d'asile à Saint-Maximain ;
Et puis la Sainte-Baûme
Où mourut le grand homme,
Qu'à l'atelier, le Compagnon renomme.

J'ai visité ce grand désert,
En mil huit cent quarante,
Et sa plaine riante,
Et son bois aussi toujours vert,
Puis le Saint Père
Du Monastère,
Respectable vieillard septuagénaire,
Qui m'accueillit par un sourire.
Son aspect me fit ressentir
Je ne sais quoi de respect, de plaisir.
Je voyais Sainte-Baûme
Où mourut le grand homme,
Qu'à l'atelier, le Compagnon renomme.

Puis le bon vieillard me montra
La grotte souterraine

Où Sainte Magdeleine,
Ses nombreux péchés expia.
L'on voit près d'elle,
Une chapelle,
Représentant du ciel l'ange rebelle;
Un rosaire est à son côté,
Elle pense à l'Eternité.
Jamais saint lieu n'eût plus de majesté !
Vive la Sainte Baûme
Où mourut le grand homme,
Qu'à l'atelier, le Compagnon renomme.

Frères, allez voir un passant,
Le vénérable ermite
Ce doyen cénobite,
Si généreux, si bienfaisant.
Les prolétaires
Sont tous ses frères,
Pour eux, il fait à Dieu des vœux sincères.
Sans aucune distinction,
Il accueille le Compagnon
Passant en ce lieu de vénération,
Pour voir la Sainte-Baûme,
Où mourut le grand homme,
Qu'à l'atelier, le Compagnon renomme.

CHAPITRE XVII.

Je restai plusieurs jours à réfléchir sur le choix de la ville qui devait me servir de point de départ, pour commencer ma grande mission de réforme ; Blois me souriait à l'âme et me paraissait préférable à toute autre ville, comme étant celle où nos préjugés Compagnonniques avaient plus de défenseurs. Cependant le désir de revoir Rochefort et les vieux amis que j'y avais laissés quelques années auparavant, changea mes premières dispositions. En y réfléchissant, je trouvais plus convenable de commencer mon voyage par cette dernière ville, comme étant la plus voisine du lieu de mon départ. J'aurais pu, de là, suivre la ligne du *Tour-de-France*, en publiant mes nouvelles chansons, mais une fatale catastrophe ajourna indéfiniment l'œuvre que j'avais si longuement conçue. Je passai quelques jours à Bordeaux, et vers la fin de septembre j'arrivai à Rochefort, après sept années d'absence que j'avais, en partie, consacrées à acquérir des connaissances utiles.

Celui qui n'a jamais éprouvé les émotions de l'émigration ne peut se figurer le sensible plaisir qu'éprouve le voyageur quand, après quelques années d'absence, il revoit des lieux qui lui rappellent de doux souvenirs, et quand il retrouve de francs et joyeux camarades ; j'allais fouler une terre qui fut témoin de mes premiers pas dans la lice aventureuse du *Tour-de-France*, j'allais presser sur mon cœur des frères que j'aimais tendrement et dont l'estime faisait toute ma vie. — Il n'y a pas de plus grand bonheur sur cette terre que celui d'avoir beaucoup d'amis.

Dès les premiers jours de mon arrivée à Rochefort, je présidai plusieurs banquets où mes nouvelles chansons furent accueillies avec d'enthousiastes transports! Celles intitulées *Ma Prophétie* et *Le Prolétaire aux Enfants de l'Atelier* furent beaucoup applaudies. Que j'étais heureux ! au milieu de ces réunions intimes ! — Que de bravos, que de félicitations, pour un homme d'un talent plus que médiocre ! — Comme mon cœur battait de bonheur ! — mais, hélas ! toutes ces félicités éphémères furent bientôt troublées et suivies d'amères vicissitudes...... Les ouvriers boulangers, pour s'opposer à l'établissement d'un bureau de placement qu'on voulait leur imposer, firent *Grève*, et je fus enveloppé dans cette fâcheuse affaire.

A la maison d'Arrêt, où l'on nous écroua, au nombre de vingt-huit, les circonstances me firent faire la connaissance de deux Compagnons Charpentiers, prévenus d'avoir, sans autres motifs que ceux des vieilles rancunes du Tour-de-France, attaqué et assommé un pauvre diable d'ouvrier Tisserand qui, sur la route de Saintes à Rochefort, avait eu l'innocente fantaisie de se dire *Enfant de Maître-Jacques*, et de porter, comme canne de voyage, un superbe Malaque à pomme d'ivoire. Cette petite gloriole, assez inoffensive, parut un si grand crime aux yeux des Enfants du *Père Soubise*, qu'ils fondirent sur lui et le laissèrent presque mort sur la poussière du chemin, après lui avoir arraché sa canne qu'ils emportèrent comme un trophée. Je fus, en quelque sorte, flatté de pouvoir établir une dissertation avec ces deux fanatiques Compagnons, n'ayant d'ailleurs rien à craindre de leur brutalité, dans le cas où ma trop grande franchise viendrait à leur déplaire. L'un de ces deux *Bons-Drilles* se nommait *Languedoc le Solide*, et l'autre *Albigeois la Brèche*.

Un jour donc, après avoir causé avec eux de choses assez indifférentes, je leur posai la question suivante. Pourriez-vous me dire, Messieurs, la différence qu'il y a entre un ouvrier jeté en prison pour avoir protesté contre un abus contraire à ses intérêts, en ayant seulement manqué de forme dans sa protestation, et celui qui est conduit dans le même lieu pour avoir commis le crime, à jamais flétrissant, de Caïn contre son frère ?

Languedoc le Solide, pour toute réponse, me regarda en fronçant les sourcils ; j'avais tiré à bout portant.

— Répondez, dis-je, voyant qu'ils gardaient le silence.

— Si c'est de nous dont vous voulez parler, répondit *Languedoc*, vous avez tort de nous adresser cette question, car notre crime n'est pas aussi grand que vous le pensez.

— Les Tribunaux en décideront.

— Il est possible, répliqua *Languedoc*, que les juges, qui n'entendent rien en matière de Compagnonnage, nous condamnent ; mais, au fond, nous sommes convaincus d'avoir soutenu une sainte cause et, à la face de tous les hommes, nous protesterons de notre innocence.

— Comment, Messieurs, dis-je en secouant la tête en signe de commisération, vous assassineriez un homme sur le grand chemin, et cette cruelle lâcheté resterait sans punition ; impunément vous troubleriez l'ordre de la nature établi par Dieu même, qui a dit : « tu ne tueras point! » Mais, pour croire qu'il en peut être ainsi, il faut avoir perdu tout bon sens ; car chaque homme apporte en naissant la propriété de son individu et est, par ce fait, libre d'agir à sa guise quand sa conduite n'a rien qui puisse troubler l'harmonie de la Société.

— C'est vrai, dit *Languedoc*, mais les lois du *Compagnonnage* ont leurs prescriptions et leurs proscriptions.

— Toujours les mêmes absurdités, fis-je en souriant de pitié, mais vous ignorerez donc toujours que vos prétendus droits de préséance choquent toute raison, et sont anti-fraternels ? Vous haïssez et vous repoussez diverses corporations ouvrières parce que, selon vous, elles n'ont pas les talents voulus pour faire des Compagnons? — Quel sot orgueil ! — Comme si tous les ouvriers n'étaient pas frères, eux les abeilles de la grande ruche humanitaire. N'avons-nous pas, en outre, tous les mêmes besoins ; ceux de nous aimer et de nous secourir? — Est-ce que les industriels, quels qu'ils soient, n'ont pas autant de mérite les uns que les autres ?

— Mais il me semble, répondit *Languedoc le Solide* sans daigner répondre aux considérations que je venais de lui soumettre, il me semble que nous, Charpentiers de haute futaie, nous sommes, non-seulement d'un corps spécial, suivant la généalogie des arts, mais que nous sommes encore les premiers et les plus anciens Compagnons ; car je dois vous dire que *Maître Soubise* était plus célèbre ouvrier que *Maître Jacques*, et qu'il avait, à la construction du Temple de Jérusalem, le droit de préséance sur celui-ci et même sur *Adom Hyram*.

— Sans m'arrêter à faire des commentaires sur des choses aussi peu importantes, permettez-moi de vous dire, *Pays Languedoc*, en mettant à part toute rivalité corporative, que les Boulangers de l'ancienne Rome étaient considérés au point d'avoir une place dans le sénat, et, certes, c'était, en ce temps-là, une faveur très-grande. Au reste je ne veux point chercher à savoir si vous êtes plus méritants ou plus anciens que les autres Compagnons, parce que, selon moi, ils sont tous également nécessaires à l'harmonie sociale, mais ce que je crois pouvoir vous assurer, d'après ce qui vous a conduits ici, c'est que vous ne valez pas mieux que les autres.

— Voilà plusieurs fois que vous cherchez à me blesser, répondit *Languedoc le Solide* en me toisant d'un mauvais regard, autre part vous ne me tiendriez pas un pareil langage.

— Je comprends, vous me feriez subir probablement la loi du plus fort sur le plus faible, comme vous avez fait à l'égard ce pauvre *Tisserand* qu'on a porté à l'hôpital et qui, peut-être, à l'heure où je vous parle, est mort de ses blessures.

Une espèce de honte s'empara de *Languedoc*, il baissa la tête et ne répondit pas.

— Malgré tout ce qu'il y a de coupable dans votre conduite à l'égard de ce malheureux, poursuivis-je, je ne vous jugerai pas trop sévèrement, parce que je ne vous crois qu'égaré, comme je l'ai été moi-même au début de mes voyages. Vous n'avez pas, j'en suis sûr, la conscience de votre crime ; mais, ainsi qu'une grande partie des Compagnons du Tour-de-France, le fanatisme vous a rendu cruel, et vous n'avez agi qu'en vertu des mauvais principes qui vous ont été inculqués. Voilà votre péché capital.

Croyez moi, *Languedoc*, ajoutai-je en lui tendant la main, au lieu de vous formaliser de ma rude franchise, causons et soyons bons carmarades ; c'est ce que nous avons de mieux à faire en ce moment, quoique nous différions de sentiments : La captivité nous a rendus frères.

— Moi votre frère, fit *Languedoc* avec un air de superbe dédain et en repoussant la main que je lui présentais, jamais !

— Jamais, dites-vous ; ce mot n'est plus usité, il vieillit ; c'est presque un mensonge. Je crois cependant que, si vous me connaissiez mieux, vous m'accorderiez plus de confiance et vous ne dédaigneriez pas de causer avec moi en ce moment. La conversation, mon cher ami, distrait beaucoup et fait une très-grande diversion aux soucis de la captivité.

— Eh bien ! soit, causons, dit *Languedoc le Solide*, paraissant en prendre son parti, mais après avoir, toutefois, un instant hésité. Je saurai au moins où vous voulez en venir avec vos airs de philosophe.

— Voilà qui est parlé et vous me faites le plus grand plaisir. Ainsi commençons, en prenant, pour sujet de dissertation, les vices des sociétés qui, sur le Tour-de-France, s'entourent de mystères.

— Je vous écoute.

— Croyez-vous, lui demandai-je, qu'une société de frères unis par les liens de l'amitié, ne vaudrait pas mieux que vos mystérieuses institutions ?

— Non ; je ne le pense pas, répondit *Languedoc* se renfermant dans ses idées étroites.

— Je suis persuadé, *Pays Languedoc*, que mon opinion sur le Compagnonnage, et mes sentiments sur les sociétés d'ouvriers, en général, sont meilleurs que les vôtres, car je voudrais, et ce sera bientôt, que les jeunes gens simples, naïfs et inexpérimentés, reçussent les encouragements que nécessite toujours leur arrivée chez une *Mère*, quand ils débutent sur le Tour de France, au lieu de servir de jouet à des ignorants qui valent moins qu'eux, comme cela se voit souvent. Dans votre société, par exemple, j'ai vu de ces choses ridicules, contraires à toute bonne justice, et que tous les ouvriers raisonnables doivent flétrir comme un obstacle à notre bonheur futur.

— Et quelles sont ces choses que vous condamnez? Voyons, il faut citer des faits.

— M'y voici; D'abord, je trouve très-absurde que, dans votre société, vous fassiez boire de l'eau aux crédules arrivants qui veulent se faire initier à vos mystères, tandis que vous buvez du vin? — Je trouve ridicule de les voir vous verser à boire et vous essuyer les lèvres avec une serviette; — je trouve également absurde de leur faire monter la garde, avec un bâton au port d'armes, à la porte d'une *Chambre de Réunion* où ils n'ont pas le droit d'entrer; — je trouve stupide, enfin, de leur faire aller chercher vingt-cinq grammes de tabac à fumer dans une hotte ou dans une brouette, et, surtout, de leur faire tourner, pendant des heures entières, une broche ayant un sabot en place de rôti, etc., etc., etc. Croyez-vous que tout cela soit digne d'une société bien organisée? — Croyez-vous que toutes ces humiliations contribuent à faire des hommes raisonnables? — Et non sans doute! vous les abrutissez davantage, et vous leur donnez un mauvais exemple pour l'avenir. Ces humiliations, que subissent les aspirants au noviciat, sont cause que, plus tard, ces mêmes novices, devenus Compagnons, tourmentent les autres de la même manière.

— Ce que vous dites là est vrai, dit *Languedoc*; mais c'est notre *Devoir* qui nous le prescrit.

— Le Devoir, dites-vous ? — Ainsi vous voudriez me faire croire que ce *Devoir*, que vous vantez tant, n'est qu'une agglomération d'absurdités ?

— Ma foi ! prenez-le comme vous voudrez, mais ce sont les lois du *Devoir* qui nous prescrivent cela, comme elles nous prescrivent de faire des compagnons et de donner la lumière aux ouvriers des corps qui se servent journellement du compas et de l'équerre ; ce sont elles qui nous prescrivent, surtout, de nous opposer de vive force à ce que nul ne porte les insignes du Compagnonnage, sans en avoir reçu l'autorisation des *Six Corps Spéciaux*.

— Diable ! Messieurs, fis-je avec ironie; vous vous arrogez là un droit bien exclusif ; c'est donc pour cela que vous nous avez sans cesse repoussés ?

— Sans doute ! — Et vous n'êtes pas sans avoir entendu parler de cette fameuse assemblée qui se tint à Bordeaux, vers la fin du mois de Mars 1810, et où il fut convenu que les Boulangers, ayant employé la fraude pour se faire recevoir Compagnons, *seraient*, non-seulement à jamais exclus de nos réunions intimes, mais encore qu'on leur ferait une guerre éternelle et sans merci.

— Il est à regretter que vous n'ayez pas eu le pouvoir de nous faire tous pendre ; ce serait, sans doute, les Charpentiers, les Menuisiers, etc., qui feraient le pain aujourd'hui. Avouez, mon cher *Languedoc*, que ce Tribunal, qui disposait ainsi de notre sort, n'était composé que d'étourdis et de jeunes gens fanatiques?

— Aussi, que de pauvres ouvriers morts assassinés

ou grièvement blessés, depuis ce sauvage jugement! Que de jeunes gens emprisonnés, et que de familles dans la consternation, depuis tantôt trente ans que cela dure! Insensés que nous sommes! L'ouvrier n'est donc pas assez malheureux d'user sa vie au travail pour manger un morceau de pain, souvent arrosé de pleurs ; faut-il encore que l'ignorance le dégrade au point d'en faire un *Fratricide?* Si l'on diminue le salaire il ne se plaint pas, et, à propos de rien, il va assommer son frère sur le grand chemin.

Jusqu'à quelle époque donc, sera-t-il défendu à l'honnête artisan de quitter son village pour voyager, sans courir le risque de se faire égorger, pour ne pas vouloir croire que *Maître Jacques* et *Maître Soubise* ont existé, ou pour, à la rigueur, mettre en doute que réellement ils aient été les pères du Compagnonnage. C'est cependant ce qui arrive chaque jour, et c'est à ces deux points contradictoires que les simples ouvriers attachent tant d'importance. Et remarquez, pour bien comprendre le vice de ces sociétés, que, soit que l'on appartienne à l'une ou à l'autre, aux *Compagnons Passants*, aux *Compagnons de la Liberté*, aux *Indépendants* ou aux *Sociétaires*, aucune de ces sociétés ne vous exempte de la sujétion funeste du Tour-de-France ; de celle d'être sans cesse attaqués et, souvent, roués de coups. Je vais vous citer un exemple à ce sujet, pour vous prouver la force de mon raisonnement. — Je suppose un ouvrier Serrurier, né dans la petite ville de Tonnay-Charente, par exemple, puisque nous sommes à Rochefort, la fiction n'en sera que mieux établie ; je suppose, dis-je, que, dans sa jeunesse, cet ouvrier quitte le foyer domestique pour faire son Tour-de-France. Il fait donc ses adieux à ses amis, à sa famille, il donne un dernier baiser à sa vieille mère qui lui recommande la sagesse ; puis il part, un peu chagrin, c'est assez l'ordinaire ; mais il se console bientôt dans l'espoir qu'au retour de ses voyages, après avoir acquis quelques talents dans les grands ateliers où il aura travaillé, il viendra s'établir dans sa ville natale, où il pourra mettre à profit les connaissances qu'il aura acquises. — Je suppose aussi que ce jeune voyageur, quoique ayant la bourse assez bien garnie, veuille voyager à pied jusqu'à Nantes, afin de contempler, en passant, les fertiles campagnes de la Vendée.

Il visite la Rochelle sans s'arrêter chez aucune *Mère*, car il ne sait encore quelle société il choisira, au reste, Nantes est son point de mire ; quand il sera arrivé dans cette ville, il avisera. — Entre le petit village de Moreilles et la petite ville de Luçon, le jeune adulte est *topé* par des ouvriers d'une autre profession que la sienne ou appartenant à une société ennemie.

— Quelle est votre vocation ? lui criera son interlocuteur, en prenant une attitude menaçante et en faisant faire le moulinet à sa gigantesque canne !

— Serrurier, répondra le jeune voyageur.

— Etes-vous Compagnon ?

— Non, messieurs, je ne suis d'aucune société.

— *Messieurs* ? — Il nous insulte ou il a peur, diront aussitôt ses agresseurs, prenant sa timidité et son honnêteté pour de la lâcheté ; alors ils se décideront à lui faire un mauvais parti.

— Passe au large, lui criera-t-on, avec un ton d'arrogance, qui semblera dispenser de la moindre réplique celui à qui s'adresseront ces furibondes paroles.

A cette sommation fratricide, le jeune ouvrier hésite un instant, il ne sait s'il doit obéir ; il balance encore entre le parti de sauter les fossés pour se réfugier dans la campagne, afin d'échapper à la brutalité de ses assaillants, ou celui de suivre les sentiments de son cœur qui lui crie : Pourquoi fuirais-tu ? — Quel droit ont ces hommes de t'interdire la libre circulation sur une route nationale ? — N'est-ce pas ton droit, à toi, comme à eux ? — Ont-ils celui de te soumettre à des exigences qui révoltent le bon sens ? — Non, lui dira la voix de son cœur. — Dans ce moment, l'ouvrier Serrurier se trouve dans le cas de légitime défense. Déjà les provocations les plus sauvages lui sont adressées et il va être lâchement massacré, s'il ne prend l'offensive : la lutte s'engage, c'est inévitable et, presque toujours, elle ne cesse que lorsque l'un des combattants reste sur le chemin, souvent même gisant dans son sang. — Si le jeune Serrurier plus fort, plus adroit que ses agresseurs, a eu le bonheur d'échapper à ce nouveau genre de *Brigandage*, il court risque de se voir conduire sur le banc des accusés, comme meurtrier, et de s'entendre condamner à une peine infâmante. J'ai vu, dans mes voyages, plusieurs faits de ce genre, où les agresseurs vaincus allaient lâchement tromper la bonne foi des magistrats qui, en matière de Compagnonnage, jugent toujours d'après la gravité des coups et des blessures. Si, au contraire, le jeune voyageur succombe sous les coups de ceux qui l'ont *topé*, l'hôpital, où quelquefois il finit ses jours au milieu d'horribles souffrances, lui reste en partage. — Ici, c'est un Charpentier jeté, pour cette raison, dans les prisons, avec le rebut de la société ; là, c'est un Serrurier qui succombe à ses blessures, sur un lit de douleur, et partout des familles désolées.

Qui a suscité toutes ces haines de frère à frère, si ce n'est notre ignorance et notre fanatisme qu'alimente la soif de nos prérogatives, maladie de l'homme qui, toujours et partout, veut avoir la supériorité sur les autres hommes ! Comme si le Bottier ne valait pas le Corroyeur, et le Boulanger le Doleur ! — Que diable, il me semble, après tout, qu'il est bien préférable de suivre le sentier de la raison que celui de vos mystérieuses institutions ? Ouvrez donc les yeux, et voyez partout l'influence du progrès ! — Pourquoi ne prenons-nous pas notre part de cette manne nourricière de l'intelligence ? — Avons-nous besoin de faire nos études aux universités pour comprendre que nous sommes des hommes dans toute l'acception du mot ? Eh ! non sans doute !

A ces derniers mots que je prononçai avec chaleur, tous mes camarades applaudirent avec enthousiasme. *Languedoc le Solide* qui, à l'exemple de son Compagnon, restait impassible devant l'émotion que je venais de faire naître dans le cœur des ouvriers Boulangers, captifs, prit enfin la parole pour avouer qu'il y avait du bon dans ce que je venais de dire.

— Croyez-vous aux améliorations que je viens de préconiser ? — Là, franchement, dites-moi ce que vous en pensez, lui dis-je, car votre « *Il y a du bon dans ce que vous venez de dire* » n'est pas une réponse ?

— Que vous répondrai-je de mieux, si ce n'est que vous rêvez l'impossible, avec vos améliorations, car il est évident que les *six premiers corps*, dont je vous ai déjà parlé, ne consentiront jamais à se défaire d'un droit sacré qui leur appartient, depuis deux ou trois mille ans.

— Vous blasphêmez, mon cher *Languedoc*, car les enfants de l'atelier, qui doivent pratiquer les vertus de la grande régénération, sont encore au berceau, mais ils grandiront pour venir étonner quelques *Centenaires* qui auront survécu à nos vices et à notre corruption.

— A la manière dont vous dites les choses, d'autres, peut-être, se laisseraient persuader, répondit *Languedoc* un peu décontenancé, quoiqu'il cherchât à me cacher l'influence que mon raisonnement exerçait sur son esprit.

— Voulez-vous, lui dis-je, que je vous persuade entièrement ?

— Parlez, je vous écoute.

— Je vous préviens que je me répéterai souvent, mais, enfin, pourvu que je parvienne à vous convaincre, j'aurai atteint mon but.

— Je suis parfaitement de votre avis.

— Très-bien. — Alors, dites-moi quel est le puissant motif qui vous pousse à haïr les Boulangers et autres, qui veulent porter les insignes du Compagnonnage ?

— Je vous ai déjà expliqué ce motif, c'est parce qu'ils ne sont pas autorisés par les *six premiers corps* de l'ordre.

— Je comprends parfaitement, mais cela ne vous empêche pas d'avoir, vous-même, des ennemis à redouter, qui ne sont cependant ni Boulangers ni Cordonniers.

— Et quels sont ces ennemis ?

— Les *Compagnons de la Liberté*, qui vous disputent le droit d'ancienneté. C'est encore une cause des rixes sauvages que vous vous livrez chaque fois que l'occasion s'en présente ; et, ce que je trouve de plus extravagant encore, c'est que vous et ces mêmes Compagnons de la Liberté, vous avez voué une haine implacable à toutes les autres Sociétés qui ne partagent pas vos opinions.

— C'est assez juste, ce me semble ?

— Comment cela?

— Parce que nous sommes les seuls Compagnons qui possédions la vraie lumière.

— Prrrrrt, fis-je! — La vraie lumière, selon moi, c'est l'intelligence; c'est celle que donne l'instruction, et comme vos institutions n'ont pas, que je sache, ce caractère, j'en conclus que vous êtes, au contraire, dans l'erreur sans vous en apercevoir.

— Je puis vous prouver, reprit *Languedoc-le-Solide* en évitant adroitement de répondre à une dernière question, que nous possédons des titres très-authentiques de notre ancienneté que nul ne peut contester.

— Bon, c'est précisément là où je vous attendais, lui répondis-je; car, à part mes projets de réformes, je suis *Compagnon du Tour-de-France* avant tout; et je me pique d'avoir des connaissances très-étendues sur les mystères de cet ordre, du reste assez obscur.

— Oh! fit *Languedoc*, pour cela je douterai de ce que vous avancez, tant que vous n'en donnerez pas de bonnes preuves.

— Mon Dieu, rien n'est plus facile; car, quoique vous et les vôtres nous reniez pour compagnons, nous savons parfaitement que nous le sommes.

— Je sais, dit *Languedoc* en riant, qu'un vieux Doleur vous l'a fait croire.

— C'est encore possible, mais cela ne fait rien à la chose. Des circonstances m'ayant beaucoup favorisé dans mes voyages, j'ai eu toutes les facilités possibles pour connaître et commenter le texte des archives des *Devoirs* les plus anciens, lesquels, soit dit en passant, ne se composent que de documents vagues et de fables grossières, inventées au moyen-âge par quelques fanatiques.

— Vous êtes peut-être un peu téméraire, dit *Languedoc*. Et si l'on vous prenait au pied de la lettre.....

— Eh bien! dis-je en l'interrompant?

— Eh bien! vous reculeriez.

— Non, certes pas, et je prouverais, en présence de tous les Compagnons qui, comme vous, se croyent au-dessus de tous les autres, que tous les parchemins dont ils sont si fiers ne sont que des écrits appartenant plutôt aux vieilles légendes de nos grand'mères qu'à toute autre chose.

— Ce n'est pas là une preuve.

— Je le sais, mais vous l'aurez bientôt.

— Je vous écoute.

— Il faut que vous sachiez, mon cher *Languedoc*, pour faire cesser votre incrédulité, que mes idées de régénération m'ont, plus d'une fois, procuré le délicieux plaisir de fraterniser avec les Compagnons des différents corps qui, comme moi, prêchaient la fusion des classes ouvrières. M'étant lié avec plusieurs d'entre eux, ils me firent lire les documents qu'ils possédaient sur l'histoire du Compagnonnage; nous les lisions même ensemble, et ces lectures donnaient lieu à de chaleureuses controverses qui se terminaient par ces mots : « Ils sont bien fous! les ouvriers qui se cassent la tête sur de semblables bêtises. » Pour ma part, je dois vous assurer que j'espérais, en parcourant ces mystérieux papiers, pouvoir y rencontrer quelques bonnes traditions hébraïques ou hyéroglyphiques, contemporaines de la construction du temple de Jérusalem; mais, au lieu de cela, je n'y ai vu que de grosses balourdises, plus dénuées de bon sens les unes que les autres, et des contes tellement farcis de superstitions, que j'en arrivai à croire que les Compagnons primitifs étaient des hommes très-simples. Je leur pardonnai, de bon cœur, toutes leurs fades légendes, en raison des lieux et de l'époque où ils vivaient; mais, ce que je ne puis pardonner, c'est qu'aujourd'hui, en plein XIXe siècle, nous nous amusions encore à de semblables niaiseries.

— De quelle profession sont donc les Compagnons sacrilèges qui furent assez lâches pour vous montrer des pièces si importantes, répliqua *Languedoc* en pâlissant de colère.

— Je puis vous les nommer, lui répondis-je, sans craindre pour eux de fâcheux résultats; car depuis longtemps ils ont quitté le Tour-de-France et sont, aujourd'hui, établis dans leurs pays à l'abri de toutes nos discussions.

En 1837, un Compagnon Serrurier, *Bourguignon Beau Séjour*, qui travaillait à Rochefort à l'époque où j'y étais moi-même, me montra toutes les archives de son *Devoir*, j'en pris copie, croyant posséder la pierre philosophale, plus tard, je jetai ce manuscrit au feu, indigné de ma grande crédulité pour de semblables absurdités. — En 1839, j'étais à Tours, un Compagnon Doleur, *Saintonge la Sincérité*, me donna également copie d'un superbe manuscrit dont plus tard je fis présent à la chambre de Blois; ce Doleur m'assura, en me le communiquant, qu'il tenait ces pièces authentiques des Peintres-Vitriers, et ces derniers les avaient eues en héritage des premiers Compagnons Serruriers. — A Lyon, en 1840, un Compagnon Tailleur-de-Pierres, *la Sagesse-Lyonnais*, homme d'un grand mérite et d'un talent rare comme ouvrier, me montra une infinité de vieux titres compagnonniques, que nous avons plusieurs fois commentés ensemble et auxquels il attachait peu d'importance; ces pièces n'étaient, comme les précédentes, qu'un tissu de vieilles fables.— Vers ce même temps, un Compagnon

Charpentier de la Liberté, établi dans le faubourg de la Guillottière, me donna copie de quelques vétilles semblables ; j'étais flatté d'avoir vu et même possédé toutes ces paperasses, afin de bien les compulser pour pouvoir révoquer en doute de semblables futilités, lorsque l'occasion s'en présenterait.

L'un de ces manuscrits disait que *Maître Jacques* était natif de Marseille, et qu'il avait 27 ans quand il se rendit à Jérusalem pour déployer ses rares talents à la construction du Temple que fit bâtir le fils de David. Un autre, qu'il avait pris naissance à Saint-Rémy (Bouches-du-Rhône), mais qu'il n'avait que quinze ans quand il quitta la Gaule pour se rendre à l'appel que le roi Salomon fit faire dans ce pays, promettant de récompenser généreusement les ouvriers célèbres qui quitteraient leur patrie pour le servir ; ce que fit le petit aventurier de *Jacquin*, c'est ainsi qu'on l'appelait dans sa jeunesse. — Celui-ci disait qu'avant de se rendre à Jérusalem, il avait passé en Grèce pour étudier les divers ordres d'architecture qu'enseignait le sculpteur philosophe Xante, citoyen de Messine. — Un autre, qu'il débuta à Corynthe, chez le sculpteur Fabius, avec lequel il resta sept années ; que, de là, il passa en Syrie, où ses grands talents l'appelèrent à devenir le conducteur en chef des travaux du Temple, ayant sous ses ordres *dix-huit cent quatre-vingt mille ouvriers*. Et, enfin, tous sont d'accord sur ce point, qu'après le monument achevé, il revint dans la Gaule ; qu'il débarqua à Marseille et qu'il y établit sa résidence. — Comme si Marseille avait une seule pierre de jetée pour assurer sa fondation, au temps du roi Salomon, plus de mille ans avant l'Ere chrétienne !

Selon la légende, le *Père Soubise* vint aussi, à la même époque, débarquer sur les bords de la Charente, dans une petite bourgade des environs de Rochefort, à laquelle il donna son nom, et où il mourut dans la plus sainte vieillesse.

— Si toutes ces choses étaient vraies, vous conviendrez avec moi, mon cher *Languedoc*, que les sectateurs du *Père Soubise*, si fiers de leurs prérogatives, ne seraient guère reconnaissants envers ce grand homme ; car j'ai souvent visité le village qui porte le nom de cet être imaginaire ; j'ai parcouru ses environs en faisant de scrupuleuses recherches, je me suis informé, près de respectables paysans dont les ancêtres possédaient la première cabane bâtie en ces lieux, si, en mémoire de cet illustre fondateur, ses enthousiastes enfants n'avaient pas élevé ou fait élever un monument quelconque ; j'ai même consulté avec beaucoup de soin la statistique du département de la Charente-Inférieure : même déception !

Les *Enfants de Maître Jacques* furent au moins aussi ingrats que ceux de *Maître Soubise* qui, quoique la plupart Tailleurs de Pierres et Architectes, n'ont rien laissé, aux générations futures, qui pût rappeler qu'il fût enterré dans le désert de *Sainte-Beaûme*, comme le croient les Compagnons ; mais, ce qui m'a le plus choqué, en lisant ces vieilles paperasses, c'est de voir les nombreuses contradictions sur le genre de construction de l'édifice et sur les règles établies par les premiers Compagnons qui, malgré leurs fables si anciennes et si religieusement héréditaires, ne remontent pas au-delà du XIIIe siècle. Le reste m'a paru si obcur, si inintelligible, que mon courage a toujours reculé à rechercher, dans l'histoire des premiers Gaulois, des documents authentiques d'un temps aussi reculé.

Après cette sortie hardie contre la véracité des fondateurs du Compagnonnage, *Languedoc* me dit, en fronçant ses noirs sourcils :

— Je suis disposé à croire, *Pays Libourne*, malgré vos fausses doctrines, que vous avez quelques connaissances de nos mystères ; mais je vois, avec beaucoup de peine, le mauvais usage que vous cherchez à faire de votre savoir, car vous ne voulez rien moins que la suppression du Compagnonnage.

— Non, mon cher *Languedoc*, mais je souhaite vivement que les fables et les abus, qui en forment la base, soient jugés pour ce qu'ils valent, afin que le compagnonnage soit purifié des vices qui le rongent, comme la plante parasite étouffe le gigantesque chêne.

— Mais quels sont donc ces vices dont vous me parlez si souvent, demanda le *Solide*, avec impatience?

— Le plus grand, et les générations futures ne vous le pardonneront jamais, c'est de ne pas regarder un Boulanger avec autant de bienveillance qu'une de vos *Coteries*. — Croyez-vous, par exemple, que celui qui apprend à fabriquer du pain n'apprendrait pas aussi bien à faire des charpentes, des serrures et une infinité d'autres choses? Est-ce que toutes les professions n'ont pas le même mérite? Selon moi, la différence de la dignité est dans l'homme, et non dans la profession, comme le croyent les ignorants ; et, en supposant le contraire, vous seriez bien en peine de me dire lesquels ont le plus de tort de ceux qui ont l'imagination frappée de choses ridicules, invraisemblables, ou de ceux qui, aussi aveugles qu'eux, cherchent à les imiter.

— Ainsi, dit *Languedoc*, non seulement vous n'approuvez pas les mystères du Compagnonnage, mais encore vous ne croyez pas à son ancienneté?

— Comment voulez-vous que j'y croie, lui répondis-je, puisqu'il n'en était pas question avant le règne de Philippe-le-Bel.

— Cependant je me rappelle fort bien, avoir vu et lu, à notre *Chambre* de Marseille, des pièces dont l'autographe était contemporaine de Jules-César.

— Je vois avec peine, mon cher *Languedoc*, que, de ce côté là, vous avez encore été induit en erreur; car j'ai lu les traductions de l'historien Josèphe, contemporain de Jésus-Christ, et il n'y est nullement question de toutes ces balivernes; j'ai compulsé l'histoire ancienne de l'Egypte et de la Syrie sans être plus heureux : les recherches de Volney, que j'ai consultées également, ne m'ont rien appris non plus. J'en conclus donc que *Maître Jacques* et *Maître Soubise* ne sont que des êtres imaginaires ; que leurs travaux et que leur vie tant prônés ne sont que de grossières fables; car l'un des historiens que je viens de citer n'aurait pas manqué de parler de ces deux grands hommes si véritablement ils avaient existé. Vous comprendrez parfaitement que cette folie, car c'en est une de nous entourer de mystères, nous fait perdre un temps précieux, que nous regretterons plus tard.

— Hâtons-nous donc de supprimer toutes ces inutiles contradictions qui nous entraînent dans un perpétuel labyrinthe de vicissitudes, et engendre une discorde insensée et perpétuelle. Je veux bien, si vous y tenez absolument, croire qu'il y ait eu des hommes intelligents du temps de Salomon, mais je n'admets pas que vous en fassiez des dieux pour les adorer? Je veux bien encore qu'un ou plusieurs hommes du peuple aient cherché a se faire un parti, une *Coterie*, au temps de la construction du temple de Jérusalem, et je ne veux point douter que le but de cette *Coterie* soit l'association par laquelle tout est possible aux pauvres de la terre. Je suis d'avis que tout cela est probable : mais ce que je ne crois pas, c'est qu'une société semblable ait pu subsister au milieu d'un peuple barbare et ignorant; puisque nous, dans un pays civilisé et sous l'influence d'un siècle de progrès arrivé à son apogée, nous ne pouvons le comprendre nous-mêmes. — Convenez, au moins, mon cher *Languedoc*, que les ouvriers d'aujourd'hui sont beaucoup plus à plaindre sous ce rapport, et ne sont guère meilleurs que ceux qui étaient contemporains du roi Salomon. Quoi de plus beau, poursuivis-je avec conviction et en donnant à ma voix ce cachet de vérité qui persuade; quoi de plus beau qu'une société de frères, quand tous les membres s'aiment entre eux? Rien au monde n'est plus admirable, plus utile, plus grand! L'union et l'amitié sont filles du ciel et sœurs de l'intelligence. Notre union et notre amitié nous donnent, sur cette terre, une bien faible idée des félicités qui seront le partage des élus du céleste séjour. De ces deux vertus émanent tous les biens de la terre, quand on sait les faire servir à l'avantage de tous. Mais, hélas! par je ne sais quel funeste égarement, nous ne savons pas profiter de ces dons précieux de l'Éternel. Le fardeau de la misère est pourtant bien lourd à porter; nous savons parfaitement cela, et pourtant, semblables au chien de la fable, nous nous laissons séduire par des futilités, au lieu de chercher à améliorer notre position; nos institutions compagnonniques sont tellement fausses, tellement vicieuses, qu'elles nous poussent à nous dévorer les uns les autres avec un acharnement qui n'a d'exemple que chez les sauvages. — Je sais, mon cher *Languedoc*, que toutes les corporations ouvrières ne peuvent fraterniser dans un seul et même banquet, parce que le nombre en est trop grand et que, dans les grandes villes, on ne trouverait pas d'établissement assez spacieux pour recevoir de semblables réunions ; mais cela ne doit pas empêcher ceux qui en font partie d'être amis, et de vivre dans la plus parfaite intelligence. Ne serait-il pas préférable, en faisant le Tour-de-France, où l'occasion se présente souvent de rencontrer des compatriotes, des amis d'enfance, des diverses professions ; ne serait-il pas préférable, dis-je, de les inviter quelquefois à venir prendre un repas fraternel chez une *Mère* quelconque, plutôt que de se fuir pour éviter de fâcheuses rencontres ? Là, ce seraient les Boulangers, Compagnons et autres, assis auprès des Doleurs et des Charpentiers ; ici, les Serruriers auprès des Cordonniers et des Sabottiers, et partout des joies et des plaisirs sans cesse renaissants. Ce serait, en un mot, la gloire du Tour-de-France et l'apogée du progrès. Dans la société où je suis initié, j'ai éprouvé de ces joies et de ces bonheurs indicibles, que vous avez vous-même goûtés dans la vôtre, mon cher *Languedoc*. Et que serait ce bonheur, comparé à celui que nous éprouverions si mes espérances se réalisaient, si nous formions la grande fusion que je prêche ! Des larmes de joie et d'amour remplaceraient les larmes si amères que, trop souvent, répandent les familles indigentes. Les félicités, qui résulteraient de la communion des ouvriers devenus frères, auraient quelque chose de sublime ; alors l'enfant de l'atelier pourrait faire son *Tour-de-France* sans craindre les mauvais traitements. Rappelez-vous que plus nous sommes désunis par la haine, et plus nous sommes malheureux. Désunis, je compare les ouvriers à de petits nains sans force et sans énergie ; unis, je les compare à ces robustes géants de la fable, qui entassaient montagnes sur montagnes.

— Une société aussi parfaite, répondirent plusieurs de mes camarades, serait admirable ; elle n'est pas impossible, mais il faudra beaucoup de temps pour la fonder d'une façon durable.

— Dites donc : un peu de bonne volonté !

— Moi, objecta *Languedoc le Solide*, je crois que vous cherchez une œuvre aussi difficile à réaliser que la pierre philosophale.

— A cela je répondrai, mon cher ami, pour clore cette dissertation : Heureux sont ceux qui croient et espèrent, car le découragement et l'incrédulité sont la source de tous les maux qui affligent les hommes. Je vous le dis, en vérité, ceux qui croient aux améliorations sociales par l'instruction seront heureux ! Mais ceux qui, au contraire, vivent sans confiance et sans amour du prochain, ceux-là, dis-je, seront toujours opprimés, toujours misérables et vivront éternellement dans un état complet d'ignorance et d'abrutissement, loin des douceurs et des bienfaits qu'enfantera la civilisation parmi nous.

Je consacrai aux Muses une partie du temps de ma captivité ; ces chastes sœurs ne furent point ingrates envers leur nourrisson, et leurs caresses consolatrices contribuèrent beaucoup à adoucir l'ennui de l'ouvrier prisonnier.

Le jour de notre délivrance arriva enfin, et cette liberté si chère, si précieuse, nous fut rendue quand nous eûmes expié la peine que nous nous étions attirée par notre manque d'expérience. Oh ! comme je savourais avec enthousiasme le parfum enivrant de cette déesse du progrès ; que de douces émotions j'éprouvais, ce jour-là ; quelle vive joie ! J'étais d'autant plus heureux, qu'il me semblait que mes idées de réformes Compagonniques avaient grandi dans ce bouge des criminels. Ma première pensée fut pour le Tour de France et ses joyeux enfants.— Oui, mes chers camarades, elle fut pour vous, cette pensée féconde qui conviait tous les Compagnons au banquet de la fraternelle communion.

Qui que vous soyez, ouvriers qui lirez cet ouvrage, rappelez-vous qu'il a été écrit dans le but d'utiliser, au profit de mes camarades, les bonnes pensées que mon intelligence naturelle m'avait suggérées; le vif désir, que j'ai toujours eu de faire cesser toute rivalité entre nous, m'en a donné la force et le courage, après un long et pénible travail, dans ces moments de loisirs que, nous, prolétaires, nous goûtons pendant le court espace qui s'écoule entre les repas et les labeurs de l'atelier. — Peut-être que les moyens, que je veux employer pour faire disparaître les erreurs nombreuses qui divisent les ouvriers, épouvanteront quelques fanatiques; mais qu'importe le mécontentement des ignorants, quand il s'agit de combattre et de vaincre un ennemi aussi redoutable que le fanatisme! Heureux encore si je parviens à faire disparaître ces usages, d'une autre époque, qui empêchent le Compagnonnage de rendre à la classe laborieuse les services qu'il pourrait rendre.

Je sais que ma trop grande franchise me créera de nombreux ennemis, qui, d'abord, crieront au sacrilége; mais je compte beaucoup sur le bon sens des nombreux ouvriers expérimentés et intelligents pour m'aider dans cette rude tâche. Chaque soir, et au moment où je vais me livrer au sommeil, j'invoque Dieu pour vous tous, mes chers camarades, afin qu'il fasse tomber de vos yeux ce voile épais qui, depuis si longtemps, vous cache les beautés ineffables de l'amour fraternel. Espérons, mes amis, que tous les ouvriers, source intarissable de toutes les richesses de la terre, sortiront bientôt de l'engourdissement où les conduit l'isolement, pour vivre sous la même bannière, celle de l'Amour, de la Paix et du Travail!

MES DERNIÈRES CHANSONS.

Le Songe.

DÉDIÉE A MON AMI LACROIX,
DIT BORDELAIS LE FLAMBEAU DU DEVOIR.

Air : Plaignez, hélas! la veuve du marin.

Un soir, rêvant, au pied d'un monastère,
Un beau songe faisait bondir mon cœur :
Je vis, du ciel, descendre une lumière,
Qui reflétait de partout le bonheur ;
Puis, un Génie apparut auprès d'elle,
Me fit un signe, et bientôt, dans les cieux,
Je m'élevais, sous la voûte éternelle,
Aux régions, séjour des bienheureux.

Enfant, vois-tu, me dit le bon Génie,
En me montrant les apprêts d'un festin,
A ce banquet, ce soir, je te convie,
Pour assister aux ordres du destin.
« Les Compagnons éparpillés sur terre
« Doivent, ici, venir fraterniser ;
« Reste auprès d'eux, tu deviendras leur frère,
« Reste mon fils pour te réconcilier !

Je lui promis et je vis à la fête,
Du Tour de France, accourir les enfants,
Se rendant tous au banquet du prophète
Qui les couvrait de baisers énivrants.
Et puis chacun vint s'asseoir en silence,
Sur un signal que partout on comprit,
Et le doyen, d'une noble assurance,
Au même instant, prit la parole et dit :

« Vieux Compagnons du riant Tour de France,
« Apparaissez dans ce banquet joyeux !
« De l'ancien temps, flétrissez l'ignorance,
« Où vous étiez, hélas ! si malheureux ;
« Groupez-vous tous sous ma sainte auréole,
« Dieu m'a nommé votre législateur ;
« Venez puiser, à la nouvelle école,
« Les sentiments du régénérateur !

« Qu'à ce banquet, tous les Tailleurs de Pierres,
« Les Charpentiers avec les Menuisiers,

« Viennent, sans crainte, ici, choquer leurs verres,
« Vous êtes tous les fils des ateliers ;
« L'instruction vous a tous rendus frères,
« Sur son autel accourez Compagnons :
« Doleurs, Tourneurs, exaucez mes prières,
« Et vous aussi vieux Compagnons Charrons!

Et aussitôt, dans de joyeux délires,
Mille toasts, mille chants fraternels,
Qui se mêlaient aux doux accents des lyres,
Montaient en chœur aux séjours éternels.
Bientôt après ces transports unanimes,
Ils se juraient amour, protection ;
Ils s'embrassaient dans leurs élans sublimes !
Je m'éveillai, ce fut une illusion !......

Exhortation aux Prolétaires.

DÉDIÉE A MON AMI GARNAUD, DIT SAINTONGE
BON-SOUTIEN.

Air : du Grenier.

Enfants, salut, je vous revois encore,
Après trois ans de sincères regrets,
Que mon retour, parmi vous, fasse éclore,
Du temps passé mes intimes projets.
Réformateur du vieux Compagnonnage,
Des corps d'états, je veux l'égalité,
Pour que chacun de nous, comme au jeune âge,
Vive tranquille dans sa pauvreté !

Quoi de plus beau que cet essaim folâtre
Qui, tout joyeux, quitte les ateliers,
Pour commencer ce voyage idolâtre,
Tant révéré de tous les ouvriers ;
Ce cours si cher du riant Tour de France,
Que nous aimons d'un indicible amour ;
Voyage heureux de notre adolescence,
Du prolétaire, admirable séjour !

Tous ces plaisirs, amis, sont délectables ;
Mais la médaille a son vilain revers,
Quand on y voit ces scènes déplorables,
Qui n'ont jamais eu de nom, qu'aux Enfers.
Oh! flétrissons l'ouvrier sanguinaire,
Qui, sur le Tour, imite, de Caïn,
Le crime affreux, souillure de la terre,
Qui fait frémir, d'horreur, le genre humain !

Né plein d'amour, moi, pauvre prolétaire,
Je me suis dit, dans un transport pieux,
Si mes amis vivent dans la misère,
N'attribuons ce grand malheur qu'à eux.
Ah! chassons tous l'esprit d'intolérance,
Ce ver rongeur, compagnon des regrets ;
Et désormais, avec intelligence,
Marchons, marchons tous, amis, au progrès !

De nous aimer faisons, ici, le pacte,
N'importe, enfin, quelle profession ;
Les gens de bien souriront à ce pacte,
Des ouvriers, la grand fusion ;
Et ils diront, voyant cette alliance,
De Perdiguier, c'est la prédiction
Qui s'accomplit sur le beau Tour de France ;
C'était le vœu de ce cher Compagnon !

La Réforme dans le Compagnonnage.

DÉDIÉE A MON ANCIEN AMI LAPRADE, DIT ANGOUMOIS FRANCŒUR.

Air : Plaignez, hélas ! la veuve du marin.

Vous qui portez ces cannes gigantesques,
Oh ! dites-moi, mes amis, s'il vous plait,
A quoi sont bons ces insignes grotesques,
Qui, selon moi, n'ont pas un seul attrait?
Nous sommes loin de ces jours déplorables,
Hélas ! fâcheux à tous les Compagnons ;
Car du progrès les lois sont équitables,
Ah ! RÉFORMONS, mes amis, RÉFORMONS !

A réformer j'ai consacré ma vie,
Je vous le dis, dans ces faibles couplets,
De mes devoirs jamais je ne dévie :
Le ridicule, en un mot, me déplaît.

Je voudrais voir le riant Tour-de-France,
Faire la gloire de nos Compagnons ;
Si, comme moi, vous aimez l'alliance,
Ah ! RÉFORMONS, mes amis, RÉFORMONS !

Plus d'une fois, dans ma rude franchise,
J'ai su vous plaire sans vous étonner ;
Vous connaissez ma plus chère devise,
J'oublie tout et je sais pardonner.
Ah ! croyez moi, flétrissez la discorde,
Qui vit encor parmi les Compagnons,
Pour vivre en paix au sein de la concorde,
Ah ! RÉFORMONS, mes amis, RÉFORMONS !

Mais, direz-vous, quelles sont les réformes,
A faire encor dans nos sociétés ?
Moi, je les crois passablement difformes,
Tant qu'on verra nos sottes vanités,
Pour assouvir et nos vieilles rancunes,
Et les sujets de nos dissensions.
Pour en finir avec nos infortunes,
Ah ! RÉFORMONS, mes amis, RÉFORMONS !

Vous les suivrez, ces conseils, je l'espère,
Dictés, ici, par *Libourne*, pour tous ;
Ce doux espoir est celui d'un vieux frère,
Qui bien longtemps a vécu parmi vous.
Lui qui voudrait voir le Compagnonnage
A la hauteur des esprits si féconds ;
Pour obtenir ce bonheur sans partage,
Ah ! RÉFORMONS, mes amis, RÉFORMONS !

Le bon vieillard.

DÉDIÉE A MON AMI GUÉRY, DIT ROCHELAIS SOUTIEN DES COULEURS.

Air : de la Marseillaise.

Beaux souvenirs de mon jeune âge,
Apparaissez sur mes vieux jours ;
Venez me donner du courage,
Vous seuls me souriez toujours.
Je regrette, quoiqu'on en dise,
Ce temps, pour moi, déjà bien loin,
Où je narguais l'affreux destin,
Auprès de ma belle Louise.

Près de vous effacer, ô mes beaux souvenirs,
　　　Donnez, donnez,
A mes vieux ans, quelques jours de plaisirs !

Quand je visitais ma patrie,
Parmi les enfants du Devoir,
J'ai, mes amis, passé ma vie,
Le cœur rempli du doux espoir
De célébrer la renaissance,
Par de fraternelles chansons,
Et d'annoncer, aux Compagnons,
La gaîté du beau Tour de France.

Près de vous effacer, ô mes beaux souvenirs,
　　　Donnez, donnez,
A mes vieux ans, quelques jours de plaisirs !

Dans mes longs voyages pédestres,
Aux fougues de mes passions,
J'ai goûté, des plaisirs terrestres,
Les aimables émotions.
Mes amis, les bords de la Loire
Ont, pour moi, les plus doux attraits :
Tours, la belle ! reçois mes regrets
Ville si chère à ma mémoire !

Près de vous effacer, ô mes beaux souvenirs,
Donnez, donnez,
A mes vieux ans, quelques jours de plaisirs !

J'ai vu la gloire de la France,
Foyer des grands agittateurs ;
Aux jours de mon adolescence,
Comme battait, alors, mon cœur !
Souvent, sur les bords de la Seine,
Je m'énivrais de souvenirs,
Alors, que de tendres soupirs
Prenaient leur vol vers la Touraine !

Près de vous effacer, ô mes beaux souvenirs,
Donnez, donnez,
A mes vieux ans, quelques jours de plaisirs !

J'ai salué, dans mes voyages,
La belle cité de Lyon ;
J'avais vingt ans, j'étais dans l'âge
Où l'on aime avec passion.
Brotteaux et vous rives du Rhône,
Salut, vous avez mes regrets ;
Pour moi vous eûtes des attraits,
Vous aussi, rives de la Saône !

Près de vous effacer, ô mes beaux souvenirs,
Donnez, donnez,
A mes vieux ans, quelques jours de plaisirs !

Salut, beauté de la Provence,
Marseille reçois mes adieux ;
Hélas ! je n'ai plus l'espérance
De te revoir, car je suis vieux.
Je pars, mais j'ai l'âme ravie.
Beau Ciel et cités du midi,
Vous êtes, et chacun le dit,
Le sol le plus digne d'envie !

Près de vous effacer, ô mes doux souvenirs,
Donnez, donnez,
A mes vieux ans, quelques jours de plaisirs !

Le Barde.

DÉDIÉE A MON AMI BERNARD, DIT BORDELAIS
LA SAGESSE.

Air : Quel aimable délire.

Un vieux barde de mes amis,
Qui, sur le Tour, naguère,
A la classe ouvrière,
Faisant oublier les soucis
Et les misères,
De ses chers frères,
Par ses chants adressés aux prolétaires,
Me disait, un jour, veux-tu bien
Devenir un homme de bien ?
Prêche l'amour, c'est le plus sûr moyen
De réduire au silence
L'esprit d'intolérance,
Qui désunit les enfants de la France !

Ce barde était un Compagnon,
A l'esprit sans vergogne,
Des bords de la Dordogne,
Dont vous connaissez le renom.
Dans le voyage,
De son jeune âge,
Il illustra notre compagnonnage,
Tout en prêchant l'égalité,
L'amour et la fraternité,
Pour le bien-être de l'humanité !
Flétrissant l'ignorance,
Le droit de préséance,
Qui désunit les enfants de la France !

Châlonnais lui disait, un jour,
Toi qui passe ta vie,
Enfant gai du génie,
A chanter Bacchus et l'amour,
Change de gamme,
Et de programme,
Les chants de l'atelier retrempent l'âme !
Sois aussi régénérateur,
En devenant le protecteur
Des opprimés, courbés sous le labeur !
Prêche la tolérance,
A cette classe immense,
Qui, chaque jour, fait le beau Tour de France !

De *Vendôme, la Clef des Cœurs*,
Imite la franchise ;

Adopte, pour devise,
L'esprit de ce vieux *Chamoiseur*,
Fameux poète,
Dont la musette,
Etait sublime, admirable et parfaite ;
Dont les couplets harmonieux,
Sortis de son cœur généreux,
N'ont et n'auront jamais de nom, qu'aux cieux ;
Et dont l'effervescence,
Cimenta l'alliance,
Des Compagnons du riant Tour de France !

Vous avez déjà deviné
Le nom de ce trouvère,
Du digne prolétaire,
Des Dieux, ainsi favorisé !
Il fut bon frère,
Ami sincère,
Réformateur de la classe ouvrière !
Libourne fut homme de bien,
Novateur, prudent plébéien,
Prêchant la paix à tout le genre humain ;
Et, par son éloquence,
Proclama l'alliance
Des Compagnons du riant Tour de France !

La Régénération du Compagnonnage.

DÉDIÉE A MON AMI BRAVARD, DIT SAINTONGE
LE FLAMBEAU DU DEVOIR.

Air : Voilà pourquoi je suis républicain.

Venez, *Doleurs* et vous *Tailleurs de Pierres*,
A ce banquet, joindre vos gais transports ;
L'instruction a terminé les guerres
Qui, bien longtemps, nous ont fait de grands torts.
Venez aussi, *Menuisiers-Ebénistes*,
Vous qui portez le poids de l'atelier
De tous états accourez, chers artistes,
Le Tour de France il faut *régénérer* !

Assez longtemps le désir fratricide
Nous égara par ses excès sanglants ;
Toujours nourris d'égoïsme sordide,
D'abus sans noms, sans cesse renaissants.
Mais comme il faut qu'ici bas s'accomplisse,
Tout le bonheur promis aux ouvriers,
Pour voir bientôt un aussi grand délice,
Le Tour de France il faut *régénérer.*

Les résultats de ces guerres barbares,
Que, désormais, frères, nous flétrissons,
Nous conduisaient dans ces lieux de déboire,
Dont le nom seul nous donne les frissons.
Ne pensons plus à ces lieux d'infamie,
Où nos discords nous faisaient renfermer ;
Pour effacer ces jours d'ignominie,
Le Tour de France il faut *régénérer.*

Combien de fois ces rixes sanguinaires,
Sources, sans fin, de nos dissensions,
Ont attiré des peines fort amères,
Aux bons parents que, tous, nous chérissons.
Mais oublions ces erreurs de nos pères,
En ce temps là, tous purent s'égarer ;
Pour mettre un terme à toutes ces misères,
Le Tour de France il faut *régénérer* !

Nous avons ri de nos grandes faiblesses,
Sans apporter de remède à nos maux ;
Pleurons, enfin, sur ces jours de tristesse,
Et maintenant vivons, amis, égaux !
Nous, ouvriers que le sort éparpille,
Si nous voulons, un jour, nous préparer
A ne former qu'une seule famille,
Le Tour de France il faut *régénérer*.

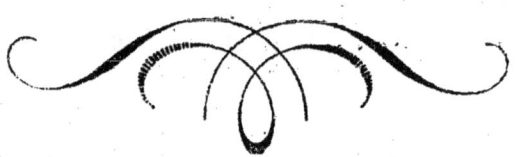

Aux Poètes de l'Atelier.

DÉDIÉE A MON AMI BRAVARD DIT SAINTONGE LE FLAMBEAU DU DEVOIR.

Air : du Ménétrier de Meudon.

Désormais, dans les fêtes,
Frères, que nous aimons,
Célébrons nos poètes
Et leurs belles chansons.
D'*Avignonais (1) le Sage*,
Qui, sur le Tour, n'est plus,
Rendons un tendre hommage
A ses belles vertus !

(1) Avignonais la Vertu, Compagnon Menuisier.

Gloire, à jamais, aux chansonniers,
Vieux bardes de nos ateliers,
Gloire, à jamais, aux chansonniers,
Leur muse sut nous égayer!

Célébrons la mémoire
Du vieux *la Clef des Cœurs*, *(1)*
Dont le nom fait la gloire
De tous les Chamoiseurs.
La douce effervescence
De ce chantre immortel
Fut, sur le Tour-de-France,
Donnée par le ciel!

Gloire, à jamais, aux chansonniers,
Vieux bardes de nos ateliers;
Gloire, à jamais, aux chansonniers,
Leur muse sut nous égayer!

N'oublions pas, chers frères,
Les Compagnons Bottiers
Dont les couplets sincères,
Ont été publiés.

---

(1) Vendôme la Clef des Cœurs, Compagnon Chamoiseur.

Toulonnais le Génie (1)
Fut beaucoup estimé ;
Parisien, (2) pour la vie,
Sera le *Bien-Aimé !*

Gloire, à jamais, aux chansonniers,
Vieux bardes de nos ateliers ;
Gloire, à jamais, aux chansonniers,
Leur muse sut nous égayer !

Les fournils, les *Gloriettes*,
Qui sont nos ateliers,
Ont aussi leurs poètes
Et de bons chansonniers :
Dans la belle Provence,
C'est l'*Ami du Devoir* (3),
Enfant du Tour-de-France,
D'un étonnant savoir !

Gloire, à jamais, aux chansonniers,
Vieux bardes de nos ateliers ;
Gloire, à jamais, aux chansonniers,
Leur muse sut nous égayer !

(1) *Toulonnais le Génie*, Compagnon Bottier.
(2) *Parisien le Bien-Aimé*, Compagnon Bottier.
(3) *Provençal l'Ami du Devoir*, Compagnon Boulanger.

De l'antique Rochelle,
Célébrons, mes amis,
Ce frère, plein de zèle,
Nommé l'*Enfant Chéri* (1).
J'aime son luth sonore
Et ses jolis couplets ;
Mon ami, chante encore,
Tes vers sont pleins d'attraits !

Gloire, à jamais, aux chansonniers,
Vieux bardes de nos ateliers ;
Gloire, à jamais, aux chansonniers,
Leur muse sut nous égayer !

Tressons une couronne
De myrte et de lauriers,
Et je veux qu'on la donne
A ce bon *Châlonnais* (2),
Surnommé le *Génie*
Par son rare talent,
Lui qui si bien manie
La plume pour le chant !

Gloire, à jamais, aux chansonniers,
Vieux bardes de nos ateliers ;

---

(1) Rochelais l'Enfant-Chéri, Compagnon Boulanger.
(2) *Châlonnais le Génie-du-Devoir*, Compagnon Boulanger.

Gloire, à jamais, aux chansonniers,
Leur muse sut nous égayer!

A ma chanson propice,
Je veux initier
L'inviolable Suisse, *(1)*
Lyonnais l'Amitié (2).
A jamais ces deux frères,
Comme leurs bons aïeux,
Présideront, j'espère,
A nos banquets joyeux!

Gloire, à jamais, aux chansonniers,
Vieux bardes de nos ateliers;
Gloire, à jamais, aux chansonniers,
Leur muse sut nous égayer.

Dans cette chansonnette,
Point ne faut oublier,
LIBOURNE, l'interprète,
D'Apollon l'écolier.

(1) *Suisse-l'Inviolable*, Compagnon-Boulanger.
(2) *Lyonnais-l'Amitié*, Compagnon Boulanger.

Ce chantre populaire,
Dans ses transports d'amour,
Toujours a su nous plaire,
Et nous plaira toujours.

Gloire, à jamais, aux chansonniers,
Vieux bardes de nos ateliers;
Gloire, à jamais, aux chansonniers,
Leur muse sut nous égayer!

L'an mil huit cent soixante.

DÉDIÉE A MON AMI VINET, DIT SAINTONGE LA BELLE PRESTANCE.

Air : de Nostradamus.

Voici venir l'an Mil-huit cent soixante,
Où brillera le radieux soleil,
Qui doit marquer l'école florissante,
Dont le progrès sera le beau réveil.
Vous le verrez, cet astre dans sa gloire,
Parmi vous tous, répandre ses rayons,
Pour le bonheur, il servira de phare;
Tous les Devoirs, et tous les Compagnons !

Vous entendrez le beffroi de l'alliance,
Donner l'éveil à chaque corps d'état,
Et aussitôt, sur le beau Tour de France,
On signera l'immuable contrat.
Les ouvriers dévoués aux voyages,
Se rencontrant au milieu du chemin,
Ne formant plus qu'un seul Compagnonnage,
S'embrasseront en se tendant la main !

Sur tous les points du riant Tour de France,
Après avoir réformé les abus,
Nous vivrons tous, au sein de l'abondance,
Loin des discords qui n'existeront plus.
Là, vous verrez les vieux *Tailleurs de Pierres*,
Donner le bras aux jeunes *Boulangers* ;
Eux, qui, jadis, étaient toujours en guerre,
Seront heureux à l'abri des dangers !

Et nos banquets des fêtes patronnales,
Qu'on aime tant, chez tous les Compagnons,
Auront l'aspect des fêtes nationales,
Pour tous les corps réunis sans façons.
Là, vous verrez l'aimable *Sociétaire*,
Assis auprès du *Compagnon passant*,
Faire serment de l'aimer comme un frère,
Dans le transport de son ravissement !

Puis, vous verrez les enfants de *Soubise*
Donner le bras à ceux de *Salomon* ;
Et puis, enfin, pour comble de surprise,
Le *Tisserand* embrasser le *Charron* ;
Et tous ces corps, sans aucune rancune,
Fraternisant avec le *Corroyeur* ;
Car nous serons au bout de l'infortune,
Vivant en paix dans le plus grand bonheur !

Le chant du Barde.

DÉDIÉE A MON AMI BONNEFOUX, DIT VIVARAIS VA SANS-CRAINTE.

Air : du père Lamourette.

Je viens, mes enfants,
Pour vous chanter bien douce chansonnette,
Dessus ma musette,
Ecoutez-moi : comme vous j'eus vingt ans !
Profitez du bon temps,
Sur le beau Tour de France,
A votre adolescence,
Mettez-vous sur les champs,
En chantant !

Courage, amis, voyageons
Pour visiter notre patrie.

Courage, amis, voyageons,
Respect à tous les Compagnons.
Aux beaux jours de la vie,
    Visitant la patrie,
Aux beaux jours de la vie,
Le sac au dos, partons,
    Partons, partons !

Accourez joyeux,
Le Tour de France a son temps de délice ;
Entrez dans la lice,
Vous trouverez des amis généreux,
    Se trouvant très heureux,
    Voyageurs prolétaires,
    Oubliant les misères,
    Dans leurs chants radieux,
    Si joyeux !

Courage, amis, voyageons,
Pour visiter notre patrie ;
Courage, amis, voyageons,
Respect à tous les Compagnons.
Aux beaux jours de la vie,
    Visitant la patrie,
Aux beaux jours de la vie,
Le sac au dos, partons,
    Partons, partons !

De l'homme de bien
Je prêcherai, sans cesse, les maximes,
Préceptes sublimes
Ennoblissant le pauvre plébéien.
Lui ne possédant rien,
Dans ce monde, en partage,
Que son naïf langage
Et ce joyeux refrain,
Pour tout bien !

Courage, amis, voyageons
Pour visiter notre patrie ;
Courage, amis, voyageons,
Respect à tous les Compagnons.
Aux beaux jours de la vie,
Visitant la patrie,
Aux beaux jours de la vie,
Le sac au dos, partons,
Partons, partons !

Soit à l'atelier,
Ou sur le Tour, point de mélancolie !
Sans trop de folie,
Amis, nous pouvons bien nous amuse !
En tous lieux, l'ouvrier
Se plaît, c'est sa devise,
Et puis il fraternise,
Et on l'entend chanter :
Gai, gai, gai !

Courage, amis, voyageons
Pour visiter notre patrie ;

Courage, amis, voyageons,
Respect à tous les Compagnons.
Au printemps de la vie,
Visitant la patrie,
Au printemps de la vie,
Le sac au dos, partons,
Partons, partons !

Un jour, sur les bords
D'un fleuve que nous nommerons la Loire,
Je rêvais la gloire,
Et, amoureux, je devins d'un trésor.
J'étais bien jeune encor,
Louise était gentille,
L'aimable jeune fille,
Accueillit mon transport,
Quel beau sort !

Courage, amis, voyageons
Pour visiter notre patrie ;
Courage, amis, voyageons,
Respect à tous les Compagnons.
Aux beaux jours de la vie,
Visitant la patrie,
Aux beaux jours de la vie,
Le sac au dos, partons,
Partons, partons !

Le Printemps.

DÉDIÉE A MON AMI AUGUSTE BOUDIN, DIT BORDELAIS LA COURONNE.

Air : Au souffle du zéphyr.

Le printemps vient d'éclore,
Quittez vos ateliers
Pour vous remettre, encore,
En voyage, ouvriers !
Aux beaux jours de la vie,
Pour aller visiter
Notre belle patrie,
Pouvez-vous hésiter.

Vive le Tour de France
Et ses joyeux enfants,
A leur adolescence,
Sac au dos, voyageant !

Vouez-vous aux voyages,
Laissez-là vos amours,
Et, si vous êtes sages,
Vous aurez d'heureux jours.
Sur le Tour, les délices
Font beaucoup d'envieux ;
Sans trop de sacrifices
Nous sommes tous heureux.

Vive le Tour de France
Et ses joyeux enfants,
A leur adolescence,
Sac au dos, voyageant !

En quittant la famille,
Oh ! vous, essaim joyeux
Que le sort éparpille,
Vous êtes très heureux !

Pélerins, en voyage,
Qui pressez sur le cœur
Compagnons du jeune âge,
C'est je crois du bonheur !

Vive le Tour de France
Et ses joyeux enfants,
A leur adolescence,
Sac au dos, voyageant !

Loin du toit domestique,
Vous êtes, mes amis,
Des voyageurs bibliques,
Visitant le pays !
Dans ce pélerinage,
Toujours très-attrayant,
On acquiert de l'usage
Et beaucoup de talent !

Vive le Tour de France
Et ses joyeux enfants,
A leur adolescence,
Sac au dos, voyageant !

Ah ! laissez-vous séduire,
Emigrez-vous, enfants ;
Un jour, vous pourrez dire :
J'eus quelques agréments !
Au printemps du jeune âge,
Butinant le talent,
J'étais plus fou que sage
Et je vivais content.

Vive le Tour de France
Et ses joyeux enfants,
A leur adolescence,
Sac au dos, voyageant !

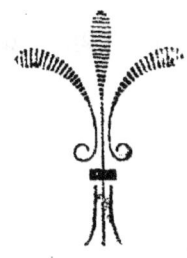

L'Ère nouvelle du Compagnonnage.

DÉDIÉE A MON AMI DURAND, DIT SAINTONGE
L'HUMANITÉ.

Air : C'est sur l'herbage, dans un village.

Le *Tour de France*
Bientôt, je pense,
Va devenir le point délicieux
Des prolétaires,
Devenus frères,
S'aimant d'amour et, dès lors, tous heureux!

Tous les Devoirs, tous les Compagnonnages
Seront revus et, enfin, corrigés,
Par ceux de nous qui seront les plus sages,
Chez les *Passants* et chez les *Etrangers (1)*.

Le *Tour de France*
Bientôt, je pense,
Va devenir le point délicieux
Des prolétaires,
Devenus frères,
S'aimant d'amour et, dès lors, tous heureux !

Là, vous verrez les enfants de *Soubise*,
De *Maître Jacques* et du roi *Salomon*,
S'aimer entre eux, d'une aimable franchise,
Sans préjugés et sans distinction.

Le *Tour de France*
Bientôt, je pense,

(1) Les *Compagnons Passants* et les *Compagnons de la Liberté*.

Va devenir le point délicieux
Des prolétaires,
Devenus frères,
S'aimant d'amour et, dès lors, tous heureux !

Les Compagnons, quelle que soit leur nuance,
Se rencontrant, au milieu d'un chemin,
En parcourant le riant *Tour de France*,
S'embrasseront et se tendront la main.

Le *Tour de France*
Bientôt, je pense,
Va devenir le point délicieux
Des prolétaires,
Devenus frères,
S'aimant d'amour et, dès lors, tous heureux !

Seront rayés, de notre nouveau code,
Nos sobriquets remplis d'absurdité,
Ces vilains noms ne seront plus de mode
Ils font grand tort à notre dignité.

Le *Tour de France*
Bientôt, je pense,
Va devenir le point délicieux
Des prolétaires,
Devenus frères,
S'aimant d'amour et, dès lors, tous heureux!

Les Compagnons, n'ayant plus de mystères,
Ne prendront plus de signe distinctif ;
Et tous heureux, ils vivront, je l'espère,
Loin des discords d'un temps rébarbatif.

Le *Tour de France*
Bientôt, je pense,
Va devenir le point délicieux
Des prolétaires,
Devenus frères,
S'aimant d'amour et, dès lors, tous heureux!

Croyez Libourne et son expérience !
Ennoblissons le marteau, le tablier ;

Dans ses avis ayez donc confiance,
Vous tous, enfants du modeste atelier.

Le *Tour de France*
Bientôt, je pense,
Va devenir le point délicieux
Des prolétaires,
Devenus frères,
S'aimant d'amour et, dès lors, tous heureux.

A mes amis de Saumur.

DÉDIÉE A SAUMUR LE GÉNIE DU DEVOIR.

(Mon ami Ouvrard, maître boulanger à Saumur.)

Air : *Plaignez, hélas ! la veuve du Marin.*

En traversant *Saumur*, mes très-chers frères,
De votre accueil je suis très-enchanté ;
Mon cœur, aimant, de vos baisers sincères,
Goûte, avec joie, la douce aménité.
A vos transports, ma muse reprend vie ;
Quel doux plaisir de presser sur mon cœur
De vrais amis, que mon âme attendrie
Aime toujours avec un vrai bonheur.

Si vous saviez le bonheur que j'éprouve,
Oh ! mes amis, quand je suis près de vous,
Lorsque mon cœur, enthousiaste, retrouve
Des compagnons aussi bons, aussi doux !
Je suis confus, et ma muse, en délire,
Sur mon vieux luth, semble se ranimer,
Et, dans ses chants, elle se plait à dire
Que je naquis, frères, pour vous aimer !

Auprès de vous, oui, je me sens renaître,
Et, dans mon cœur, j'éprouve, par moment,
Un vif amour qui consume mon être,
Par la vertu de son charme puissant.
O ! vous, amis, que l'amitié convie
A ce banquet de frères généreux,
Je vous consacre entièrement ma vie,
Car, près de vous, je me sens très-heureux !

Je le redis, ce soir, à cette fête,
Pour vous aimer, je vivrai bien longtemps ;
Quand les hivers auront blanchi ma tête,
Votre amitié ravivera mes ans ;
Et puis après, des Parques, la victime,
Près de franchir, hélas ! les sombres bords,
Au souvenir de ce banquet sublime,
Je descendrai, tout joyeux, chez les morts !

Société de Saumur, je t'admire !
Frères, merci, merci de votre accueil ;
Le souvenir de ce jour, je puis dire,
Me sera cher jusqu'au bord du cercueil.
Reconnaissant, Libourne, à cette table,
Porte un toast à la fraternité
Et au banquet de ce jour mémorable,
Représentant la souveraineté !

Châlonnais le Génie du Devoir.[1]

A LIBOURNE-LE-DÉCIDÉ.

Air : du Grenier.

Muse, tu dors, reprends ton énergie,
Et chante, encore, un enfant d'Apollon
Nous transmettant le fruit de son génie,
En nous berçant par d'aimables chansons.
O *Décidé* ! pour calmer la souffrance,
De ta verve reprends l'essor altier ;
Pour l'ouvrier du riant Tour de France,
Ah ! chante, encore, aimable chansonnier !

[1] Pernin, fils.

Reprends, reprends tes pipeaux et ta lyre,
Et fais vibrer tes logiques accents,
Car l'ouvrier a besoin de délire
Et de chansons pour raviver ses sens.
Le Dieu des vers, pour noble récompense,
Ombragera ton front d'un vert laurier ;
Pour la gaîté du riant Tour de France,
Ah ! chante, encore, aimable chansonnier !

En te créant, Dieu t'a dit : sois poète !
Et tu sentis ce feu de volupté ;
Et puis, après, quand fut mûre ta tête,
Ta bouche alors chanta la liberté.
Car le plaisir sourit à l'espérance,
Des Compagnons, ô nouveau Béranger !
Pour faire écho sur le beau Tour de France,
Ah ! chante, encore, aimable chansonnier !

Gai troubadour, ton nom dans la mémoire
Sera toujours, parmi nous, respecté ;
Nos descendants diront, partout, ta gloire,
Et tu vivras dans l'immortalité.

D'un rameau d'or dédaigne la puissance,
N'admets jamais qu'un rameau d'olivier ;
Pour tes amis du riant Tour de France,
Ah ! chante, encore, aimable chansonnier !

Pendant longtemps, sur la vague profonde
De l'Océan tu bravas la fureur ;
Comme Phébus, viens réjouir le monde,
Du Tour de France, o Régénérateur !
Réveille et rompts, ami, ton long silence,
Ne retiens plus ton cerveau prisonnier ;
Pour le bonheur du riant Tour de France,
Ah ! chante, encore, aimable chansonnier !

Salut Libourne, oh ! toi cité chérie !
Cité riante, où tu reçus le jour ;
Mon front s'incline et mon âme est ravie,
Cher Décidé je t'offre mon amour.
De Chalonnais, garde la souvenance,
Qui d'Apollon fut aussi l'écolier ;
Pour les beaux arts et pour le Tour de France,
Ah ! chante, encore, aimable chansonnier !

Beauté des Sociétés ouvrières au XIXe siècle.

DÉDIÉE A MON ANCIEN AMI DURIEUX, DIT TOULOUSIN

LA BELLE-CONDUITE.

Air : La Victoire, en chantant, nous etc.

Parlez-moi, Compagnons, du riant Tour de France,
    Parlez-moi de ses agréments ;
Oh ! parlez-moi toujours de sa douce jouissance ;
    Je suis fier d'entendre les chants
    De ces pèlerins en voyage,
    Sac au dos et gourde au côté,
    Dont le cœur, rempli de courage,
    Entonne, en un jour de gaîté :

Vive, à jamais, les prolétaires,
La gloire de nos ateliers ;
Dans le malheur, ils sont tous frères,
Vive, à jamais, les ouvriers !

Quitter le vieux clocher et le toît domestique,
  Et ses parents et ses amis,
Pour aller visiter, en voyageur biblique,
  Les cités de son beau pays,
  Est, je crois, un parti bien sage ;
  A vingt ans, sourit l'avenir,
  La jeunesse a tant de courage,
  Emigrer, voilà son plaisir.

Vive, à jamais, les prolétaires,
La gloire de nos ateliers ;
Dans le malheur, ils sont tous frères,
Vive, à jamais, les ouvriers !

Les secours mutuels, des classes laborieuses,
  Font le bonheur, la liberté ;
Leur amour fraternel les rend toutes heureuses,
  C'est là ce qui fait leur beauté.
  Venez, apportez votre obole,
  Société de tous les corps,
  Elle soulage, elle console
  Ceux qu'ont frappés les coups du sort.

Vive, à jamais, les prolétaires,
La gloire de nos ateliers ;
Dans le malheur, ils sont tous frères,
Vive, à jamais, les ouvriers !

En quittant le foyer, on part, on s'éparpille ;
    Mais, bientôt, sur le riant Tour,
On devient les enfants d'une même famille.
    Les Compagnons s'aiment d'amour,
    Ils sont généreux et bons frères ;
    Leur sort fait beaucoup d'envieux,
    La France est leur commune Mère ;
    Quoique pauvres ils sont heureux.

Vive, à jamais, les prolétaires,
La gloire de nos ateliers ;
Dans le malheur, ils sont tous frères,
Vive, à jamais, les ouvriers !

Que les chants radieux de nos meilleurs poètes
    Guident, un jour, tous nos enfants ;
Et que, sur le beau Tour, présidant à nos fêtes,
    Leurs vœux bénissent nos vieux ans.
    Léguons-leur nos belles maximes,
    Nos préceptes religieux ;
    Nos statuts les rendant intimes,
    Pour toujours ils sont heureux !

Vive, à jamais, les prolétaires,
La gloire de nos ateliers ;
Dans le malheur, ils sont tous frères,
Vive, à jamais, les ouvriers !

Accourez, jeunes gens, LIBOURNE vous convie
    A visiter notre pays ;
Qu'on est fier, à vingt ans, d'admirer sa patrie !
    Venez, vous serez nos amis ;
    Mes enfants, laissez-vous séduire,
    Aux Compagnons, tendez la main,
    Et, avec eux, vous pourrez dire
    Cet aimable et joyeux refrain :

Vive, à jamais, les prolétaires,
La gloire de nos ateliers ;
Dans le malheur, ils sont tous frères,
Vive, à jamais, les ouvriers !

COUPLETS

Dédiés à la vénérable Mère Reynaud.

Air : Giroflée au printemps.

Chantons tous, Devoirants,
De Saumur, notre Mère,
Elle, toujours si chère,
A ses joyeux enfants !

Loin de Saumur, Mère Reynaud chérie,
Il faut, encor, que je guide mes pas ;
Bonne Maman, toi, notre douce amie,
Oui, pour toujours, mon cœur te sourira.
Un jour, si Dieu veut qu'ici je retourne,
Revoir ces lieux que j'ai tant admirés,
N'oublie pas que Décidé Libourne,
En te voyant, par toi fut inspiré.

  Chantons tous, Devoirants,
  De Saumur, notre Mère,
  Elle, toujours si chère,
  A ses joyeux enfants!

Les Compagnons, dont ton nom fait la gloire,
En te nommant leur Mère, en ce beau jour,
De tes bontés garderont la mémoire,
En te vouant le plus sincère amour.
Comble, Maman, cette tâche sublime,
Il le faut bien pour plaire à l'Eternel,
Des Devoirants, sois donc l'amie intime,
Et tu seras bénie dans le Ciel.

  Chantons tous, Devoirants,
  De Saumur, notre Mère,
  Elle, toujours, si chère,
  A ses joyeux enfants !

A petite Maman.

Moi, mourir sans revoir notre belle Touraine,
Et puis *Maman Jacob, la Mère* souveraine !
Oh ! non, mille fois non, mon cœur est trop aimant,
Pour que j'oublie, ainsi, les devoirs d'un enfant.
Oui, j'ai dû vous revoir, bords chéris de la Loire,
Et vous, bonne Maman, vous qui fîtes ma gloire;
Sans vous, sans votre amour, mon luth harmonieux
N'aurait pu m'inspirer dans mes chants radieux.
Que je regrette, encor', ce temps d'adolescence,
Où, jeune compagnon, sur le beau Tour de France,
J'entendais, en tous lieux, vanter votre bonté ;
Quand votre nom chéri partout était fêté.
Ce nom, mille fois dit par l'amitié sincère,
Etait : MÈRE JACOB, du Tour la bonne MÈRE !
Vous devîntes, dès lors, pour moi, l'ange du Ciel,
Ma vie, mon bonheur, mon tourment éternel.
Pour moi, qui vous aimais, comme aiment les poètes,
Ces aimables transports étaient des chants de fêtes.
Que votre nom, toujours, soit béni par le ciel !
O ! vous, bonne *maman*, au renom immortel;
Et que nos petits fils, en parcourant la France,
Unis par l'amitié, vivant dans l'abondance,
Chantent, dans leurs couplets, encore dans cent ans,
Alors que, très-heureux, ils vivront tous contents :
Que la *Mère Jacob*, cet ange tutélaire,
Etait, des Compagnons, la plus aimable *Mère* !

Hymne aux Poètes Boulangers.

DÉDIÉE A MON ANCIEN AMI JOURNOLLEAU,
DIT ROCHELAIS L'ENFANT CHÉRI.

Air : De la danse des Démons.

Frères, ce soir, accordons nos musettes,
Laissons en paix les soucis d'ateliers,
Fêtons, ici, nos aimables poètes,
Fêtons, amis, nos meilleurs chansonniers !

Allons, un peu de gaîté,
Soyons tous aimables,
Convives, à cette table ;
De chaque côté,
Chantons en cadence ;

Compagnons et aspirants,
Que le chœur commence !
En entonnant ces harmonieux chants,
Tra, la, la, la, la, la, la, la, la, la, la, la.

A l'*Amitié*, (1) notre premier poëte,
Portons, amis, un toast fraternel ;
Fils de Lyon, sa conduite parfaite,
Sur le beau Tour, le rendit immortel !

Allons, un peu de gaîté,
Soyons tous aimables,
Convives, à cette table ;
De chaque côté,
Chantons en cadence ;
Compagnons et aspirants,
Que le chœur commence
En entonnant ces harmonieux chants !
Tra, la, la, la, la, la, la, la, la, la, la, la.

Nos verres pleins, trinquons au Tour-de-France ;
A la santé de l'*Ami du Devoir*, (2)

---

(1) *Lyonnais l'Amitié*, poëte boulanger très-estimé.
(2) *Provençal l'Ami du Devoir*, poëte boulanger très-estimé.

A la santé du barde de Provence,
Faisons des vœux, à ce banquet, ce soir !

    Allons, un peu de gaîté,
      Soyons tous aimables,
    Convives, à cette table ;
      De chaque côté,
      Chantons en cadence ;
      Compagnons et aspirants,
      Que le chœur commence
    En entonnant ces harmonieux chants !
Tra, la, la, la, la, la, la, la, la, la, la, la.

Au souvenir de SUISSE INVIOLABLE, (1)
Portons un toste, amis, religieux ;
Tant qu'il vécut, il fut recommandable,
Il était franc, il était généreux !

    Allons, un peu de gaîté,
      Soyons tous aimables,
    Convives, à cette table ;
      De chaque côté,
      Chantons en cadence ;
      Compagnons et aspirants,
      Que le chœur commence
    En entonnant ces harmonieux chants !
Tra, la, la, la, la, la, la, la, la, la, la, la.

---

(1) *Suisse l'Inviolable*, un de nos plus anciens chansonniers.

A la chanson, à l'ode la plus belle,
Que publiera, dans son prochain recueil,
L'*Enfant-Chéri (1)*, natif de La Rochèlle,
Par vingt toasts, faisons lui bon accueil !

    Allons, un peu de gaîté,
      Soyons tous aimables,
   Convives, à cette table ;
     De chaque côté,
      Chantons en cadence ;
    Compagnons et aspirants,
     Que le chœur commence
En entonnant ces harmonieux chants !
Tra, la, la, la, la, la, la, la, la, la, la, la.

A la santé de l'Enfant du Génie, (2)
Chantre, natif de Sannecey-le-Grand,
Portons un toste, amis, je vous en prie,
Et buvons, tous, à son sublime chant !

    Allons, un peu de gaîté,
      Soyons tous aimables,
   Convives, à cette table ;
     De chaque côté,
      Chantons en cadence ;

---

(1) *Rochelais l'Enfant Chéri*, chansonnier très-estimé (Journolleau).
(2) *Châlonnais le Génie du Devoir*, le chantre le plus distingué que j'ai connu parmi les ouvriers boulangers (Pernin).

Compagnons et aspirants,
Que le chœur commence
En entonnant ces harmonieux chants!
Tra, la, la, la, la, la, la, la, la, la, la, la.

En terminant l'aimable chansonnette,
Portons un toast, amis, à son auteur;
LIBOURNE fut un de nos chers poètes,
En sa mémoire, chantons tous en chœur :

Allons, un peu de gaîté,
Soyons tous aimables,
Convives, à cette table;
De chaque côté,
Chantons en cadence ;
Compagnons et aspirants,
Que le chœur commence
En entonnant ces harmonieux chants!
Tra, la, la, la, la, la, la, la, la, la, la, la.

Le Vieux Libourne.

DÉDIÉE A MON ESTIMABLE AMI BARRAUD, FILS,

(Maître boulanger à Libourne, rue de Guîtres.)

Air : Rendez-moi mon léger bateau.

Vieux Compagnons du riant Tour de France,
Salut, salut, enfin, je vous revois
Avec plaisir, toujours, comme autrefois,
Quand dans mon cœur battait tant d'espérance !...

> Et maintenant, mes chers amis,
> La vigueur m'abandonne
> Et ma barbe grisonne,
> Car maintenant, mes chers amis,
> Le pauvre chansonnier vieillit !

Qu'ils étaient beaux ces jours de la jeunesse,
Qu'alimentait votre éternel amour,
Lorsque, en chantant, je faisais le beau Tour
De mon pays, avec vive allégresse !

> Et maintenant, mes chers amis,
> La vigueur m'abandonne
> Et ma barbe grisonne,
> Car maintenant, mes chers amis,
> Le pauvre chansonnier vieillit !

Dans les banquets de nos fêtes joyeuses,
Vous le savez, j'étais un boute-en-train,
Fêtant l'amour et sablant le bon vin,
Narguant le sort, dans mon humeur joyeuse !

Et maintenant, mes chers amis,
La vigueur m'abandonne
Et ma barbe grisonne,
Car maintenant, mes chers amis,
Le pauvre chansonnier vieillit !

Quand, abusés, nous nous faisions la guerre,
Pour arme, moi, j'évoquais la raison ;
Des corps d'états, je voulais l'union
Et le bonheur du pauvre prolétaire !

Et maintenant, mes chers amis,
La vigueur m'abandonne
Et ma barbe grisonne,
Car maintenant, mes chers amis,
Le pauvre chansonnier vieillit.

Que j'étais fier, à mon adolescence,
Initié dans vos réunions ;
J'ai tant aimé mes joyeux Compagnons,
Quand je faisais le riant Tour de France !

Et maintenant, mes chers amis,
La vigueur m'abandonne
Et ma barbe grisonne,
Car maintenant, mes chers amis,
Le pauvre chansonnier vieillit!

Ils sont bien loin, les jours que je regrette,
En rêves d'or, ils se sont envolés!
Et, comme un songe, ils se sont écoulés
Au tourbillon d'une joyeuse fête!

Et maintenant, mes chers amis,
La vigueur m'abandonne
Et ma barbe grisonne,
Car maintenant, mes chers amis,
Le pauvre chansonnier vieillit!

Sur le déclin de sa belle jeunesse,
LIBOURNE, au Tour, fait ses derniers adieux;
En embrassant ses amis généreux,
Tout bas, il dit, le cœur plein de tristesse:

Oui, je le vois, mes chers amis,
La vigueur m'abandonne
Et ma barbe grisonne,
Oui, je le vois, mes chers amis,
Le pauvre chansonnier vieillit !

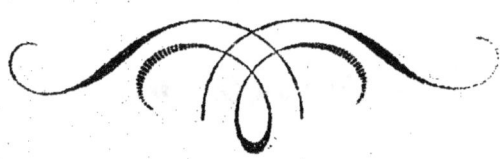

Libourne le Décidé

A CHALONNAIS LE GÉNIE DU DEVOIR.

Air : du Grenier.

Toi, *Châlonnais*, dont la verve sublime,
Faisait, jadis, la gloire du *Devoir* ;
Sur le beau *Tour*, qui te fut tant intime,
Reviens, mon cher, je désire te voir.
Reprends ton luth, noble *Enfant du Génie*,
Et viens mêler tes chants harmonieux
Aux doux transports de mon âme ravie
De posséder un ami généreux !

Mon cher, tu sais qu'il faut aux prolétaires,
Dans leurs banquets et leurs réunions,
Pour tempérer leurs soucis, leurs misères,
De gais refrains et d'aimables chansons.
Agite, encor, tes grelots pour la gloire
Du Tour de France et ses joyeux enfants :
Le dieu des arts bénira ta mémoire,
Dans nos concerts, encore, dans cent ans !

Ta lyre en main, sur le beau Tour de France,
Accours chanter, ô barde plébéien !
A tes amis, la paix et l'espérance,
C'est le devoir de tout homme de bien !
Et, qu'à ta voix tous les Compagnonnages
Disent en chœur : Vive l'égalité,
Vive l'amour, déité des voyages,
Et l'union, sœur de la liberté !

Je sais qu'un jour, sur les bords de la Loire (1),
Des mécréants, jaloux de ton talent,
Ont essayé de salir ta mémoire,
Et qu'envers toi l'on fut méconnaissant.

---

(1) *Châlonnais le Génie du Devoir*, (Pernin fils), eut quelques discordes à Blois avec des ignorants qui l'obligèrent à partir.

Pardonne tout, même l'ingratitude,
Car le pardon est un bienfait du ciel ;
Sois généreux, dans ta sollicitude,
Et tu seras, sur le Tour, immortel !

Reprends courage, ô Châlonnais ! mon frère,
Et, près de moi, viens dilater ton cœur ;
Reviens prêcher, à la classe ouvrière,
Les sentiments d'un régénérateur.
En te donnant beaucoup d'intelligence,
Le Tout Puissant, vers nous, t'avait poussé
Pour illustrer le riant Tour de France ;
Reviens, mon frère, oublier le passé !

Dans le lointain, digne enfant du Permesse,
Le sac au dos, je crois t'apercevoir
Quitter, encor, l'objet de ta tendresse,
Pour augmenter les enfants du savoir.
A l'amitié, LIBOURNE te convie,
Lui qui, pourtant, fut mal récompensé ;
Pour des ingrats, souvent on sacrifie,
Quand on est bon, pourquoi s'en s'offenser !

Ma Dernière Chanson.

DÉDIÉE A MAMAN JACOB.

Air : du Grenier.

Inspirez-moi, chastes sœurs du Permesse,
Donnez, donnez, à votre nourrisson,
Ah ! donnez-lui toute votre tendresse,
Et, à son luth, votre précieux don.
Je veux chanter celle que l'on révère,
Pour que nos fils redisent, bien souvent :
Maman Jacob fut une bonne *Mère*,
Et ses enfants l'aimèrent tendrement !

Bords fortunés des rives de la Loire,
Qui possédez ce précieux trésor,
Coulez, coulez, vous qui vîtes sa gloire,
Coulez, coulez, pour son bonheur, encor ;
Et que chacun de nous, dans sa prière,
Dise, toujours, avec recueillement :
Maman Jacob fut une bonne Mère,
Et ses enfants l'aimèrent tendrement !

Salut, salut, reine du Tour de France !
Vous dont l'esprit sut nous encourager,
Vous qui donnez, à la plus tendre enfance,
Le vif désir, l'amour, de voyager.
Aux Compagnons, vous serez toujours chère,
Et, à leurs fils, ils diront bien souvent :
Maman Jacob fut une bonne Mère,
Et ses enfants l'aimèrent tendrement !

Vous, jeunes gens, qui quittez le village,
Si vous aimez les riches souvenirs,
Allez à Tours, c'est un pélerinage
Que, par devoir, vous devez accomplir.
Là vous verrez l'ange que l'on révère,
Et vous pourrez dire, sur vos vieux ans :
Maman Jacob fut une bonne Mère,
Et ses enfants l'aimèrent tendrement !

Maman Jacob, accueillez, pour hommage,
De votre fils, la dernière chanson ;
De son amour, elle sera le gage ;
Ce sont les derniers vœux du Compagnon,
Qui, dans ses chants d'amour et d'espérance,
Voudrait toujours ennoblir l'atelier,
Et applanir, du riant Tour de France,
Le rocailleux chemin de l'ouvrier !

L'Enfant chéri de La Rochelle [1]

A LIBOURNE LE DÉCIDÉ.

Lorsque ton grand génie, de ma muse légère,
Un beau jour, réveilla la verve passagère,
Et que, sur tes chansons, feuilletant, au hasard,
Mon ami, je jetais un fraternel regard,
Je fus très-satisfait, lisant ta poésie.
Apollon, dans ton cœur, versa-t-il l'ambroisie ?
Ou bien, du Mont-Parnasse, atteignant les jalons,
As-tu cueilli la fleur qui croît dans les vallons ?

[1] Journolleau.

L'ellébore charmant, chanté dans nos bluettes,
Cette superbe fleur, talisman des poètes!....

J'aime beaucoup tes vers, cher régénérateur ;
Tes chants m'ont, bien souvent, fait palpiter le cœur,
Car tu les a créés, tous exempts de satire ;
Malheur au mécréant qui briserait ta lyre !
Je prendrai ta défense, en frère du Devoir :
Car je t'aime, vois-tu, toi qui prêche l'espoir.
Je ne te connais pas, mais j'espère, cher frère,
Pouvoir te rencontrer chez l'une ou l'autre *Mère*,
Un jour, en voyageant dans notre beau pays,
Au milieu d'un banquet de sincères amis.

Mon cher, ainsi que toi, j'aime la poésie,
C'est ce qui fait, je crois, le bonheur de ma vie ;
La méditation, du Génie est la sœur,
C'est aussi ce qu'a dit un noble et grand penseur.
Aussi, mon cher LIBOURNE, avec tes chants sublimes,
Tes odes, tes chansons et tes aimables rimes,
Tu fais, sur le beau Tour, notre admiration,
Toi, l'homme du progrès, par ta saine raison.
Aussi l'*Enfant-Chéri* de l'antique Rochelle,
En l'honneur de ton nom, finit sa ritournelle,
Pensant que, sur le Tour, nos neveux étonnés,
Liront avec plaisir tes vers tant révérés.

Chanson

Dédiée à Mlle Amanda Moufseau,

Fille de la Mère des Compagnons Boulangers de Bordeaux, et chantée par elle, le jour où sa mère a prêté serment de fidélité à la Société.

Air : du Dieu des bonnes gens.

Puisqu'en ce jour ma mère est votre *Mère*,
Ah ! permettez à votre aimable sœur
De vous aimer comme on aime un bon frère,
Comblez mes vœux, c'est là mon seul bonheur !
Que l'amitié, la bonne intelligence,
Nous lient tous par les liens les plus beaux ;
Et puis chantez, sur le beau Tour de France,
Vive, à jamais, la MÈRE de Bordeaux !

Depuis longtemps, j'admire vos poètes,
J'aime, surtout, leurs aimables chansons :
J'aime à les voir se montrer dans vos fêtes,
Pour entonner la paix des Compagnons !

Par tes bontés, ma mère, rends-toi digne
D'être chantée, un jour, sur leurs pipeaux ;
Mérite, enfin, cette faveur insigne :
Vive, à jamais, la Mère de Bordeaux !

Frères, venez tous embrasser ma mère,
Car, désormais, vous êtes ses *Enfants* ;
Venez serrer la main à mon vieux père,
De vous aimer, tout deux font le serment
Ne soyez point ingrats, je vous en prie,
La Sympathie adoucit tant de maux !
A vous aimer, ils passeront leur vie :
Vive, à jamais, la Mère de Bordeaux !

Le vif amour que ma mère vous porte
Ira, je crois, à l'adoration ;
Beaucoup de vous l'oublieront, mais qu'importe,
On doit aimer ses fils d'adoption.
Un jour viendra, ce beau jour, je l'espère,
Riche sera de principes nouveaux.
N'oubliez pas, faisant votre prière,
En voyageant, la Mère de Bordeaux !

Le jour s'enfuit, avant qu'on s'éparpille,
Entonnons tous, dans un sublime chœur,
Du beau Devoir, l'admirable famille,
Et ce dernier Couplet de votre sœur :
Chers Compagnons, que vos joyeux suffrages,
Ici, ce soir, forment de beaux échos ;
Demain, toujours, chantez, dans vos voyages,
En travaillant, la Mère de Bordeaux !

LA FUSION DE TOUS LES CORPS D'ÉTATS

OU LE BANQUET

DE TOUTES LES SECTES COMPAGNONNIQUES ET AUTRES.

Air : Plaignez la veuve du marin.

Accourez tous, bardes du Tour de France,
A mes accents mêlez vos gais transports ;
A ce banquet venez faire alliance,
De l'atelier prenez, tous, vos essors.
Venez, venez, ouvriers de tout âge,
Jeunes et vieux, accourez en chantant ;
La fusion du beau Compagnonnage,
C'est le bonheur pour nos petits enfants !

Asseyez-vous, vous qui *taillez les pierres*,
Près des *Doleurs* et des vieux *Teinturiers* ;
Voici venir encore d'autres frères,
Accueillons-les, ce sont les *Boulangers* ;
Place, aussi, pour le beau corps du *Tissage*, *(1)*
Mettons-les près des *Maréchaux-Ferrants* ;
La fusion du beau Compagnonnage,
C'est le bonheur pour nos petits enfants !

Serrez les rangs, enfants de l'industrie,
Pour recevoir les *Tondeurs*, les *Cordiers*
Et les *Charpentiers*, enfants du Génie,
Donnant le bras aux Compagnons *Bottiers*.
Saluons-les, mes amis, au passage :
Les *Quatre Corps* viennent précédemment ;
La fusion du beau Compagnonnage,
C'est le bonheur pour nos petits enfants !

Vous, *Vitriers*, plantez là vos bannières,
Près des *Vanniers*, comme les *Chamoiseurs*,
Vous serez près des *Serruriers*, vos frères,
Et vous aurez, à droite, les *Forgeurs*,

---

(1) Tisserands, ferrandiniers, etc., etc.

Les *Bourreliers*, connus par leurs lois sages,
Les *Sabotiers*, par leurs bons arguments ;
La fusion du beau Compagnonnage,
C'est le bonheur pour nos petits enfants !

Que tous les corps, ici, trouvent leur place :
Venez, *Couvreurs*, auprès des *Menuisiers* ;
Venez, *Charrons*, accourez tous, en masse,
Asseyez-vous près des vieux *Epingliers*.
Vous, *Plâtriers*, appuyez sur la gauche,
Pour faire asseoir les *Tourneurs*, les *Cloutiers* ;
Que les *Selliers*, enfin, se mettent proche
Des *Corroyeurs* et des vieux *Chapeliers* !

Vous tous, enfants du vieux *Père Soubise*,
De *Maître Jacques* et du *Roi Salomon*,
En ce grand jour, adoptons pour devise :
FRATERNITÉ, PLUS DE DISTINCTION !
Ah ! tendons-nous tous une main amie,
Pour adoucir le poids de nos labeurs,
En parcourant le sentier de la vie
Que, trop souvent, nous arrosons de pleurs !

De ce banquet, mes amis, je prends acte,
Je le déclare, en ce jour solennel ;

Sanctifions-le, tous, par un bon pacte,
Par un serment à jamais éternel,
Et nos neveux auront, pour héritage,
Notre amitié, nos plaisirs attrayants :
La fusion du beau Compagnonnage,
C'est le bonheur pour nos petits enfants !

Aux fusions des classes laborieuses,
Je crois toujours, en régénérateur ;
Je crois, enfin, qu'elles seront heureuses,
Comme je crois en Dieu, notre Seigneur !
Ne taxez pas LIBOURNE d'utopie,
Des ouvriers, il voudrait l'union ;
Il donnerait le reste de sa vie,
Pour voir, un jour, la grande fusion !

CHAPITRE XVIII.

Huit jours après ma sortie de prison, un chef d'atelier du bourg de Fouras, nommé M. Ayraud, vint chez l'honorable M. Bonneau, alors Père des Compagnons Boulangers, demander un ouvrier ; nous étions trois flâneurs ; j'eus la préférence sur mes camarades.

Fouras, qui se trouve à deux myriamètres environ de Rochefort, est un petit village situé sur le bord de la mer, à l'embouchure de la Charente, où l'on jouit d'une tranquillité proverbiale. Quel agréable séjour pour un ouvrier qui, comme moi, aimait la solitude ; que d'heureux moments j'y ai passés, quand, après les travaux de la Boulangerie, j'allai m'isoler dans les bois environnants cette petite localité, ou, lorsqu'attelant le vaillant coco à la carriole j'allais porter du pain dans les hameaux voisins. Ces courses à travers la campagne me plaisaient beaucoup. — Combien de fois je me suis oublié en parcourant le *bois-vert* qui borde la mer! Combien de fois je me suis enivré de souvenirs dans ces lieux de douce rêverie, qui me transportaient et me faisaient réfléchir à ma position présente et à celle, plus sérieuse encore, de ma famille.

Si j'avais été Tailleur de Pierres, Serrurier ou Menuisier, n'importe quelle profession, pourvu que la force matérielle ne soit pas considérée comme supérieure au talent, je me serais fort peu soucié de l'avenir, parce qu'avec les bonnes dispositions que je me connaissais, j'aurais pu être un excellent ouvrier vivant, au jour le jour, du fruit de mon labeur comme le font la plupart des artisans nés sans fortune. Les Parques filent et devident encore d'heureux jours à ceux de ces artisans qui vivent et se conduisent avec la modestie de leur condition. Combien de fois j'ai admiré et envié la position du jeune ouvrier allant tranquillement à sa journée et, le soir, revenant sous le toit domestique où l'amour l'attendait pour lui faire oublier, par de tendres caresses, les soucis et les fatigues de l'atelier.

Je faisais toutes ces réflexions en pensant à ma position, à celle de l'ouvrier boulanger sans fortune, condamné à vivre et mourir dans une conditon continuelle de servitude, toujours face à face avec les exigences les plus absurdes. N'est-ce pas déplorable, en effet, de voir le peu de cas que l'on fait du travail pénible de ces sortes d'ouvriers en général. N'est-ce pas honteux de voir, qu'après de longues années de voyages et de travaux, l'ouvrier de cette profession n'est pas plus salarié que s'il sortait d'apprentissage, parce qu'en vieillissant l'homme perd sa force et sa vigueur, et que, la force étant la première condition de cette profession, l'on est, quand on la perd, tout au plus bon à *blutter* les farines et à *balayer les greniers*. Il existe aussi dans ce pauvre métier, qu'en qualité d'ouvrier je flétris de bon cœur, une ancienne et bien mauvaise habitude qui ravale l'homme de cœur au niveau de la brute : je veux parler de celle de porter, chaque jour, chez les pratiques, le pain sur le dos ou sur la tête ; habitude servile qui donne lieu à une infinité de sujétions bien pénibles. Ainsi, après vous être conformé aux habitudes du métier et à celles des patrons, dont quelques-uns sont très-exigeants, il faut encore que vous plaisiez aux personnes chez lesquelles vous allez, bestialement, déposer le fruit de votre travail ! — Si vos cheveux sont trop longs, si votre barbe n'est pas taillée à leur goût, si votre physionomie ne répond pas, en tout, à leurs singuliers caprices, vous êtes sûr de ne pas rester longtemps dans un établissement, où l'on tient beaucoup plus à une pratique, fut-elle de second ordre, qu'à un bon ouvrier. J'ai casi-honte d'avouer, qu'après tant de peine, de sujétions et de fatigues, la paie d'un ouvrier boulanger n'excède pas, terme moyen, *soixante-dix centimes* par jour, à peu près le salaire d'une couturière.

— Voilà cependant comment est récompensé l'ouvrier qui travaille souvent de seize à dix-huit heures par jour, passant des nuits entières dans des fournils malsains, usant sa jeunesse devant une fournaise ardente, et épuisant sa robuste santé dans les rudes corvées du pétrin. Ce n'est pas tout encore, en province, on regarde comme un crime de lèse-profession celui qui se marie sans avoir la possibilité de s'établir ; alors il est perdu dans l'esprit des patrons ; je vais vous en dire la raison : Dans presque toutes les villes de province, et notamment dans les campagnes, les patrons ont l'habitude de nourrir leurs ouvriers ; celui qui est marié ne peut donc pas faire vivre sa famille avec le modique salaire dont j'ai déjà parlé ; les patrons savent bien cela, et c'est pour éviter les petits larcins qui pourraient leur être faits par ce père de famille, soit en pain, en sel, en luminaire ou en toute autre chose, qu'ils le répudient de chez eux comme le serait un réprouvé au séjour des Bien-heureux. — Et, d'ailleurs, pourquoi se marie-t-il ? — Doit-il connaître les plaisirs de l'amour et les félicités indicibles de la paternité ? — Non, il doit vivre seul, toujours seul, c'est la profession qui le veut !

C'est à Paris que les vieux Compagnons du Tour de France, sans fortune, vont finir leurs jours ; ceux qui ont une bonne conduite et qui jouissent d'une santé robuste y trouvent une vieillesse supportable ; mais, hélas ! la majeure partie ont pour dernier refuge l'Hôtel-Dieu ou la Pitié ; après avoir mené une existence malheureuse, ils vont finir une vieillesse prématurée où meurent les pauvres !

Dieu ne m'avait point doué d'une grande force musculaire ; mais j'eus ma part de jeunesse, et le courage et la volonté m'en ont souvent tenu lieu. Mais, à vingt neuf ans, je ne me sentais plus capable de porter la hotte sur le dos, jusqu'à-ce que, brisé, écrasé, je succombe sous le faix ; plus malheureux, moi, homme pensant, que la bête de somme ; plus maltraité que le bœuf qui, à l'aurore, va tracer le sillon, et qui, durant la chaleur du jour, est reconduit à l'étable par le laboureur lui-même, de crainte qu'il ne tombe malade !

La généralité des ouvriers Boulangers commence la journée le soir, travaille toute la nuit et une partie du lendemain. Quelle existence ! c'est, à ne pas se tromper, le seul être vivant qui travaille quand les autres reposent ; je n'excepte même pas les animaux domestiques ! — Ce serait une bien grande, et une bien généreuse réforme, que celle des abus qui existent dans cette profession ! — Les hommes ne pourraient donc pas se passer de désirer, comme un raffinement de luxe, ce petit pain de fantaisie que la plupart désirent à peine ont-ils les yeux ouverts, le matin, en se levant ! — Le pain, cette nourriture si essentielle, ne pourrait donc pas se fabriquer le jour, comme les meubles, la pâtisserie, la charcuterie et la cuisine si vous voulez même ! — Ne pourrait-on pas, comme les autres corps d'états, chômer le dimanche, selon les vieux préceptes de l'Evangile que nous connaissons tous ! Eh, mon Dieu ! tout cela se pourrait si on voulait y mettre un peu de bonne volonté.

N'avez-vous jamais pris en pitié un de ces ouvriers Boulangers, ayant sur le dos une immense hotte remplie de pain ; ne l'avez-vous jamais plaint en le voyant courbé sous le poids d'une charge aussi forte, qui, certes, aurait pu faire honneur à un baudet de six ans? — Voyons, est-ce là l'homme, est-ce là l'être intelligent ? — Non, n'est-ce pas? car sa condition, en cette circonstance, est tellement avilie qu'il n'est déjà plus qu'un animal faisant concurrence à la bête de somme.

J'avais fait toutes ces réflexions longtemps avant mon séjour à Fouras ; mais alors je comptais beaucoup sur l'aisance de ma famille, et j'espérais m'établir très-convenablement, quand le jour viendrait où, fatigué des voyages, je retournerais à Libourne. — Quel est celui qui n'aurait pas pensé comme moi, heureux comme je l'étais sur le Tour de France; mais alors que mes rêves dorés s'étaient évanouis, que fallait-il faire? rester Boulanger : je l'ai déjà dit, la chose était devenue impossible ; je vieillissais et ma santé, par suite de veilles, devenait chancelante depuis quelque temps. Mon séjour à Fouras me donna l'idée de voyager sur l'océan ; j'avais souvent entendu dire que, de simple boulanger, on pouvait, en embarquant sur un navire de l'Etat, devenir commis aux vivres ; l'idée de faire mon chemin par cette voie s'empara de moi, et ne me quitta plus ; la mer, qui battait jour et nuit au pied de la Tour des signaux, avait dans sa monotonie quelque chose d'enivrant qui contribua beaucoup à finir de me tourner la tête.

Je connaissais, de nom, le directeur des subsistances de la marine de Rochefort ; je lui écrivis franchement ma position, et l'obligation que je lui devrais s'il voulait me faire entrer dans l'administration des vivres, en qualité de Boulanger ; sa réponse fut très-favorable à mes projets ; j'allai le voir, et il m'embarqua, en qualité de distributeur, sur la corvette la CAMILLE, destinée pour la croisière des côtes occidentales d'Afrique. Nous appareillâmes, pour cette destination, le 13 janvier 1845, à 2 heures du soir.

Côtes occidentales d'Afrique, 1847.

J.-B.-E. ARNAUD.

TABLE DES CHAPITRES.

	Pages.
Avant-propos.	1
Chapitre 1.	17
Chapitre 2.	49
Chapitre 3.	61
Chapitre 4.	70
Chapitre 5.	88
Chapitre 6.	107
Chapitre 7.	119
Chapitre 8.	160
Chapitre 9.	170
Chapitre 10.	182
Chapitre 11.	202
Chapitre 12.	208
Chapitre 13.	274
Chapitre 14.	290
Chapitre 15.	305
Chapitre 16.	310
Chapitre 17.	358
Chapitre 18.	458

Table des Chansons

CONTENUES DANS CE VOLUME.

Pages:

1	A la Mère Jacob, pour le jour de sa fête.	122
2	Mes adieux à la Touraine	124
3	Souvenir d'un Compagnon	126
4	Premières pensées du Tour de France.	128
5	Le bon vieux temps	130
6	L'Enfant prodigue.	132
7	Le Tour de France	134
8	Ma Prophétie.	135
9	Retour de l'Enfant prodigue.	137
10	Souvenir intime	139
11	Départ du jeune adulte	141

TABLE DES CHANSONS.

12	Les Orphelins.	142
13	La Concorde	246
14	Le Prolétaire dans un joyeux délire.	248
15	Le Retour.	250
16	Nouveau Retour	252
17	Aux Prolétaires l'Enfant de l'atelier.	254
18	L'Espérance	259
19	A la Mère Jacob	261
20	Conseils aux Prolétaires.	262
21	L'Ouvrier philosophe.	264
22	Le Génie et l'Enfant de l'atelier.	266
23	Le Vieux Chansonnier	268
24	Prière aux ouvriers	269
25	L'ineffable regret.	272
26	La Transmission	328
27	Printemps du jeune âge	330
28	A mes amis les Chantres de l'atelier	332
29	Le Troubadour de l'atelier	336
30	Appel à la fraternité.	338
31	Mon Tour de France.	340
32	Ode à la liberté	346
33	Philosophie d'un Compagnon	348
34	Apologie du mérite	350
35	Ode à l'Eternel	352
36	Mon pélerinage au désert de Sainte-Baûme	355
37	Le Songe	382
38	Exhortation aux Prolétaires	385
39	La Réforme dans le Compagnonnage	387
40	Le bon vieillard	389
41	Le Barde	393
42	La régénération du Compagnonnage	396

TABLE DES CHANSONS.

43	Aux Poètes de l'atelier	399
44	L'An mil huit cent soixante	405
45	Le chant du Barde	408
46	Le Printemps	412
47	L'Ere nouvelle du Compagnonnage	416
48	A mes amis de Saumur	421
49	Châlonnais le génie du devoir à Libourne le décidé	424
50	Beauté des Sociétés ouvrières au XIXe siècle	427
51	Couplets dédiés à la Mère Reynaud	431
52	A petite maman	433
53	Hymne aux poètes boulangers	434
54	Le vieux Libourne	439
55	Libourne le décidé, à Châlonnais le génie du devoir	444
56	Ma dernière chanson	447
57	L'Enfant chéri de la Rochelle à Libourne le décidé	450
58	Chanson dédiée à Mlle Amanda Mousseau	452
59	La fusion de tous les Corps d'états	454

ERRATA.

Pages.	lignes.	au lieu de :	lisez :
18	36	paya ceux	paya deux
19	10	livrez-vous à votre gaîté,	livrez-vous, avec votre gaîté,
64	6	de le voir	de le revoir
64	13	qu'occupe	qui occupe
69	15	dès l'ouvrage	dès l'aurore
88	16	de prendre	de porter
154	7	de ce soir	de ce jour
185	13	Michel Montaigu	Michel Montaigne
198	5	de bonheur	de bonne heure
221	3	Maître Jacques	de maître Jacques
233	22	pour nous	pour nous secourir
260	5	du jeune âge	du voyage
267	11	qui souffrent	qui soufflent
293	4	occupée	coupée
306	6	Eglise	Elysée

www.ingramcontent.com/pod-product-compliance
Lightning Source LLC
Chambersburg PA
CBHW070205240426
43671CB00007B/553